A ERA DA INTOLERÂNCIA

THALES GUARACY

A ERA DA INTOLERÂNCIA

O início do século XXI e o desafio da sociedade democrática

© 2021 - Thales Guaracy
Direitos em língua portuguesa para o Brasil:
Matrix Editora
www.matrixeditora.com.br

Diretor editorial
Paulo Tadeu

Capa, projeto gráfico e diagramação
Marcelo Correia da Silva

Foto da capa
Shutterstock

Revisão
Adriana Wrege
Silvia Parollo

CIP-BRASIL - CATALOGAÇÃO NA PUBLICAÇÃO
SINDICATO NACIONAL DOS EDITORES DE LIVROS, RJ

Guaracy, Thales
A era da intolerância / Thales Guaracy. - 1. ed. - São Paulo: Matrix, 2021.
312 p.; 23 cm.

ISBN 978-65-5616-105-1

1. Sociedade da informação. 2. Capitalismo. 3. Tecnologia da informação - Aspectos políticos. 4. Tecnologia da informação - Aspectos sociais. 5. Tecnologia da informação - Aspectos econômicos.

21-70821
CDD: 303.483
CDU: 316.4

Leandra Felix da Cruz Candido - Bibliotecária - CRB-7/6135

Sumário

Introdução – Ainda os nossos sonhos 11
1. O choque no paraíso 23
2. O fanatismo contra o Estado 31
3. O fanatismo de Estado 49
4. A pobreza na riqueza 65
5. Primavera de luta 95
6. O passado como futuro 111
7. O inimigo invisível 129
8. Xenofobia e populismo 151
9. A democracia ameaçada 167
10. A via autoritária 175
11. A política da fé 191
12. O crime e o autoritarismo 207
13. O planeta solapado 219
14. O evolucionismo capitalista 239
15. O desafio do mundo livre 253
16. Uma vida melhor 297

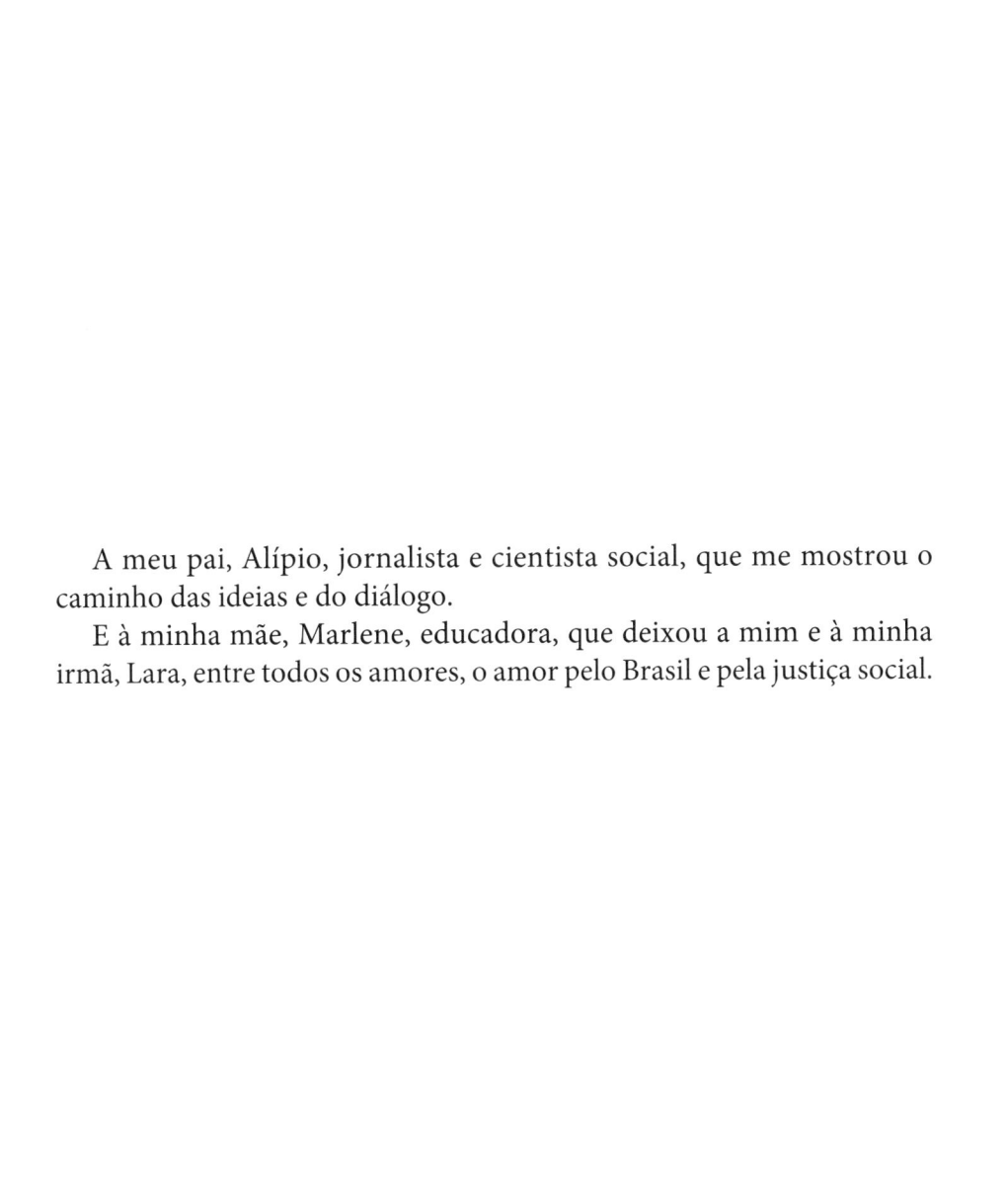

A meu pai, Alípio, jornalista e cientista social, que me mostrou o caminho das ideias e do diálogo.

E à minha mãe, Marlene, educadora, que deixou a mim e à minha irmã, Lara, entre todos os amores, o amor pelo Brasil e pela justiça social.

"O mais importante não é aquilo que fazem com você, mas o que você faz daquilo que fazem com você."

Jean-Paul Sartre (1905-1980)

Introdução
Ainda os nossos sonhos

No final de 2019, eu pretendia estudar para escrever mais um volume de minha história da formação colonial brasileira (*A conquista do Brasil – 1500-1600* e *A criação do Brasil – 1600-1700*), mas, como todos, andava preocupado demais com o presente e o futuro, não só do Brasil, como do mundo inteiro.

Andando por São Paulo, a cidade onde nasci e que mais conheço, testemunhava a pobreza agravar-se, com gente vivendo amontoada na rua e um pedinte a cada esquina: um drama humano angustiante.

As sucessivas gestões do Partido dos Trabalhadores no governo federal, que prometiam distribuição de renda e justiça social, mas terminaram com o desastre econômico, a corrupção e o *impeachment* da presidente Dilma Rousseff, deflagraram uma reação oposta, que em 2018 colocou na presidência, pela via eleitoral, Jair Bolsonaro: um conservador radical, com um discurso moralista, que incluía não somente o combate à corrupção, como a apologia da ditadura e do antigo regime militar. Eleito deputado federal pelo Rio de Janeiro, depois de viver isolado por 28 anos entre seus pares, ele de repente se projetava no plano nacional como antídoto extremo, talvez desesperado, para uma crise de raízes profundas.

Pelo voto popular, apelava-se à inspiração em um autoritarismo que já parecia anacrônico e sepultado. No final da segunda década do século XXI, a frustração com a eficiência e a legitimidade da democracia fermentavam não somente nos países em desenvolvimento, como também nas nações mais ricas, onde aumentavam os contrastes sociais e a insatisfação geral. Os impasses e a demora nas soluções levavam ao questionamento do próprio funcionamento do sistema democrático.

De forma ampla, ganhava força e poder o conservadorismo, na sua clássica definição: um movimento social e político voltado à restauração da ordem, numa sociedade em crise, temerosa da desagregação.

A maior expressão dessa onda conservadora foi a eleição de Donald Trump, em 2016, nos Estados Unidos, mas o fenômeno ocorria até mesmo nos países de perfil social-democrata na Europa. O conservadorismo nacionalista avançava, reabrindo caminho mesmo dentro de uma sociedade que tinha aprendido a duras penas, com a Segunda Guerra Mundial, até onde pode chegar o radicalismo, tanto de direita quanto de esquerda.

Essa instabilidade crescente ameaçava a era de liberdade e relativa paz iniciada nos anos 1980, com a dissolução da Guerra Fria. Reverteu grandes expectativas, porque o mundo – sim, podemos dizer, o mundo – acreditava, no final do século XX, estar rumando para um futuro mais livre, justo e próspero.

O desmoronamento prático do ideal comunista, a partir do fim dos anos 1970, tirou sentido e desarmou o conflito entre polos ideologicamente antagônicos, emergentes como grandes vencedores da Segunda Guerra Mundial, e que concorriam como modelos de administração da sociedade dentro do capitalismo industrial. O liberalismo, encabeçado pelo Reino Unido e pelos Estados Unidos, prevaleceu sobre o mundo comunista, autoritarista e estatista, no qual se plantavam a União Soviética e a China. Com a depuração promovida pela realidade – e alguma ajuda do trabalho humano –, descartou-se o modelo que funcionava pior.

O triunfo do liberalismo arrefeceu o radicalismo ideológico vigente no antigo mundo bipartido e maniqueísta, com a perspectiva de uma sociedade do bem-estar, na qual a justiça social se dava pela liberdade, e não por uma igualdade forçada pelo Estado, munido de instrumentos autoritaristas. Diminuíram a pressão social e os conflitos. Prevaleceu a tolerância, a cooperação e a colaboração. E a civilização experimentou um extraordinário progresso.

Esse modelo liberal, democrático e humanista prometia um belo futuro, como observaram os pensadores da época. Em *O fim da história e o último homem*, *best-seller* publicado em 1992, o economista americano Francis Fukuyama celebrou o cenário antevisto pelo filósofo Friedrich Hegel, expoente do idealismo alemão: o fim dos processos históricos traumáticos, resultantes da convulsão social.

No lugar do equilíbrio precário da Guerra Fria, baseado no medo mútuo do arsenal letal do adversário, especialmente o nuclear, sob o controle de lideranças nem sempre governáveis, surgiu uma paz progressista, baseada na internacionalização da economia. A integração ao livre mercado dos países antes fechados atrás da Cortina de Ferro prenunciava um avanço correspondente de todas as liberdades civis nos regimes ditos comunistas e de um entendimento entre as nações. A queda da divisão entre Oriente e Ocidente deu impulso à globalização, num sentido amplo. A liberdade melhorou a vida de muita gente, por longo tempo, e fez a democracia ganhar terreno em todo o planeta.

Essa fase, porém, levou a novas incertezas e desafios, que a humanidade volta e meia impõe a si mesma. As duas primeiras décadas do século XXI, com o liberalismo de rédea solta, levaram o capitalismo industrial a uma nova etapa: um neocapitalismo que produziu também uma nova sociedade, que podemos chamar de Sociedade da Informação.

Como resultado da criatividade e do progresso, o ser humano gerou nesse período grandes e novas riquezas, como também grandes e novas misérias. A liberdade gestou males a partir de suas próprias virtudes. Dada a confiança no equilíbrio natural das forças livres, sem ou com pouca correção, surgiram violentas distorções ao longo do tempo. Tivemos nas mãos uma oportunidade histórica. E ela começou a derreter entre os nossos dedos, pondo em risco o engenho e grandes esforços de seguidas gerações.

Não era o que se esperava para o início do século, mas a trajetória da civilização nunca foi reta, nem fácil, como resultado da simples razão.

*

A relativa paz do final do século XX ensejou um notável desenvolvimento tecnológico, a começar da medicina, que permitiu uma vida mais longeva e colaborou para a quase duplicação da população mundial. Esta foi de 4 para 7,7 bilhões de pessoas entre 1970 e 2019[1]. Uma projeção demográfica da Organização para a Cooperação e Desenvolvimento Econômico (OCDE) indicava outro salto, para 8,5 bilhões de habitantes, até 2030. E 9,7 bilhões em 2050[2]. Um crescimento vertiginoso, que se descolou do padrão ao tempo em que a população mundial não passava de 1 bilhão de pessoas, até 1800, no início da Revolução Industrial.

A multiplicação da raça humana tornou-se um fator de desequilíbrio planetário, com desdobramentos ambientais, climáticos, econômicos e político-sociais. O sucesso sem freios da civilização levou paradoxalmente ao risco do seu colapso. De acordo com o mesmo relatório da OCDE,

---

[1] Perspectivas Mundiais de População 2019: Destaques. Organização das Nações Unidas (ONU).
[2] Science, Technology and Innovation Outlook. OCDE, 2016.

em 2016, uma parcela de 52% da área agricultável do mundo já se encontrava prejudicada pela degradação decorrente do uso contínuo. A entidade estimava que 60% da população mundial teria dificuldades no abastecimento de água em 2050. E seriam necessários 60% mais alimentos e 37% mais energia para atender a todos de forma satisfatória.

As urgências decorrentes do crescimento populacional já se faziam sentir, em meio a mudanças que ganharam impulso com a tecnologia e avolumavam a incerteza. No início do século, ficou claro que o capitalismo global, acelerado e aperfeiçoado pela tecnologia digital, em vez de proporcionar mais renda e trabalho, reduzia gastos, cortava empregos e concentrava renda, ao mesmo tempo que a população crescia de forma exponencial.

O neocapitalismo digital desestruturava a antiga economia, com um processo de otimização que eliminava custos e direitos conquistados no passado, surgidos justamente para deter, impor limites ou redistribuir os lucros, que cresciam, mas se concentravam nas mãos de um grupo cada vez menor de pessoas.

Como uma máquina trabalhando o tempo todo pelo próprio aperfeiçoamento, o neocapitalismo digital levou o velho capitalismo selvagem à excelência máxima. Ao extinguir empresas, incorporá-las a outras, com corte de postos de trabalho, ou substituir gente por tecnologia, o novo modelo gerou riquezas, mas fez crescer em massa o desemprego e a exclusão social.

Quem esperava do liberalismo democrático saído do século XX o surgimento do progresso para todos, reduzindo a pressão social, viu ocorrer o contrário, em escala planetária. Como único recurso de sobrevivência, surgiu um imenso mundo paralelo. No final da década de 2010, havia 1,6 bilhão de trabalhadores informais no mundo, metade da força de trabalho do planeta, de acordo com um levantamento da Organização Internacional do Trabalho (OIT), uma agência das Nações Unidas[3].

A insatisfação contaminou mesmo aqueles que tinham empregos formais. Sob a ameaça permanente de substituição por um exército de reserva crescente, os empregados formais tiveram a renda achatada e passaram a trabalhar exauridos, como peças de um mecanismo de alta produtividade, que exigia esforço pleno e contínuo. Para não serem consideradas "obsoletas", as pessoas passaram a ser obrigadas a ter

---

[3] Nearly half of global workforce at risk as job losses increase due to covid-19: UN labour agency. UN News, May 29, 2020.

um desempenho sobre-humano – ou desumano –, pressionadas pela possibilidade de serem substituídas por alguém do exército de reserva ou alguma forma de automação.

O desemprego e o subemprego tornaram-se duas faces da exclusão social, definida não somente pela fome, como pelo alijamento de direitos essenciais de cidadania. Cresceu em todo o planeta um lumpemproletariado que muitos países contavam às dezenas de milhões. A vida à margem da sociedade, longe dos serviços públicos, da proteção e da regulação do Estado, propiciou uma espiral de violência. Em plena era tecnológica, floresceu uma nova Idade Média, em que não faltava o barbarismo.

Ele se manifestava na decapitação de presidiários em disputas de facções criminosas no Brasil, ou no assassinato frio de jornalistas por terroristas diante de câmeras de vídeo. No Oriente Médio, rebeldes fundamentalistas violentavam e escravizavam as mulheres, ao mesmo tempo que forçavam os homens a ir para o combate em cidades devastadas pela guerra cotidiana.

Na África e na América do Sul, crianças famélicas e desabrigados amontoavam-se a céu aberto nas ruas de grandes metrópoles. Subempregados e trabalhadores marginalizados submetiam-se ao poder paralelo do crime, que tomava o espaço onde o Estado com frequência nem chegava – especialmente na periferia favelizada das grandes metrópoles.

O clima de violência e medo instalou-se também nos países mais desenvolvidos. Cidadãos natos, excluídos pela nova economia, sem perspectivas de reincorporação no mercado de trabalho, despejavam a tensão no imigrante, tratado como ameaça, não só ao emprego como também à segurança e à identidade nacionais. Instalavam-se a paranoia e a cizânia: cidadãos desconfiavam uns dos outros, numa convivência precária, prestes a explodir por qualquer motivo.

O estresse permeava o cotidiano. Estava na ação abusiva dos policiais, no comportamento agressivo dos motoristas no trânsito e na ansiedade das crianças, mergulhadas em jogos eletrônicos viciantes nos quais o desempenho era estimulado e testado continuamente.

O meio virtual refletia e potencializava um cotidiano cada vez mais exigente e agressivo, que criava uma acelerada seleção dos mais adequados ao sistema. Ao mesmo tempo, permitia a manifestação e organização dos excluídos, munidos de um inédito acesso aos canais de comunicação. Com o meio digital, a Sociedade da Informação estrangulava a população economicamente, mas lhe dava novos meios para protestar e reagir em massa.

A revolta foi capitalizada politicamente pelas lideranças, que ganharam novas ferramentas de usurpação do poder. O meio digital difundia a informação, maior instrumento da democracia, mas também permitia a censura e a doutrinação política e religiosa, bem como outras formas de manipulação da opinião pública e controle social como mecanismo de opressão.

O meio de comunicação digital favoreceu e disseminou o fanatismo, catalisador do desamparo e da desesperança, tanto na forma do extremismo religioso quanto do radicalismo político-ideológico. A base desse processo é a alimentação da ira individual e coletiva, que gera a intolerância – o vírus por meio do qual o indivíduo contamina a sociedade, e vice-versa, e que, no limite extremo, deu origem aos maiores conflitos da humanidade – e aos grandes desastres do passado.

*

Em si, a intolerância não é necessariamente ruim. Às vezes, chega a ser justificável, como no caso da intolerância contra o crime. Quando se apresenta, porém, como a febre para uma doença, indica que algo está errado no corpo social, ajudando por vezes a agravar o quadro clínico. Em oposição à tolerância (do latim *tolerare*: sustentar, suportar), a intolerância é objeto de estudo da psicologia social, quando trata do comportamento individual, e também da sociologia e da economia, quando se desenvolve em grupos, comunidades, nações. Com a rapidez da interação digital entre indivíduo e sociedade, o meio digital criou um veloz círculo de autoalimentação, com a intolerância gerando mais intolerância.

Reação instintiva diante de uma ameaça ou prejuízo para interesses e necessidades, tanto no plano individual quanto no coletivo, a intolerância é resultado do medo. Como resposta defensiva, com um forte componente emocional, faz aflorar a agressividade atávica do ser humano, natural como o instinto de sobrevivência.

Assim como o direito de defesa, ela serve como justificativa válida para quebrar o princípio da igualdade – e assegurar a proteção e a prevalência sobre competidores reais ou potenciais. Legitima a tomada ou o controle dos recursos sob as mãos de um indivíduo ou grupo hegemônico, em detrimento de outros, de forma a assegurar uma posição ou obter vantagens.

A intolerância é uma ameaça direta à democracia, que trabalha pelo bem-estar de todos, e, para isso, parte do princípio da igualdade de direitos. Ao quebrar o princípio da igualdade, para defender a prevalência do direito de uns sobre o de outros, a intolerância ataca também a liberdade e a própria razão – pilar da noção que norteia as sociedades democráticas, segundo a qual todos os homens são iguais e têm os mesmos direitos e deveres.

Típica das perseguições políticas e religiosas do passado, combatidas progressivamente a partir do Iluminismo, a intolerância recrudesceu no início do século XXI, não somente por causa da clássica disputa por espaço e recursos essenciais – a água no deserto –, como também por razões inéditas. Com sistemas desenhados para os primórdios do capitalismo industrial, a democracia deixou de funcionar como mediadora de conflitos, solucionadora de impasses coletivos e neutralizadora da tensão social.

Em um tempo em que a ação se fazia a um comando de voz ou ao toque numa tela de cristal líquido, a tecnologia exigiu do homem respostas cada vez mais imediatas, baratas, eficientes, vantajosas – e o acostumou a isso. Tal busca levou a um grande progresso, por um lado. Por outro, reduziu a tolerância ao erro, a qualquer perda de tempo e a todos os reveses antes normais na vida humana. Excluiu quem não se enquadra ou não quer se enquadrar nesse cenário de alimentação radical do processo competitivo, a ponto de torná-lo autodestrutivo.

Na sociedade tecnológica, a máquina leva a um grande ganho de eficiência e não sofre com o estresse – simplesmente funciona, é substituída quando quebra e vai se aperfeiçoando cada vez mais. Já o homem tem uma limitação na sua capacidade de melhorar – o limite físico que o define como humano. Sofre com o estresse. E rebela-se quando é excluído, descartado ou deixado à míngua.

Como último estágio do capitalismo e de sua perseguição da produtividade, a Sociedade da Informação levou a busca do desempenho a um nível máximo e constante em tudo. Pessoas comuns passaram a ter treinamento de atleta, em busca de alta performance. Empresas foram depuradas por gerações seguidas de *downsizing* – a palavra que consagrou a busca permanente por redução de custos e de pessoal, em nome da eficiência máxima.

A busca por inovação, aperfeiçoamento e desempenho, dentro da saga capitalista liberal desde o final do século XX, produziu grandes resultados econômicos, mas, no seu limite, causou outros efeitos, estes, deletérios. Com o desemprego e a informalização da economia, ocorreu um enfraquecimento do Estado, que passou a ter menos recursos – e, pelo mesmo motivo, ao mesmo tempo, mais cobranças na sua eficiência e capacidade de prover o bem comum de forma equânime.

O cidadão do século XXI se viu numa armadilha. A Sociedade da Informação reduziu a tolerância ao erro e às limitações humanas, mas não criou o ser humano perfeito, nem levou em conta que o trabalho, além da perseguição do lucro cumulativo, visa antes de mais nada ao bem-estar. Ao destruir o trabalho, do qual provinha a renda, além dos direitos humanizadores das organizações e de toda a sociedade, o neocapitalismo tecnológico destruiu também em larga escala o mercado consumidor e transformou a panela social em caldeirão fervente.

A intolerância ganhou *momentum* com o meio digital, que aumentou a proximidade entre pessoas e a facilidade de entrechoque. Infiltrou-se na sociedade como um vírus, pelo mesmo processo de qualquer epidemia: a sociedade contamina o indivíduo, e vice-versa, num ambiente que universaliza o contato e o torna imediato.

No meio virtual, criado como fonte de informação e de diálogo, surgiu um infinito campo para o oposto disso, que é o uso da desinformação e uma ocupação do espaço virtual de forma agressiva, com o objetivo de constranger a expressão alheia, sufocando o diálogo e a liberdade. A intolerância ganhou um instrumento eficaz para opor-se à racionalidade, essência do princípio humanista segundo o qual somos todos iguais, criando um suposto direito, natural ou divino, contra o qual não há discussão.

Essa razão contra a razão traveste a simples defesa de interesses, que somente se impõem se não puderem ser questionados. Isso explica fenômenos que causam perplexidade, como a eleição de políticos sabidamente corruptos, mas que defendem os interesses adequados a certo grupo social.

Não importa a capa sob a qual se legitima, seja no campo secular das ideias (a ideologia), seja por direito divino (a religião): para a intolerância, mesmo quando ela usa discurso aparentemente lógico, não importa a lógica, a razão e a moral. Seu fundo é fervoroso, de forma a defender os interesses do grupo e de quem trabalha por eles, não importando a realidade, o fato, a ciência, a razão.

*

Como defesa de interesses de grupo, a intolerância sempre surge em momentos de escassez e de crise. Sua grande propriedade é mascarar as dissensões sociais e econômicas na forma de conflitos político-ideológicos ou religiosos, os elementos passionais que lhes dão autorização para o uso das armas.

Foi assim com os Reis Católicos, que justificaram a tomada dos recursos dos judeus e toda a guerra pela reconquista da Península Ibérica como uma cruzada contra o islamismo. A alimentação da intolerância foi também o meio que levou, no século XX, ao surgimento de regimes totalitaristas: o comunismo, o fascismo e o nazismo – este último perseguiu e massacrou os judeus para financiar o projeto hegemônico de poder de Adolph Hitler.

A grande dificuldade do combate à intolerância é que ela exige respostas igualmente intolerantes. É o "paradoxo da intolerância", definido por Karl Popper ao fim da Segunda Guerra[4]: é preciso ser intolerante com a intolerância. Quando os sistemas democráticos não conseguem mediar mais os conflitos de interesse, surge o espaço para o populismo, o autoritarismo e, no limite, o conflito armado. Porém, sem uma ação capaz de resolver de fato as crises estruturais da sociedade, causadoras da intolerância, ela persiste. E continua a acelerar um círculo vicioso capaz de destruir de vez o diálogo e favorecer projetos que, no fim, podem ser trágicos.

A intolerância cresce e é estimulada por um ambiente de agressividade e incitação à violência que perpassa toda a sociedade. E, para tomar e perpetuar o poder, o autoritarismo precisa que a sociedade ou uma parte dela reconheça a necessidade de um poder incontestável, que deva ser obedecido, seja pelo consenso da coletividade (a lei), por imposição religiosa (o direito divino) ou pela força física (a ditadura e outras formas de tirania, laicas ou religiosas).

Na defesa de interesses de grupo, é próprio da intolerância buscar os regimes autoritários de forma a garantir a imposição da sua vontade, excluindo ou eliminando a vontade alheia. E oferecer-se como solução por meio de lideranças messiânicas, que se aproveitam da insatisfação popular, da desregulação político-econômica e do clima de medo e incerteza para tomar o poder, sem data de saída.

Esse conjunto de fatores fez ressurgir, em plena era contemporânea, o populismo, o messianismo, a demagogia e o autoritarismo, ameaçando os avanços da liberdade obtidos a partir dos anos 1980. Foi o mesmo autoritarismo do passado, com os mesmos fins, porém dotado de poderosas ferramentas de dominação no campo da superestrutura – o conjunto das ideias que organizam as práticas sociais.

---

[4] POPPER, Karl. *The open society and its enemies.* London: George Routledge & Sons, 1945.

No meio digital, o vírus da intolerância ganhou o ambiente ideal para prosperar, pela facilidade de circular por diferentes comunidades em todo o mundo e pela exploração das reações emocionais de uma sociedade em desestabilização. Utilizando o meio digital como arma, o promotor da intolerância não mata diretamente, porém destrói valores intangíveis sobre os quais se funda o relacionamento entre as pessoas, como a honestidade, a verdade e o respeito pela diversidade.

Em virtude da relação direta entre os cidadãos no meio digital, a acomodação de conflitos desapareceu ou foi transferida do poder público para os gestores das redes sociais. E estes são movidos mais por seus objetivos comerciais e seu entendimento particular do que é o interesse público.

Sem o surgimento de controles na mesma velocidade que o seu desenvolvimento, o meio digital permitiu a instrumentalização da intolerância como arma para a tomada do poder do Estado. Tornou-se o maior obstáculo para o império da lei e a restauração ou aperfeiçoamento do sistema democrático para o século XXI. Impôs-se também como o grande empecilho para resolver a crise estrutural da economia global, dependente do entendimento entre os povos, dentro de cada país e no concerto das nações.

*

Esse era o cenário e o desafio a ser vencido para a real solução da miséria nas ruas. De repente, tudo aquilo pelo que lutamos, muita coisa ao preço da própria vida, no Brasil e no mundo, estava em risco. O planeta civilizado que queríamos construir – democrático, tolerante, em que a liberdade e a igualdade levam a um progresso sustentável e à justiça social – saía pelo avesso. Pensei que todo o trabalho das últimas gerações, que acompanhei e com o qual colaborei como jornalista, cidadão e livre pensador, não podia ter sido em vão.

No início do século XXI, a humanidade colocou à prova mais uma vez a tese de que não é capaz de criar problemas que não seja também capaz de resolver – e de forma civilizada. Pensando nisso, senti o chamado da volta ao jornalismo e à história contemporânea: investigar, pensar e escrever sobre o nosso tempo.

Queria entender se tantas boas intenções, e tantos sacrifícios, no final, deram errado ou se nos encontrávamos em algum tipo de transição. E investigar soluções capazes de resolver a crise, que nessa altura já se afigurava como os doze trabalhos de Hércules.

Escrever a história recente do mundo é um desafio enorme e complexo, primeiro porque ela não está plenamente consolidada, como pedem os historiadores, que exigem um certo distanciamento para a sedimentação dos fatos e depuração da perspectiva. Porém, concluí que precisamos desse entendimento da história na mesma velocidade imposta pela era digital. E um entendimento abrangente, na mesma escala global do curso dos acontecimentos. Os problemas do Brasil eram os de todo o planeta, conectados como estamos: o indivíduo e a coletividade; o país e o globo.

Dois meses depois de iniciar a pesquisa, para complicar tudo – a vida e o livro –, sobreveio a pandemia do coronavírus, que determinou o isolamento social e paralisou a economia, jogando o mundo num buraco ainda mais fundo. Boa parte desta história do início do século XXI, que reconstrói o caminho, os problemas e possíveis saídas para um novo progresso, foi escrita durante esse isolamento, que, incidentalmente, contribuiu para a reflexão.

Nesse período, ainda não se sabia a plena extensão dos danos causados pela pandemia, fosse no número de mortos, fosse nos seus efeitos colaterais – em especial, a depressão econômica e a paranoia coletiva, que transformava os antagonismos já existentes, literalmente, numa questão de vida ou morte. Constatei, porém, que rapidamente se aprofundavam os fatores que levavam ao desemprego, à exclusão social e à crise dos regimes, tanto autoritários quanto democráticos – dos quais, a meu ver, dependiam as boas soluções.

Devido à influência sombria desse pesadelo histórico, talvez brotasse um relato inconclusivo ou sinistro, do tipo que não vê saída para a escalada da intolerância, exceto a clássica, que é, no limite, a violência. Porém, não foi o que aconteceu. Vi que a humanidade produz soluções e desafios na mesma medida. E nunca foi capaz de lidar tão bem com algo tão diverso e, ao mesmo tempo, único. Nem com desafios tanto locais quanto globais, que no fim eram os mesmos.

Mais do que nunca, vivemos num grande organismo, em que cada célula depende das demais, e o organismo inteiro reage a cada célula. Tempo e espaço deixaram de ser barreira entre as pessoas. A cultura e os recursos de todos os países e épocas coexistem, facilmente acessíveis. Os dilemas humanos são os de sempre, reunidos em um conjunto muito maior e integrado.

Esta é, portanto, uma história das duas primeiras décadas do século XXI, com algo mais. É também meu testemunho, como jornalista, pensador e cidadão do mundo, de que a saída não mudou. O futuro da humanidade depende do bom uso da liberdade, com entendimento, boa vontade e trabalho. Mais do que nunca, a liberdade e a igualdade devem ser valorizadas, para que o indivíduo possa contribuir coletivamente e criar o ambiente desejado de harmonia e prosperidade, de forma que o próprio ambiente retribua em seu benefício.

Decorrente das diferenças que nos fazem indivíduos, a discórdia é inevitável e faz parte da rotina de qualquer forma de associação, frequentemente como meio para o aperfeiçoamento das ideias e soluções. Porém, as diferenças não podem ser maiores do que aquilo que nos une: a solidariedade, o amor e os valores humanos, pelos quais a vida se perpetua e adquire um sentido maior. O sucesso de cada um depende do bem comum universal. E vice-versa.

Essas podem parecer palavras vazias, num momento de disputas, com a dificuldade de coordenação dos esforços internos e externos de todos os países. O mundo, a partir do início do século XXI, pede um conjunto ciclópico de soluções localmente satisfatórias e globalmente eficazes. Ainda assim, nossos sonhos permanecem de pé, apesar das ameaças, profundas e violentas. Estávamos tão extasiados com nossas jovens conquistas que não esperávamos por um desfecho infeliz, talvez iludidos, ou acomodados. Só percebemos o perigo de repente, apenas de repente – no momento em que a história, entendida como uma sucessão de conflitos, inequivocamente recomeçou.

Era uma bela manhã de sol, limpa como cristal.

1

O choque no paraíso

No dia 11 de setembro de 2001, por volta das 9 da manhã, as crianças foram retiradas às pressas das classes na P.S. 89, escola pública de Nova York, no número 20 da Warren Street, batizada de Liberty School em homenagem ao mais caro bem da humanidade.

Saíram para a rua, em fila indiana. Da calçada, enquanto eram evacuadas para longe da escola, assistiram a um espetáculo de horror. Em macabra sucessão, pessoas se atiravam do alto da Torre 1, primeiro dos cinematográficos edifícios gêmeos do World Trade Center a ser atingido por dois aviões comerciais sequestrados por terroristas suicidas. Preferiram o salto no espaço a serem consumidas pelas chamas.

Com 417 metros de altura, ambas as torres logo depois afundaram como pilhas de manteiga derretida na base subterrânea de 1,2 km² que abrigava um estacionamento, um shopping center e uma estação de metrô. Enquanto isso, outra aeronave comercial era atirada sobre o Pentágono, em Washington, abrindo um buraco nas suas instalações.

Um quarto avião, que fazia o voo 93 da United Airlines, caiu em um campo, na localidade de Shanksville, na Pensilvânia, às 10h03 da mesma manhã. Investigações posteriores indicaram que a tripulação e os passageiros tentaram reassumir o controle do aparelho, tomado pelos sequestradores, depois de saberem pelo celular que outros aviões tinham sido jogados contra o WTC.

Organizador dos atentados, o terrorista Khalid Sheikh Mohammed, membro da Al-Qaeda capturado no Paquistão mais tarde, em 2003, torturado na base de Guantánamo, em Cuba, disse que o alvo do voo 93 teria sido o Capitólio, sede do Congresso americano, cujo codinome entre os terroristas era "faculdade de direito".

No conjunto dos atentados, morreram quase três mil pessoas: cidadãos de 70 países, incluindo 227 passageiros e tripulantes dos aviões, 19 sequestradores, 37 policiais portuários, 23 policiais da guarda civil, 8 paramédicos e 343 bombeiros – quase a totalidade da corporação da cidade de Nova York, soterrados na queda das torres quando trabalhavam no resgate.

Com as Torres Gêmeas, desmoronou toda uma era na qual se acreditava em harmonia, paz e prosperidade. Na Liberty School, uma placa foi aparafusada na grade externa para rememorar o dia em que tudo mudou, mas as crianças não precisavam dela para lembrar.

Todos os que testemunharam o desabamento das torres, incluindo milhões de pessoas ao redor do mundo, ligadas ao vivo pela televisão, gravaram na memória de forma indelével as cenas de desespero e morte. Tomaram um choque de realidade, diante da anunciação de que o futuro não seria como imaginavam.

Vencida a lenda do *bug* do milênio, suposta ameaça de pane nos computadores do mundo inteiro em razão da troca de um simples algarismo em uma data, assim como as superstições em torno do apocalipse, que estaria marcado para o cabalístico ano 2000, o início do século XXI, até então, estava longe dos prognósticos catastrofistas. De repente, a nuvem de fuligem espiralada nos escombros do WTC obscureceu o céu de brigadeiro em que o mundo se encontrava. Pior, ninguém ainda entendia muito bem as razões pelas quais todos sentiram que ali terminava a paz, a prosperidade e o otimismo, cuja continuidade antes parecia tão natural.

*

Essa impressão alvissareira do futuro vinha desde os anos 1980, quando os Estados Unidos de Ronald Reagan e o Reino Unido de Margaret Thatcher deram partida a uma bem-sucedida associação entre a democracia e o liberalismo econômico – cuja proposta foi condensada na célebre frase do presidente americano: "O governo não é a solução para o nosso problema, o governo é o problema".

O sucesso do liberalismo democrático contrastava com a falência do mundo soviético, herdeiro do comunismo marxista-leninista, submetido ao centralismo econômico e burocrático, atrelado ao autoritarismo. Como solução oposta à das democracias ocidentais para a administração do capitalismo industrial, criador da sociedade de consumo de massa e das relações entre o capital e o trabalho, o comunismo se tornou a alternativa pouco amistosa ao autoproclamado "mundo livre" – uma divisão reforçada pelo fato de que estava do outro lado de fronteiras tão reais quanto imaginárias.

Para os ideólogos democráticos, assim como o nazismo e o fascismo, o comunismo – cuja essência era privilegiar a tomada dos bens de produção por uma burocracia estatal dirigente, em nome do povo – contribuía para tornar aquele o "século mais terrível da história", nas palavras do filósofo Isaiah Berlin[5].

O inimigo em comum manteve o Ocidente unido em torno do ideal de liberdade e democracia, assim como se consolidou do lado oposto o próprio comunismo, promotor de uma imposição da igualdade pelo Estado, a pretexto do fim da desigualdade social e da exploração do trabalho pelo patronato da economia capitalista ocidental.

A rivalidade política e econômica com o mundo comunista, sobretudo o soviético, que ia da espionagem à exploração espacial, iniciada nos anos 1950, serviu para um esforço de progresso de ambos os lados, tanto econômico como científico e tecnológico, em uma corrida para ver quem prevalecia no final. Porém, na virada do século XX para o XXI, essa competição tinha um claro vencedor.

A falência econômica do comunismo, nos anos 1980, deu ao mundo uma prova empírica de que nenhum regime autoritário sobrevive indefinidamente. Encerrou a Guerra Fria e fez desaparecer o inimigo por trás da antiga Cortina de Ferro. Enfraquecidos e sem argumentos diante do sucesso do Ocidente liberal, os países comunistas aos poucos rumaram para alguma distensão política, esvaziando a rinha ideológica. E abriram as portas ao capital internacional, em busca de oxigênio para a sua economia.

A *perestroika* (reestruturação) e a *glasnost* (um processo amplo de transparência, que incluía a liberdade de imprensa), conduzidas por Mikhail Gorbachev entre 1986 e 1991, levaram ao desmanche da União Soviética. Caiu o fechado círculo, simbolizado pela imagem da Cortina de Ferro, que isolava e protegia o ecossistema comunista. Reapareceu no mapa político a antiga Rússia, assim como as nações vizinhas, que recobraram muito de sua autonomia, transformando-se em "federação".

Pouco restou do velho comunismo, com sua máquina burocrática asfixiante. Sobraram algumas exceções, que permaneceram como algo anacrônico, extemporâneo e um pouco pitoresco, como a Albânia e Cuba – a ilha que ousava resistir ao tempo.

Em 1989, a queda do Muro de Berlim, que separava a Berlim ocidental (democrática) da oriental (comunista), foi um símbolo histórico de

---

[5] BERLIN, Isaiah. *Against the current: essays in the history of ideas.* The Viking Press, 1980.

fraternidade, liberdade e esperança. Sugeria o fim de todos os muros, o resgate de irmãos afastados pela história e a construção de um progresso sem fronteiras, capaz de beneficiar a todos.

Ao mesmo tempo, caíam também as ditaduras latino-americanas, iniciadas como reação a uma alegada ameaça comunista, cevada no continente desde a revolução cubana de Fidel Castro, com apoio soviético. Com o esvaziamento da ameaça ideológica, os regimes militares perderam sentido político, ao mesmo tempo que colhiam resultados econômicos funestos com seu modelo fincado no estatismo nacionalista, que fechava as portas ao comércio internacional. Tornaram-se outro exemplo histórico de que não há regime autoritário melhor do que a pior democracia.

A abertura promovida pelo fim da Guerra Fria e o fim dos nacionalismos protecionistas ofereceram uma real possibilidade de integração econômica global. Mesmo Cuba, que permaneceu presa à ditadura de Fidel Castro, foi obrigada a ceder a uma distensão econômica, criando bolhas capitalistas dentro de seu território – como a instalação de hotéis internacionais na praia de Varadero, de forma a trazer renda externa com o turismo.

Após décadas de obscurantismo, a liberdade mudou a face da Argentina, que saiu da ditadura militar com a eleição de Raúl Alfonsín, em 1983. O Brasil e o Chile realizaram, no mesmo ano, suas primeiras eleições presidenciais depois de três décadas, em 1989, inaugurando uma nova página de liberdade na sua trajetória.

A restituição da democracia nos países latino-americanos deixou para trás aquilo que os brasileiros chamavam de "entulho autoritário". Representantes eleitos pela população trataram de reconectar seus países ao mundo. A hiperinflação decorrente de deficiências estruturais da economia foi debelada e permitiu a retomada do desenvolvimento.

O efeito da integração econômica mundial foi magnífico. O número de nações democráticas cresceu: 30 países depois da Primeira Guerra Mundial, 56 após a Segunda, e chegaram a 81 em 1996, de acordo com levantamento do cientista político Ian Shapiro[6]. "Não apenas o número de democracias dobrou, como pela primeira vez superou o número de países não democráticos", escreveu ele.

Embora os 79 regimes autoritários restantes concentrassem a maior parcela da população mundial, sobretudo pelo fato de a China ser o país mais populoso do mundo, o espírito de liberdade impregnava a todos. Após o desmanche da União Soviética, a Rússia, da qual era

---

[6] SHAPIRO, Ian. *The real world of democratic theory*. Princeton University Press, 2010.

matriz, viu a liberdade ganhar terreno com o sucesso da economia liberal. Consolidou um sistema democrático com eleições livres, embora ainda sob forte controle de uma burocracia dirigente. Aos poucos, saiu de uma crise considerada ultrajante por seu povo altivo, em busca de alcançar novamente os Estados Unidos na corrida entre as potências.

Ainda que preservando em larga medida um regime autoritário sob os auspícios do Partido Comunista, a China se viu diante da necessidade de juntar-se ao movimento geral da economia baseada na iniciativa privada, saindo de trás de sua legendária Muralha. Após os protestos na Praça da Paz Celestial, em 1989, a onda liberal sinalizava o fim também do autoritarismo chinês, fincado numa tradição cultural e mística que impunha ao indivíduo, tacitamente, como aceitação do destino, as determinações coletivistas da burocracia estatal, sucedânea do antigo imperador.

*

A transição implicava uma mudança de perspectivas: visões diferentes do mundo se encontravam. Por certo tempo, turistas estrangeiros que entravam pela primeira vez no antigo mundo comunista estranharam encontrar pessoas desacostumadas a cobrar por produtos e serviços. No Museu de Pérgamo, na Berlim oriental, após a queda do Muro, dois bilheteiros faziam o trabalho de uma só pessoa: um falava com o cliente e recebia o dinheiro, outro anotava a venda num caderno escolar. Na Disneylândia, em Orlando, nos Estados Unidos, uma família de alemães orientais, desacostumada ao senso de privacidade típico das sociedades fundadas na propriedade particular, podia sentar-se de repente à mesa de outros turistas para comer um hambúrguer, sem cerimônias. O cidadão oriundo da Cortina de Ferro começava a ter dinheiro, mas ainda não abandonara os hábitos do coletivismo.

A fusão desses dois mundos implicou mais a incorporação pelo mundo comunista dos valores e costumes do capitalismo ocidental do que o contrário. Porém, o triunfo do liberalismo democrático abriu também espaço para avanços sociais consideráveis, no sentido da defesa do bem comum e de outras liberdades. Depois da epidemia de aids, ao fim dos anos 1980, que estigmatizou os homossexuais, principais vítimas da doença, surgiu um movimento crescente de reafirmação da diversidade sexual.

Minorias ganharam força, transformando-se em movimentos transnacionais que consolidaram direitos, como a aceitação do casamento homossexual. O divórcio passou a ser legal e socialmente mais aceito, extinguindo a figura jurídica estigmatizada dos "desquitados", que definia as pessoas em processo de separação. Ressurgiu o feminismo, resgatado da década de 1960, quando ocorreu o primeiro grande movimento pela igualdade legal, social e financeira entre homens e mulheres.

Ao mesmo tempo que se afirmaram direitos individuais, ampliou-se a consciência coletiva, com a defesa de direitos civis e ambientais, que ganharam força com a criação e expansão de entidades não governamentais, como o Greenpeace. Com simpatizantes espalhados pelo globo, esses movimentos deram à civilidade uma dimensão planetária. As cidades lançaram campanhas inclusivas, de maneira a atender às necessidades de deficientes físicos. Como consequência das preocupações com a saúde e o respeito aos direitos dos não fumantes, a indústria do tabaco foi obrigada a imprimir alertas de saúde nos produtos e tornou-se proibido fumar em locais fechados em grande parte do mundo.

Generalizou-se a obrigação de marcar os produtos com seus ingredientes e a data de validade, início de uma nova era de respeito aos direitos do consumidor. Empresas privadas foram colocadas pela primeira vez diante do conceito de responsabilidade social. Já não bastava cumprir a obrigação de pagar tributos. Deviam colaborar com a comunidade, devolvendo parte de seus lucros em benefício público, num reconhecimento de que esse papel não era apenas do Estado.

A tolerância e o entendimento facilitaram o progresso. Os países europeus expandiram a comunidade econômica, criada pelo Tratado de Roma, em 1957, após o fim da Segunda Guerra Mundial, por meio da instituição da União Europeia, no Tratado de Maastricht, em 1993. Modelo de cooperação, a União Europeia permitiu o livre trânsito de cidadãos e instituiu o euro, uma moeda única, adotada pela maioria dos seus integrantes – passo importante para um desenvolvimento maior e mais uniforme dos países do Mercado Comum Europeu, sem prejuízo de sua soberania, identidade e autonomia política.

A hegemonia liberal intensificou a globalização. Empresas multinacionais, caracterizadas por uma matriz com filiais em outros países, transformaram-se em empresas transnacionais: entravam em todos os mercados nacionais da mesma forma e ao mesmo tempo. Sua escala lhes dava uma força econômica muito maior do que a de empresas locais.

Na extrema competição criada pelo mercado global, em que todos disputavam com todos no mundo inteiro, as empresas transnacionais levaram a eficiência ao limite e deram início a um grande salto tecnológico, que permitiu repensar conceitos organizacionais, reduzir custos e, sobretudo, criar produtos e serviços maravilhosamente novos.

Graças ao espírito livre e à quebra de barreiras físicas e mentais, o mundo assistiu a um grande surto de criatividade, além da qualidade, que passou a ser exigida, tanto por meio de obrigações legais quanto em nome da própria sobrevivência empresarial. A combinação da obrigação com a necessidade impulsionou o progresso em todas as atividades humanas ao redor do planeta, até um ponto nem sequer imaginado.

*

O conhecimento avançou em áreas como a biotecnologia e a medicina nuclear, produzindo milagres científicos: do Viagra, a pílula azul que reintroduziu um vasto contingente masculino à prática sexual, ao tratamento contra o câncer, que em boa parte dos casos deixou de ser fatal. A pesquisa do DNA e a medicina preventiva contribuíram de forma a evitar, atenuar ou retardar males que antes eram considerados causa de morte natural.

Com a abertura econômica global e o grande surto de inovação, cidadãos do mundo inteiro passaram a ter acesso crescente a produtos e serviços inéditos e mais baratos, que competiam mundialmente entre si, criando um mercado total. O surgimento da tecnologia digital fez emergir uma nova indústria de bens e serviços, que melhorou as demais. Com tecnologia, era possível ter menos empregados e mais lucros na indústria e também na agricultura, otimizando a relação entre custo e faturamento.

Abriu-se ainda o campo para o desenvolvimento de uma rede de comunicação capaz de transmitir grande quantidade de informação, com o aperfeiçoamento do telefone celular, que, mais tarde, deu origem ao *smartphone*. Isso contribuiu para mudar rapidamente as formas de consumo, o comportamento e toda a cadeia produtiva e comercial.

O salto da invenção humana, da aviação à medicina, permitia uma progressiva substituição de funções humanas. Um vislumbre do futuro foi o experimento de inteligência artificial com o Deep Blue – supercomputador programado pela IBM para jogar xadrez, que aprendia com os resultados de cada partida, sistematizando em seu banco de dados as quase infinitas combinações de jogadas.

Para testá-lo, foram realizados dois torneios contra o russo Garry Kasparov, campeão mundial, considerado um gênio do jogo. No primeiro, em 1996, Kasparov venceu a máquina. Perdeu o segundo, em 1997, e sofreu acusação de fraude para beneficiar a IBM. De todo modo, o Deep Blue prenunciava o surgimento de máquinas que nenhum ser humano conseguiria superar. Não apenas por reunir e processar dados, como pelo fato de fazer escolhas rapidamente, sem se cansar, e imune a oscilações emocionais, que por vezes interferem no resultado.

Ainda assim, havia algo de errado com o paraíso da liberdade, do mercado global e do *boom* tecnológico. E foi somente com a queda daquelas duas torres que o mundo acordou para a outra face do progressismo sem temores.

2
O fanatismo contra o Estado

Com o 11 de setembro de 2001, ficou tragicamente demonstrado que, ao longo de todo aquele progresso do mercado global, cresceu outra ameaça, de dimensão mal avaliada, e que já não estava atrás de uma fronteira distante. As nações ricas, a começar dos Estados Unidos e dos membros da União Europeia, sofriam com o agravamento de divisões internas, derivadas da desigualdade social, que colocava pobres ao lado de ricos e gerava tensão social. A emergência das seitas religiosas, em especial o fundamentalismo islâmico, já não se dava nas terras áridas do Oriente Médio, que foi seu berço. Disseminava-se entre os mais pobres de todos os lugares, ganhando adesão por confrontar valores e o sistema materialista, que criava tanto as riquezas quanto as misérias da nova era.

A intolerância, levada ao extremo do fanatismo, era a arma contra um mecanismo concentrador e discriminatório que alijava do progresso boa parte da sociedade no mundo inteiro, mesmo nos países mais ricos.

Até o atentado às Torres Gêmeas, poucos tinham se dado conta da extensão da crise. A base do terror islâmico, que era a insatisfação com a pobreza, com a discriminação e a exclusão social, era subestimada. Em 1993, Osama bin Laden, líder da Al-Qaeda, organização exponencial do fundamentalismo islâmico, já havia feito uma tentativa de derrubar as Torres Gêmeas. Porém, aquilo ainda pareceu um crime de um louco distante e isolado, patrono de um grupo que não representava perigo maior, nem tinha grande apoio ou ressonância social.

Com o 11 de setembro, ficou claro quanto a inteligência americana – e o mundo inteiro – subestimaram o ressurgimento do radicalismo religioso como um fenômeno contemporâneo, assim como suas bases sociais e seu alcance global. Os terroristas do WTC não eram figuras solitárias que anexavam uma bomba ao corpo diante de alguma embaixada. Era gente conhecida, que se organizava silenciosamente: o vizinho de porta, o amigo do filho, o estudante na escola – e o passageiro do avião.

Por trás do terror havia um cidadão espezinhado por um sistema draconiano que, nos Estados Unidos, oferece o sonho americano, ou a terra das oportunidades, dando a todos a esperança de serem *winners* (vencedores) – mas entrega à esmagadora maioria da população a realidade dos *losers* (perdedores). Uma divisão que, se por um lado estimula o desempenho e a competição, de outro pode ser individual e coletivamente discriminatória e frustrante.

A competição, depois a frustração, e por fim a intolerância fermentavam dentro de uma sociedade em crise, atingida por mudanças econômicas profundas, graças às quais a riqueza aumentava, mas as oportunidades diminuíam, gerando pobreza, incerteza e medo. Especialmente para os jovens, que saíam da escola sem perspectivas, presa fácil para o proselitismo dos pregadores religiosos e organizações criminosas, que lhes ofereciam identidade de grupo, amparo e algum propósito de vida.

Acostumados à guerra em territórios longínquos, os americanos não enxergaram a ameaça dentro de seu próprio país. O próprio cidadão americano, imigrante ou não, revoltava-se contra o sistema, por razões que o sistema não compreendia, ou não aceitava. Quando veio, num terreno favorável à disseminação do medo, o terror teve sucesso. Inseminou a suspeição entre cidadãos e a discriminação contra muçulmanos inocentes. A paranoia coletiva aprofundou dissensões que dificultavam a convivência e transformou a rotina em guerra cotidiana.

Depois de um longo período de construção do respeito às minorias, como parte dos ventos de inclusão social emanados pela democracia liberal, reinstalou-se na sociedade americana um *apartheid* racial e religioso. Mais do que imprimir na carne um castigo divino ao templo capitalista do mundo, Bin Laden criava uma situação que não poderia ser respondida simplesmente com tolerância e mudanças sociais. Estas requeriam tempo e, sobretudo, uma boa vontade que submergiu em meio à ira coletiva.

*

O propósito do atentado ao World Trade Center nunca foi declarar uma guerra aberta, já que não seria possível fomentar uma sublevação dentro dos Estados Unidos, ainda que Bin Laden e seus guerreiros camicases não temessem a morte, assegurados pela promessa de se transformarem em mártires com alma imortal. O objetivo do terror, além do clima de medo, era fazer a intolerância trabalhar a seu favor, dividindo a sociedade e agravando as tensões sociais, de maneira a acelerar a ruína do sistema com suas próprias fraturas.

A estratégia apoiava-se em uma leitura da sociedade americana e do próprio capitalismo globalista. Apesar de o fundamentalismo islâmico ser disseminado no Oriente Médio, os líderes da Al-Qaeda e outras facções radicais religiosas foram, em grande medida, produto do Ocidente.

Na sua fase contemporânea, o fundamentalismo islâmico foi gestado por um professor de literatura egípcio, Sayyid Qutb, que se mudou para os Estados Unidos em 1948, aos 42 anos de idade. Por suas críticas sociais, que tinham incomodado o rei Faruk, ditador turco que reinava sobre o Egito, Qutb buscava, por ironia, a liberdade. Vestia-se como ocidental, gostava de música clássica e dos filmes de Hollywood.

Contudo, em Nova York, e depois na Califórnia, conheceu a outra face do país. Testemunhou o preconceito e a segregação. Sofreu na pele a pressão cotidiana da sociedade americana, exercida não somente pela elite, como pelo pobre contra o pobre. Não havia ninguém mais rancoroso num país que exaltava o vencedor do que um perdedor a quem se entregava um pequeno poder: o manobrista, o atendente no balcão, o porteiro da boate. Como pequenos imperadores do cotidiano, eles descontavam sua frustração maltratando alguém que deles dependia de alguma forma, incluindo o cliente.

Qutb sentiu-se espezinhado o bastante para alimentar o ódio vingador contra o país do "imperialismo ianque", como era mundialmente rotulado. Revoltou-se contra o que via como "perversão" – não apenas sexual, como de toda uma sociedade. "[Os americanos são] um rebanho impulsivo e iludido que só conhece a luxúria e o dinheiro"[7], escreveu.

Depois de apenas oito meses nos Estados Unidos, Qutb voltou ao Egito transformado num radical. Estava disposto a resolver o que considerava ser o maior problema do seu tempo: dar aos jovens árabes desenraizados e sem perspectivas um sentido para a vida. Renascia, assim, com fuzis automáticos no lugar da cimitarra, a velha ideia da *jihad* – a guerra santa muçulmana, que obriga seus fiéis à luta, como uma forma de purificação.

A partir de sua visão da sociedade americana, Qutb doutrinou o militante jihadista: guerreiro de vida frugal, crítico estoico do consumismo capitalista, disposto a sacrificar-se em nome de Alá. Como professor, começou a sua revolução pela educação. "O homem branco nos esmaga

---

[7] In: WRIGHT, Lawrence. *O vulto das torres – a Al-Qaeda e o caminho até o 11/9*. Companhia das Letras, 2007.

sob os pés, enquanto ensinamos às nossas crianças sobre sua civilização, seus princípios universais e objetivos nobres", escreveu em uma carta a Tawfiq al-Hakim, em Al-Khaled. "Em vez disso, plantemos sementes de ódio, aversão e vingança nas almas dessas crianças. Ensinemos a essas crianças, desde cedo, que o homem branco é inimigo da humanidade e que devem destruí-lo na primeira oportunidade."

Ao atacar o "homem branco", e não somente o capitalista ou americano, Qutb criava fatores indiscutíveis para a discriminação e a desigualdade entre os homens, inclusive racial, instalando o *leitmotiv* da intolerância. Com a passagem na qual o Alcorão afirma que "nós os criamos classe sobre classe", justificava pela fé que o lugar do povo muçulmano era o da dominação sem fronteiras.

O professor egípcio rejeitava o nacionalismo, por entender que deveria haver uma unidade dos muçulmanos em todo o mundo. Aproximou-se da Sociedade dos Irmãos Muçulmanos, organização que, diante da inércia do Estado secular, criava seus próprios hospitais, escolas, indústrias e instituições de assistência social no Egito. Tinha 1 milhão de simpatizantes, num país com 13 milhões de habitantes.

Qutb foi membro do comitê revolucionário do político e militar Gamal Abdel Nasser, que depôs o rei Faruk em 1952 e instalou uma república de inclinação ditatorial. Não era o que Qutb queria, e sua oposição, ao fim dessa aliança ocasional, fez Nasser mandá-lo temporariamente à prisão, em 1954. Quando um membro da Sociedade dos Irmãos Muçulmanos tentou matar Nasser a tiros, numa assembleia na cidade de Alexandria, em 26 de outubro de 1954, Qutb foi preso novamente e torturado.

Na prisão, escreveu um manifesto intitulado "Ma'alim fi al Tariq" (em português, "Marcos"), no qual afirmava que a humanidade estava "à beira de um precipício". "Nessa conjuntura crucial e desconcertante, a vez do Islã e da comunidade muçulmana chegou", escreveu. E declarou a jihad contra os próprios islâmicos moderados. "A comunidade muçulmana há muito deixou de existir", sentenciou. "Precisamos iniciar o movimento do renascimento islâmico em algum país muçulmano."

Da prisão, Qutb passou a comandar uma célula secreta da Sociedade dos Irmãos Muçulmanos. Julgado em 1966, depois de curto período em liberdade, foi sentenciado à morte. "Graças a Deus", afirmou, ao receber a sentença. "Realizei a jihad durante quinze anos, até merecer este martírio." Com as manifestações que tomaram as ruas pela libertação de Qutb, Nasser cogitou a comutação da pena e até em dar-lhe o cargo de ministro da Educação.

Ele recusou. "Minhas palavras serão mais fortes se me matarem", disse. Foi enforcado em 29 de agosto de 1966.

"Sayyid Qutb foi um dos mais radicais pensadores islâmicos do século XX"[8], escreveu o antropólogo James Toth, professor da Universidade do Cairo. "Foi o filósofo do Terror Islâmico", afirmou o jornalista e escritor Paul Berman, em 2003[9]. "Ninguém pode negar a contribuição de Qutb na onda contemporânea da jihad global"[10], afirmou o historiador John Calvert, da Creighton University. "Sua prática de distinguir agudamente aqueles que defendem um entendimento verdadeiro e autêntico do Islã e os iníquos 'outros', assim como sua visão da jihad como o meio obrigatório para eliminar toda obediência senão a Deus, antecipa aspectos do discurso da Al-Qaeda."

Por meio do seu próprio sacrifício, Qutb conseguiu o que queria.

*

Qutb morreu, mas passou seu bastão a um adolescente egípcio com aspirações a líder revolucionário. Inspirado pela morte de Qutb, Ayman Al-Zawahiri, aos 15 anos de idade, organizou uma célula clandestina para derrubar o governo laico de Nasser e criar um Estado islamita. Seu objetivo era derrotar primeiro o "inimigo próximo". O Ocidente, o "inimigo distante", ficaria para depois.

Nasser morreu de um ataque cardíaco em 1970, e seu sucessor, Anwar Al-Sadat, em busca de apoio e legitimação, aproximou-se dos radicais. Ofereceu à Sociedade dos Irmãos Muçulmanos liberdade para propagar suas ideias, desde que renunciassem à violência. A Sociedade aceitou o acordo, mas Zawahiri continuou agindo por conta própria. Em 1970, sua célula contava com apenas 40 membros. Formou-se em medicina e, como médico, visitou o Afeganistão, onde se encantou com a coragem dos mujahidin – combatentes afegãos naturais das montanhas, que enfrentavam a invasão russa quase sem recursos. Inspirava-se também no exemplo do aiatolá Ruhollah Khomeini, que, com a militância xiita, tomou em 1979 o poder no Irã, derrubando o Xá Reza Pahlavi. Partidário da ideia de que

---

[8] TOTH, James. *Sayyid Qutb, the life and legacy of a radical islamic intellectual*. Oxford University Press, 2013.

[9] BERMAN, Paul. The philosopher of islamic terror. *New York Times Magazine*, March 23, 2003.

[10] CALVERT, John. *Sayyid Qutb and the origins of radical islamism*. McGill University Press, 1993.

"tudo de bom existe graças à espada e à sombra da espada", Khomeini instalara o primeiro governo islamita radical no poder.

Crítico da liberdade, "que corromperá nossa juventude e abrirá caminho para o opressor", como afirmou em um de seus primeiros discursos oficiais, Khomeini passou a trabalhar para o desenvolvimento da bomba atômica no Irã e inaugurou o temor mundial de que um país dominado por um fanático poderia, afinal, ser uma ameaça verdadeira para todos.

O exemplo de Khomeini estimulou Zawahiri no projeto de impor a *Sharia*, a lei islâmica, também no Egito. Seu consultório em Maadi, distrito ao sul do Cairo, virou depósito de armas e munições. O governo egípcio descobriu o movimento e prendeu mais de 1.500 pessoas para desarmar a rebelião, incluindo ativistas marxistas, cristãos coptas, líderes estudantis e médicos do sindicato da Sociedade dos Irmãos Muçulmanos, além da maioria dos líderes da Al-Jihad – a célula secreta de Zawahiri. Porém, não chegou ao próprio Zawahiri.

Em 1981, Al-Sadat foi morto na parada militar que celebrava o oitavo aniversário da guerra de 1973, quando discursava ao lado de diplomatas americanos e do futuro secretário-geral da ONU, Boutros Boutros-Ghali. "Matei o faraó", disse o assassino, o tenente Khalid Islambouli, de 23 anos, após desviar um tanque de guerra do desfile e descarregar sua metralhadora no presidente.

O novo governo, de Hosni Mubarak, promoveu uma caçada ao terror. Dessa vez, Zawahiri foi preso, não sem antes estapear de volta o guarda que o prendera. Torturado pela polícia política egípcia, adquiriu as sequelas de sua própria martirização. "O tema da humilhação, a essência da tortura, é importante para compreender a raiva dos islamitas radicais", escreveu o jornalista americano Lawrence Wright[11]. "As prisões do Egito se tornaram uma fábrica de militantes cuja necessidade de desforra – eles chamavam de justiça – era total e absoluta."

Preso com Zawahiri, o advogado Muntasir al-Zayyat sustentou em um livro biográfico que a tortura tirou o líder da Al-Jihad da ala mais moderada do jihadismo e o converteu em um "extremista violento e implacável". Nos porões do regime, Zawahiri entregou Essam Al-Qamari, líder jihadista. Confessou a delação indiretamente em suas memórias, dizendo que "a coisa mais brutal do cativeiro é forçar o *mujahid*, sob tortura, a entregar

---

[11] WRIGHT, Lawrence. *O vulto das torres – a Al-Qaeda e o caminho até o 11/9*. Companhia das Letras, 2007.

seus companheiros, a destruir o movimento com as próprias mãos e fornecer segredos seus e de seus companheiros".

Por falar melhor inglês, Zawahiri foi porta-voz dos 302 acusados de conspirar para o assassinato de Sadat. Diante do tribunal, não mostrou arrependimento. Em um vídeo gravado no primeiro dia do julgamento, aparece dizendo que tinha "feito o possível para estabelecer um Estado islâmico e uma sociedade islâmica", e que eles estavam "prontos a fazer mais sacrifícios".

Condenado somente por comércio ilegal de armas, conforme as provas disponíveis contra ele, Zawahiri recebeu três anos de prisão e saiu em liberdade por já ter cumprido a pena durante o processo. O radicalismo cevado na cadeia o fez afastar a Al-Jihad da Sociedade dos Irmãos Muçulmanos. Como ele, outros abandonaram o país, para se reorganizar. Foram para a Arábia Saudita.

Em Jidá, Zawahiri conheceu Osama bin Laden, filho de uma rica família de empreiteiros, que ajudavam os Estados Unidos a financiar a guerrilha contra os russos no Afeganistão. Filho do empreiteiro Mohammed bin Laden, patriarca do Saudi Binladin Group, cujos negócios se estendiam do Oriente Médio a países africanos, Bin Laden tinha nascido em berço de ouro. Fã do seriado de faroeste americano *Bonanza* quando criança, criava cavalos, montava e atirava como seus heróis da TV, na fazenda da família, ao sul de Jidá.

Quando se tornou adulto, Bin Laden caçava animais no Quênia e escalava montanhas na Turquia. Na Universidade Rei Abdulaziz, em Jidá, em 1976, teve o primeiro contato com as ideias de Qutb, cuja obra leu – em especial, "Marcos". Assistiu às palestras semanais de Muhammad Qutb, irmão do mártir, dedicado a defender sua memória e propagar suas ideias.

Bin Laden deixou-se influenciar, ainda, por Abdullah Azzam, o "xeique cego" – professor do Alcorão e de árabe na Universidade Islâmica Internacional de Islamabad, no Paquistão, que frequentava os acampamentos de mujahidin em Peshawar. Lá, Azzam ouvia histórias miraculosas de mujahidin, que descobriam buracos de bala nas vestes sem terem se ferido. Via os afegãos como um povo em estado de pureza, modelo de guerreiros que poderiam fazer prosperar uma nova sociedade, com as virtudes perdidas pelo capitalismo, do qual os Estados Unidos eram o maior representante. Queria o fim da corrupção materialista, do secularismo do Estado e da igualdade sexual.

Nos fins de semana, Bin Laden levava os filhos para a fazenda, onde dormiam ao ar livre, cavando buracos na areia contra o frio, para ensinar-lhes a serem homens de têmpera. Azzam usava de sua influência sobre ele, em quem via simplicidade, tanto quanto a facilidade para dar dinheiro. "Qualquer casa de trabalhador jordaniano ou egípcio era melhor que a de Osama", disse Azzam. "Ao mesmo tempo, se você lhe pedisse 1 milhão de *riais* para a causa mujahidin, ele assinava o cheque no ato."[12]

*

Bin Laden foi para o Afeganistão escondido da família, que temia vê-lo prisioneiro dos russos. Ajudou a financiar a guerrilha, colaborando com os Estados Unidos, numa época em que os interesses americanos e sauditas convergiam. Empresas americanas fizeram a maior parte da infraestrutura do território saudita, incluindo as estradas, as comunicações e a indústria bélica. A elite saudita estudava nos Estados Unidos. Essa aliança foi ainda mais importante para os americanos depois que Khomeini passou a governar o Irã e fechou com eles as vendas de petróleo que o país produzia.

Tanto americanos quanto sauditas queriam tirar os russos do Afeganistão, cujo pretexto para a invasão foi a eliminação do fundamentalismo islâmico. "Quando a União Soviética estava em seu estágio final de declínio, a maioria do *establishment* que formulava a política exterior americana – o Partido Republicano em particular, embora com ajuda de intelectuais de primeira linha e comentaristas da mídia – firmemente acreditava que os soviéticos estavam expandindo sua influência e impunham novas ameaças ao Ocidente", afirmou Fawaz Gerges, professor de Política do Oriente Médio e Relações Internacionais na London School of Economics and Political Science. "Informações da inteligência americana eram frequentemente manipuladas para confirmar essa visão alarmista. Mesmo quando eram apresentadas evidências da fraqueza soviética, elas eram interpretadas como um complô de Moscou para levar o Ocidente a baixar sua guarda."[13]

A intolerância de fundo religioso cresceu no Afeganistão com a miséria. Com um território de 652 mil km^2, maior que o da França, o país formava-se em sua maior parte por uma cadeia montanhosa. Era inóspito, desértico e sujeito a abalos sísmicos. Os guerrilheiros se entrincheiravam na fronteira

---

[12] WRIGHT, Lawrence. *O vulto das torres – a Al-Qaeda e o caminho até o 11/9*. Companhia das Letras, 2007.

[13] GERGES, Favaz. *The rise and fall of al-Qaeda*. Oxford University Press, 2011.

com o Paquistão, em uma cordilheira com 800 quilômetros de extensão, habitada por 6 milhões de pessoas na mais absoluta penúria.

A maior parte dos 32 milhões de afegãos concentrava-se em condições não muito melhores, dentro de cidades como Cabul, a capital. Os índices socioeconômicos estavam entre os piores do mundo. No Afeganistão, 16% das crianças morriam no nascimento. A expectativa de vida média era de 43 anos. Naquelas terras, onde 90% da população era de muçulmanos, somente prosperavam a religião e a belicosidade de gente que pouco tinha a perder.

Com Azzam, Bin Laden criou ali a "brigada estrangeira", formada por jihadistas sauditas, que davam apoio e lutavam ao lado dos mujahidin. As galerias onde Bin Laden e Zawahiri iriam se entrincheirar depois do 11 de setembro, nas montanhas afegãs, eram bem conhecidas pelos americanos. Tinham sido construídas por engenheiros, tratores e caminhões basculantes da empreiteira da família Bin Laden para servir de abrigo antiaéreo, dormitório, hospital e depósito de munição e armas na guerra contra a Rússia.

Em 1986, Zawahiri mudou-se para Peshawar. Montou consultório num hospital do Crescente Vermelho, financiado pelo governo do Kuwait, ligado à Sociedade dos Irmãos Muçulmanos. Bin Laden ajudava-o financeiramente e dava palestras no hospital. A vitória sobre os russos, que começaram a se retirar do Afeganistão em maio de 1988, encheu a Al-Jihad de confiança. Porém, era necessário criar um novo inimigo para manter a tropa unida.

Nas montanhas, Bin Laden contraiu malária. Passou a ter a saúde debilitada, e Zawahiri, além de aliado, tratava-o como médico. Juntos, criaram então a Al-Qaeda, "concebida no casamento desses pressupostos: a fé é mais forte do que armas ou nações, e o bilhete do ingresso para a zona sagrada onde tais milagres ocorrem é a disposição para morrer"[14].

Como homem do dinheiro, Bin Laden tomou a precedência na guerrilha. Adversário político de Zawahiri no comando da Al-Qaeda, Azzam morreu num atentado à bomba em 24 de novembro de 1989, quando ia de carro para a mesquita, acompanhado de dois filhos, Ibrahim e Mohammed. Zawahiri foi ao funeral, mas declarou que Azzam estaria trabalhando para os americanos em Peshawar.

Com Zawahiri e Bin Laden, a Al-Qaeda se desenvolveu. Na fronteira afegã com o Paquistão, mantiveram a "Cova do Leão", base de treinamento e acampamento central, onde se concentravam mujahidin afegãos,

---

[14] WRIGHT, Lawrence. *O vulto das torres – a Al-Qaeda e o caminho até o 11/9*. Companhia das Letras, 2007.

guerrilheiros sauditas e egípcios da irmandade jihadista. Bin Laden e Zawahiri mantiveram sua mobilização para o combate, convertendo seus guerreiros temerários em agentes do terror.

Aos 31 anos, Bin Laden voltou para a Arábia Saudita, agora envolto pela aura do homem que tinha expulsado os russos do Afeganistão, ainda que isso tivesse ocorrido menos por mérito próprio do que pelo desgaste do adversário. Enfiada na falência da economia comunista, a União Soviética vinha sendo levada por Mikhail Gorbachev para reformas profundas, depois do acidente nuclear da usina de Chernobyl, em 1986. Caso impossível de encobrir, pelos efeitos deletérios que o derramamento de radiação poderia ter para toda a Europa, Chernobyl mostrou que a burocracia tecnocrata dos soviéticos se transformara num desastre para todos, a começar por eles mesmos.

Além da necessidade de reestruturação econômica, Gorbachev enfrentava a pressão nacionalista pela independência das nações agregadas à Rússia, na União Soviética. Procurou negociar a diminuição do arsenal de armas nucleares com o presidente americano, Ronald Reagan. E, entre outras medidas dessa grande distensão, ordenou a saída gradual das Forças Armadas do Afeganistão, onde a guerra àquela altura se mostrava mais uma questão de orgulho.

Fosse como fosse, para Bin Laden a libertação do Afeganistão não deixou de ser um triunfo. Ele retomou suas atividades no grupo Binladin, mas secretamente continuou a trabalhar no novo plano, conforme inspirado por Qutb: destruir a sociedade americana. Na Arábia Saudita, rica em petróleo, o dinheiro se concentrava nas mãos de poucos, e os jovens, na sua grande maioria, saíam da escola sem encontrar lugar no mercado de trabalho. Bin Laden passou a dar-lhes propósito: uma guerra permanente, capaz de uni-los no ideal de fortalecer no Oriente uma sociedade cujos valores se opunham ao capitalismo corrompido, que não lhes dava oportunidade.

Chegou a oferecer a colocação de "100 mil combatentes" em três meses, quando o Kuwait foi invadido pelo Iraque de Saddam Hussein, para que o governo saudita dispensasse o apoio americano na guerra de libertação do país vizinho. "Não há cavernas no Kuwait", foi o que ouviu, em resposta, do príncipe Turki. "O que você fará quando o inimigo atirar mísseis ou armas biológicas?" Bin Laden respondeu: "Nós os combateremos com a fé".

Ele já não aceitava nenhuma aproximação com os Estados Unidos. Voltava-se contra sua própria família, o país, o sistema. O governo saudita tomou-lhe o passaporte. Porém, Bin Laden não desistiu. Se pudera vencer os russos, poderia também sobrepujar aquele outro Golias do belicismo mundial, que já sofrera suas derrotas. "Os americanos só saíram do Vietnã depois de sofrerem pesadas baixas", afirmava. As Torres Gêmeas se tornaram sua obsessão depois do apoio americano à invasão israelense no Líbano, por meio da Sexta Frota. "Eu me convenci de que devíamos punir o opressor na mesma moeda e destruir as torres nos Estados Unidos para que sentissem um pouco do que sentimos", disse.

*

A Al-Qaeda instalou uma filial no Sudão, onde Bin Laden construiu uma estrada para agradar o governo local. Fez um acordo de troca de armas por treinamento terrorista com o grupo libanês Hezbollah. Apoiado pelos iranianos, o Hezbollah já havia realizado atentados com carros-bomba contra quartéis e contra a embaixada americana em Beirute, em 1983. Com 301 mortos e 161 feridos no total, os atentados tinham levado as forças de paz a se retirarem do Líbano.

Em 1993, Bin Laden provou que falava sério quanto a derrubar as torres nos Estados Unidos. Sua primeira tentativa de destruir o WTC foi com a explosão de uma van Ford Econoline no estacionamento da ala sul, localizado no subterrâneo do complexo. Nunca ficou plenamente comprovada a relação entre a Al-Qaeda e o atentado, mas o detonador, Ramzi Youssef, foi treinado na Cova do Leão, no Afeganistão. Colocou na van quatro dispositivos de TNT de seis metros e os acionou de um ponto de observação ao norte da rua Canal Street.

A ideia era fazer uma torre cair sobre a outra. A onda produzida pelo choque foi sentida a 1,5 km de distância, como um terremoto. Seis pavimentos de cimento e aço caíram, matando seis pessoas e ferindo outras 1.042, mas as torres permaneceram de pé. Youssef voou de volta para o Paquistão e, mais tarde, refugiou-se em Manila, nas Filipinas. O atentado foi encarado como um fracasso de Bin Laden, pela diferença entre a intenção e o resultado final. Só que ele não desistiu.

Um mês depois, Zawahiri desembarcou nos Estados Unidos, apresentando como motivo da viagem a arrecadação de dinheiro para crianças mutiladas por minas terrestres russas no Afeganistão. Percorreu mesquitas em 33 cidades americanas, de modo a fomentar a Al-Qaeda. Para uma nova investida, contava agora firmar uma base no próprio solo americano.

No atentado de 2001, havia no grupo que sequestrou os aviões transformados em mísseis tripulados, no total, 15 terroristas sauditas, dois dos Emirados Árabes, um do Líbano e um egípcio, Mohamed Atta, considerado líder do grupo. Alguns deles tinham feito cursos de pilotagem dentro dos Estados Unidos e levavam uma vida de cidadãos comuns, radicados em solo americano. Isso faria a queda das torres, dali em diante, lançar suspeitas sobre todos os muçulmanos no país. E estes, se antes já eram discriminados, passaram a ser vistos como uma ameaça em todo lugar.

Depois de 11 de setembro, a paranoia tomou conta das cidades americanas. Cidadãos inocentes passaram a desconfiar uns dos outros, especialmente de quem tinha fenótipo de árabe. Revistas rigorosas foram instaladas em todos os locais públicos. Rumores indicavam que o atentado seguinte ocorreria na Times Square, coração do sistema arterial do metrô, local de alta concentração de pessoas, em especial nos horários de entrada e saída do trabalho. Circularam também suspeitas de lançamento de um ataque químico ou biológico a cidades americanas.

Os Estados Unidos viveram, a partir dali, um período de tensão permanente. A diluição do inimigo dentro da própria sociedade alimentou a intolerância. Transformadas em suspeitas pela aparência ou pela religião, pessoas que já se ressentiam de alguma forma de opressão sentiram a discriminação chegar ao máximo. A Al-Qaeda obtinha sucesso no seu propósito de criar um círculo vicioso de medo e ódio dentro do território americano.

Enquanto se esperava mais um ataque aos Estados Unidos, bombas começaram a explodir na Europa. O método indicava que as ações se deviam a Zawahiri, mais favorável do que Bin Laden aos atentados com homens-bomba, apesar de um empecilho doutrinário: um dos princípios expressos no Alcorão é "não cometerás suicídio". Zawahiri superou esse dilema justificando que aquele não era um suicídio comum: tinha um propósito. Comparava o sacrifício dos camicases jihadistas ao dos mártires do cristianismo.

Em 19 de novembro de 1995, a Al-Jihad de Zawahiri já tinha promovido um atentado contra a embaixada egípcia em Islamabad, no Paquistão, mesmo contra o parecer de Bin Laden, que não queria problemas com o país – então porta de entrada para o Afeganistão. Um homem levou armas numa pasta Samsonite, e outro atirou granadas contra a guarda, de forma a abrir passagem para um caminhão com 113 quilos de explosivos. Com a detonação, a embaixada ruiu e edifícios num raio de quase um quilômetro sofreram com o impacto. Dezesseis pessoas morreram, além dos suicidas, e sessenta ficaram feridas.

O monumental buraco onde ficavam as Torres Gêmeas ainda estava a céu aberto quando, em 11 de março de 2004, explosões nos trens de Madri, a três dias das eleições gerais espanholas, deixaram 193 mortos e mais de 2 mil feridos. O candidato do PP, partido da situação, José María Aznar, apressou-se em apontar guerrilheiros separatistas bascos como autores do crime. Era uma cortina de fumaça para não dizer que se tratava de uma retaliação contra o apoio espanhol aos Estados Unidos, ainda que tímido, na guerra do Iraque. As investigações logo levaram a um grupo fundamentalista islâmico, e a tentativa de encobrir a verdade contribuiu para a derrota de Aznar nas urnas.

*

Os atentados sucederam-se pelo mundo. Em 7 de julho de 2005, um dia depois de Londres ter sido escolhida como sede das Olimpíadas de 2012, uma série de quatro explosões no metrô e em um ônibus de dois andares deixou 52 mortos e cerca de 700 feridos. Entre os terroristas suicidas, foi identificado Shehzad Tanweer, de 22 anos, britânico que tinha viajado seis meses antes ao Paquistão, alegadamente para estudar teologia. Em 2007, o terrorismo promoveu um bombardeio a comunidades yazidis em Kahtaniya e Jazeera, no Iraque. Morreram 500 pessoas e cerca de 1.500 ficaram feridas.

Envolvida ou não, a Al-Qaeda sempre aparecia como o elemento oculto de qualquer vileza perpetrada no planeta. Capitalizava o terror. A caçada mundial a Bin Laden forçou-o a abandonar o Sudão para voltar à vida de guerrilheiro. A pressão sobre a organização terrorista acabou permitindo o surgimento de uma força dissidente, ainda mais radical, que ocupou o espaço deixado pela Al-Qaeda nos países destroçados pela guerra. A partir de 2002, tomou a frente do noticiário mundial o Jama'at al-Tawhid wal-Jihad, antigo braço da Al-Qaeda, que atuava na região do Levante, fronteira entre a Síria e o Iraque.

Seu líder, Abu Musab al-Zarqawi, endossado por Bin Laden, aproveitou-se da falência do Estado iraquiano após a deposição de Saddam Hussein pelos Estados Unidos para tomar o controle de cidades inteiras. Chamou a área conquistada de Estado Islâmico do Iraque e da Síria – ISIS, na sigla em inglês, ganhando notoriedade pelo barbarismo.

Num vídeo datado de 11 de maio de 2004, cinco homens encapuzados e vestidos de negro se apresentaram diante de uma câmera com o americano Nicholas Evan Berg, de joelhos, com as mãos amarradas. Zarqawi leu um protesto contra os Estados Unidos e a tortura de jihadistas na prisão de Abu Ghraib e degolou Berg com uma faca.

De maio a novembro, a cena se repetiu outras vezes. Zarqawi discursava, entregava o papel a alguém e degolava o refém, em geral sobre uma bandeira dos Estados Unidos. Foram executados dessa forma os engenheiros americanos Eugene Armstrong e Jack Hensley, o engenheiro civil britânico Kenneth Bigley, o pastor evangélico sul-coreano Kim Sun-il e um turista japonês, Shosei Koda.

Em 7 de junho de 2006, forças especiais dos Estados Unidos e dos serviços secretos jordanianos mataram Zarqawi em seu quartel de Hibhib, no Iraque, num bombardeio com a ajuda de imagens de satélite e coordenadas de computador. Pouco mudou. Zarqawi foi sucedido por Abu Ayyub al-Masri e Abu Omar al-Baghdadi. O ISIS mudou de nome, para Estado Islâmico do Iraque.

Em 2007, os Estados Unidos enviaram 20 mil novos militares para o território iraquiano e mataram Masri e Baghdadi. Estava claro, porém, que matar as lideranças de nada adiantava, sem resolver a situação de uma área conflagrada e entregue à própria sorte. Com a saída dos americanos do Iraque, entre junho de 2009 e dezembro de 2011, os radicais foram reunidos novamente, sob o comando de Abu Bakr al-Baghdadi, companheiro de Zarqawi no Afeganistão.

A caçada a Bin Laden terminou em maio de 2011, em uma ação conjunta da CIA com a Joint Special Operations Command, das Forças Armadas americanas, que o localizaram em uma casa na periferia de Abbottabad, na fronteira noroeste do Paquistão. Seu corpo, após identificado, teria sido atirado ao mar – uma forma de evitar que seu sepulcro virasse local de veneração. Sem ele, Zawahiri assumiu o comando da Al-Qaeda oficialmente em 16 de junho, em comunicado transmitido pelas redes de TV árabes. Por sua cabeça, o governo americano ofereceu uma recompensa de 25 milhões de dólares.

Em 2011, o Estado Islâmico aproveitou a conflagração da guerra civil na Síria para se juntar com a Frente al-Nusra no combate ao presidente Bashar al-Assad. Quando a Al-Qaeda passou a ser comandada somente por Zawahiri, após a morte de Bin Laden, Al-Baghdadi afastou-se da organização. Renomeou o Estado Islâmico do Iraque novamente: ficou apenas "Estado Islâmico". Acreditava estar dando início ao surgimento de um novo império que reuniria novamente todo o mundo árabe muçulmano, do Oriente Médio ao norte da África. O Estado Islâmico funcionaria como um califado – regime político-religioso de caráter monárquico e totalitarista, orientado pela *Sharia*.

Uma nova onda de terror correu o mundo. Em abril de 2013, duas bombas deixaram 3 mortos e 264 feridos durante a maratona de Boston, nos Estados Unidos. No Líbano, no Iraque e na Nigéria, tomada ao norte pelo grupo terrorista Boko Haram, ataques causados por facções islâmicas tornaram-se corriqueiros. Em 5 de maio de 2014, um ataque do Boko Haram em Gamboru Ngala deixou 300 mortos. Naquele ano, os ataques da facção no país fizeram um total de 6.660 vítimas entre os nigerianos.

No Estado Islâmico, Al-Baghdadi retomou as execuções feitas por seus predecessores. Ainda em 2013, dois jornalistas – o britânico John Cantlie e o americano Steven Sotloff – foram sequestrados na fronteira da Síria com a Turquia. Sotloff foi decapitado diante das câmeras. Cantlie foi utilizado nos vídeos de propaganda do EI, mas seu destino nunca foi esclarecido. Em agosto de 2014, outro jornalista americano sequestrado na Síria, James Foley, também foi degolado. Naquele ano, os membros do Estado Islâmico gravaram ainda a execução de 300 soldados sírios.

Com o assassinato dos jornalistas, Al-Baghdadi conseguiu levar ao último grau a ira dos Estados Unidos. O então vice-presidente, Joseph Biden, após a morte de Sotloff, afirmou que os americanos seguiriam os terroristas "até as portas do inferno", de modo a "trazê-los perante a justiça". "Quem quer intimidar o povo americano é porque não nos conhece muito bem", disse Biden.

Em abril de 2015, após a declaração de Biden, os jihadistas degolaram outros cinco jornalistas que trabalhavam para a Barqa, rede de TV líbia, e seus corpos foram encontrados na cidade litorânea de Bayda. Pelo menos um desses assassinatos foi assumido pelo Estado Islâmico.

Num atentado perpetrado pela facção em 22 de março de 2016, 35 pessoas morreram e 300 ficaram feridas na explosão de 3 homens-bomba no aeroporto e no metrô de Bruxelas, na Bélgica. Em 3 de julho do mesmo ano, um caminhão-bomba explodiu à meia-noite no movimentado distrito de Karrada, em Bagdá, no Iraque, em frente a um shopping center, onde centenas de cidadãos faziam compras para o Ramadã. Morreram 292 pessoas e 225 ficaram feridas.

Por meio de sua revista, a Dabiq, o Estado Islâmico justificava não apenas o terror, como também o estupro e a escravização de mulheres e crianças da minoria yazidi, no noroeste do Iraque. Para a facção, tratava-se do "renascimento de um antigo costume" de tomar "prêmios de guerra", que teria caído em desuso em razão de um desvio do "verdadeiro Islã".

Al-Baghdadi ainda conclamava os jihadistas a atingir a Igreja católica e conquistar Roma, capital de uma "cruzada fracassada", "quebrando cruzes de infiéis e vendendo suas mulheres". Nas cidades ocupadas, os jihadistas assassinavam os homens que se recusavam a se converter e levavam suas mulheres, que eram violentadas e vendidas como escravas.

A morte, em 2006, de Abu Musab al-Zarqawi, líder da Al-Qaeda no Iraque e fundador do grupo Tawhid wal-Jihad, deixou Baghdadi como o maior expoente do radicalismo islâmico. Estava em confronto com o governo iraquiano e tinha a oposição dos Sahwa, conselho de tribos sunitas contrário à violência. O Estado Islâmico não conseguiu tomar Bagdá, a capital iraquiana, mas passou a controlar cidades ao norte do país, perseguindo os muçulmanos considerados infiéis, cristãos, xiitas e tribos das etnias sunita e yazidi.

Tornava-se um movimento muito mais importante do que a própria Al-Qaeda, não apenas pelo tamanho do território sobre o qual passou a ter influência, como pelo fato de possuir raízes sociais mais profundas e amplas que as da antiga célula terrorista, formada por militantes sem grande apoio popular. "O ISIS é sintoma da ruína das políticas no Oriente Médio, do enfraquecimento e deslegitimação das instituições do Estado, assim como da difusão das guerras civis no Iraque, na Síria e além", afirmou o professor de política internacional e historiador Fawaz Gerges, da London School of Economics and Political Science. Ainda segundo o autor, "a causa do desenvolvimento desses grupos se localiza nas severas condições políticas e sociais nas sociedades árabes, assim como em rivalidades regionais e globais"[15].

O Estado Islâmico organizava exércitos com jovens de diferentes nacionalidades, recrutados em todo o mundo por meio de campanhas que utilizavam a internet. Em meados da década de 2010, seu exército chegou a ter 40 mil combatentes, entre os quais 12 mil vindos de países muito diferentes, como França, Bélgica, Tunísia, Canadá, Estados Unidos, Paquistão, Afeganistão e Arábia Saudita.

---

[15] GERGES, Fawaz. *ISIS, a history*. Princeton University Press, 2016.

No início de 2014, o então presidente americano, Barack Obama, firmou uma coalizão de 50 países, incluindo do Oriente Médio, para atacar as posições do Estado Islâmico na Síria e no Iraque. A partir de 2016, em face do avanço de tropas da Rússia, dos Estados Unidos e da França, Al-Baghdadi começou a perder o controle sobre seu território. Acabou sendo morto durante um assalto de tropas da coalizão a Idlib, em outubro de 2019, junto com seu porta-voz, Abu Hassan al-Muhajir. O califado ficou sem seu califa.

Ao dar a notícia da morte do líder do Estado Islâmico, Abu Bakr al-Baghdadi, Donald Trump, o presidente que sucedeu Obama, mostrava que a intolerância afetava ambos os lados, e o líder do maior país democrático do mundo podia não diferir muito do líder da seita cortadora de cabeças. "Baghdadi morreu de um jeito degradante e violento, como um covarde, correndo e chorando", disse. "Morreu como um cão, e o mundo agora é um lugar bem mais seguro."

No fim das contas, o vice-presidente Joseph Biden, ou Joe Biden, estava certo. Al-Baghdadi não conhecia bem os fundamentalistas que estavam do outro lado.

3

O fanatismo de Estado

"Não há nada de errado com os Estados Unidos que não possa ser curado com o que está certo nos Estados Unidos", afirmou o presidente americano Bill Clinton, que ocupou a Casa Branca por dois mandatos, na virada do século XX para o XXI, entre 1993 e 2001. Falava à frente do governo de um país próspero, com inflação e desemprego baixos, lucros corporativos ascendentes e a indústria das telecomunicações em expansão – com os Estados Unidos liderando o desenvolvimento da conexão digital na economia global.

Clinton perdeu prestígio no final de sua segunda gestão, após a revelação de um envolvimento considerado impróprio com uma estagiária da Casa Branca, Monica Lewinsky. A divulgação de detalhes íntimos do relacionamento serviu a uma tentativa de destruir a reputação do presidente, que nos Estados Unidos é um símbolo cívico, como a bandeira e o hino nacional – 20 de fevereiro, Dia dos Presidentes, é feriado no país.

O fato de Clinton ter mentido publicamente sobre sua experiência extraconjugal foi aproveitado pelos adversários para questionar sua credibilidade no cargo e gerar um processo de *impeachment*. Aprovado na Câmara, em que havia maioria republicana, o pedido para o impedimento foi, no entanto, detido no Senado. O eleitorado entendeu a perseguição como injusta e os republicanos acabaram perdendo a maioria nas eleições legislativas seguintes, o que levou à renúncia do líder do partido na Câmara, Newt Gingrich. Clinton terminou sua gestão com uma aprovação de 70% junto ao eleitorado, mas tomou a lição de que, nos Estados Unidos, também não há coisas tão certas que não possam ser destruídas pelo que há de errado nos Estados Unidos.

O puritanismo é uma das roupagens da intolerância, frequentemente utilizado com fins políticos. O presidente John Kennedy, outro democrata, teve jogados para segundo plano seus casos extraconjugais, como o que teria mantido com a atriz Marilyn Monroe. A intolerância contra Kennedy ia muito além da sua vida privada. Era do mesmo tipo que vitimou outro presidente americano, Abraham Lincoln, morto a tiros quase um século antes, em 1865.

Vencedor na Guerra de Secessão, Lincoln submeteu o sul escravagista ao norte igualitarista. Em junho de 1963, Kennedy federalizou a Guarda Nacional e enviou tropas à Universidade do Alabama, quando o governador George Wallace tentou impedir dois afro-americanos – Vivian Malone Jones e James Hood – de frequentar as aulas depois de terem conseguido se matricular. Sua luta pela igualdade e contra a discriminação era a mesma de Lincoln, cem anos depois.

Antes de serem escravos nas Américas, os negros eram escravos na própria África, traficados por outros negros de tribos rivais, que faziam disso um negócio lucrativo. Como fornecedora de mão de obra, essencial para o sistema de produção e, portanto, de toda a economia, a escravidão foi legitimada, defendida e socialmente tolerada. Para isso, criaram-se mentiras históricas, antropológicas e culturais que justificavam seus verdadeiros propósitos. A intolerância e os preconceitos legitimaram a expropriação – da liberdade, dos recursos e até mesmo da vida – de uma parcela da população.

Foi o que ocorreu no nazifascismo, cujo segregacionismo serviu para a prisão, o isolamento e, por fim, o massacre dos judeus a partir dos anos 1930, enquanto seus recursos eram confiscados para financiar o esforço militar hitlerista, que já tinha em vista a campanha da qual resultou a Segunda Guerra Mundial.

Portanto, para Kennedy, como outros democratas, não se tratava apenas de fazer prevalecer o direito de dois negros que queriam fazer curso superior, mas de defender os valores basilares da sociedade livre e democrática. Ele venceu o braço de ferro com Wallace, assegurando o cumprimento da lei, num episódio inspirador para a inclusão social e a democracia nos Estados Unidos. Menos de seis meses depois de defender os universitários negros no caso do Alabama, porém, morreu com um tiro na nuca, quando desfilava em carro aberto na cidade de Dallas, disparado com mira telescópica pelo ex-fuzileiro naval Lee Oswald, em 22 de novembro de 1963.

O crime tornou-se mais obscuro quando, ao ser transportado dois dias depois sob a custódia da polícia, Oswald foi assassinado por um ex-dono de boate, Jack Ruby, por razões pouco esclarecidas. Pouca gente acreditou quando a chamada Comissão Warren concluiu que, no assassinato de

Kennedy, Oswald agiu sozinho. Com a morte de Kennedy, a democracia americana sofria um golpe. Porém, os americanos lembram, com a chama acesa sobre seu túmulo no cemitério de Arlington, em Washington, que a liberdade, para existir, tem de ser defendida todos os dias.

Apesar do que está escrito em sua Constituição, e da propagação das virtudes do seu sistema democrático, os Estados Unidos foram fundados igualmente sob a égide do puritanismo e da segregação. A intolerância e a perseguição religiosa estão inscritas na história americana desde seu marco inaugural: o desembarque dos *quakers* na baía de Massachusetts, do navio britânico Mayflower, em 1620, depois dos ingleses que fundaram Jamestown, na Virgínia.

Puritanos e separatistas, foragidos da intolerância religiosa na Inglaterra e nos Países Baixos, os *quakers* estabeleceram uma comunidade cujas convicções enraizaram-se na sociedade americana – desde a tradição do *Thanksgiving* (Dia de Ação de Graças) até o sistema legal.

O grande território americano foi ocupado a oeste por missionários católicos, formados na escola de São Paulo, e, no leste, por protestantes e judeus, que fundaram Nova Amsterdam, depois Nova York. A tomada progressiva da antiga colônia espanhola pelos migrantes protestantes enraizou na sociedade americana o puritanismo, com sua ética voltada para a produção, o trabalho e o enriquecimento, favorável ao capitalismo industrial, como observado pelo pensador alemão Max Weber (1864-1920), em *A ética protestante e o espírito do capitalismo*.

Essa ética surgiu em oposição ao catolicismo, pregador do despojamento e da renúncia às riquezas como caminho do paraíso, de forma a evitar turbulências, uma vez que os monarcas absolutistas mantinham sua vassalagem na miséria. Já o puritanismo protestante preconizava literalmente um mundo novo. Sua busca da riqueza sem culpas nem limites acompanhava a ascensão da burguesia, antimonárquica por definição.

Nos Estados Unidos, essa burguesia tomou emprestados os ideais da Revolução Francesa e os mecanismos representativos do parlamentarismo britânico para consolidar um regime republicano, politicamente democrático e economicamente liberal. O sistema era munido com instrumentos garantidores da liberdade e da igualdade, como preventivo contra o surgimento de qualquer aspirante ao despotismo, esclarecido ou não. Com isso, construiu-se o aparente paradoxo americano, em que a apologia da liberdade sempre conviveu com o moralismo.

A criação do "sonho americano", como parte do "estilo de vida" indissociável da nação, impunha um padrão de desempenho para a riqueza e o sucesso que não perdoava as fraquezas humanas. O país foi revestido por uma divinização da prosperidade e construiu a imagem de produtor de milagres do enriquecimento. Nessa "terra das oportunidades", uma nova Terra Prometida, impunha-se a união dos fiéis em torno do "sonho americano" e de um "estilo de vida" em que o Estado, seu Deus pagão, podia invocar uma força superior quando contrariado ou ameaçado em seus interesses, apoiado no seu crescente poderio militar.

Com uma mensagem religiosa na moeda ("In God We Trust"), os Estados Unidos se tornaram um caso de divinização do Estado constitucional, em defesa do qual tudo se justificava: a invasão de países soberanos, a prisão de presos políticos sem julgamento legal em Guantánamo, o boicote a economias por motivos ideológicos e a reação contrária a movimentos de interesse mundial, como a defesa do meio ambiente, no país mais poluidor do planeta.

Era mais que intolerância. Era fanatismo, um fanatismo de Estado, exercido em nome do Estado.

*

Embora os Estados Unidos se proclamassem o país do sucesso individual, uma verdade em larga medida, o "estilo de vida americano" continha também uma dose de veneno a todos os que iam "fazer a América" – o desejo clássico dos imigrantes que povoaram o país com os seus sonhos. A identificação da felicidade e do sucesso com a acumulação de capital, contudo, deixava pouco espaço, respeito ou compaixão pelos perdedores – cidadãos que passavam a ser considerados de segunda classe, apesar da igualdade de direitos, e que, no fim das contas, eram a esmagadora maioria. Sayyid Qutb sentiu isso na pele, na passagem pelo país do qual saiu como ideólogo da jihad contemporânea.

Os Estados Unidos tinham um capitalismo próspero, mas seu espírito de luta permanente exerce tremenda pressão de desempenho sobre o indivíduo. O sistema estimulava o espírito de competição, mas não previa muito amparo aos indivíduos para quem o sonho americano se frustrava. Não era só gente que trabalhava muito, ganhava pouco e era excluída das promessas do paraíso, como o varredor de rua, a secretária, o garçom. Até mesmo profissionais de maior renda e qualificação, com emprego fixo e bom salário, sofriam com a cobrança permanente por resultados, num mecanismo feito para aumentar o consumo, endividar o cidadão e inchar os mercados, que iam bem mesmo quando todos iam mal.

Se aquela máquina produzia riqueza por um lado, por outro esgotava o indivíduo. No caso dos imigrantes, a pressão do trabalho somava-se à discriminação e à marginalização social. A reversão das expectativas e o sentimento de injustiça levavam à desesperança, ao desapreço pela vida e ao desejo de vingança – fatores que levavam um cidadão comum a metralhar inocentes numa lanchonete ou a sequestrar aviões comerciais para usá-los como mísseis tripulados.

A confiança nas virtudes americanas fez Clinton subestimar a escalada dos seus problemas – e o tamanho da ameaça. Num congresso em Melbourne, na Austrália, um dia antes de 11 de setembro de 2001, ele revelou que Bin Laden estava no radar do governo e que teve a oportunidade de matá-lo, quando esteve no poder. Porém, não o fez, por ter levado em conta que enviar um míssil para Kandahar, onde o líder da Al-Qaeda se encontrava, significaria também causar "a morte de 300 mulheres e crianças" – o escudo utilizado por terroristas contra o Estado.

Era uma meia-verdade. Clinton agia de maneira seletiva. Em dezembro de 1998, não se preocupou tanto com os inocentes quando ordenou um ataque aéreo ao Iraque, a pretexto de dar uma lição em Saddam Hussein[16]. Uma chuva com duas centenas de mísseis Tomahawk caiu sobre instalações iraquianas, apenas 24 horas após inspetores das Nações Unidas declararem que Hussein estava bloqueando a fiscalização internacional contra a produção de armamento nuclear.

Clinton tinha na ocasião um motivo pessoal para agir. Tirava as atenções sobre si mesmo, no momento em que procurava desarmar o processo de impeachment que trafegava no Congresso. Reunir a nação em torno do presidente diante de uma crise de guerra sempre foi uma das formas preferidas dos presidentes americanos de jogar divergências e ataques para escanteio.

"O Iraque abusou de sua chance final", disse, ao explicar a ação, em cadeia nacional de TV. "Saddam Hussein e outros inimigos da paz podem ter pensado que o sério debate na Casa dos Representantes distrairia os americanos ou enfraqueceria nossa resolução de encará-lo.

---

[16] CLINES, Francis X.; MYERS, Steven Lee. Attack on Iraq: the overview: impeachment vote in House delayed as Clinton launches Iraq air strike, citing military need to move swiftly. *New York Times*, Dec 17, 1988.

Porém, mais uma vez, os Estados Unidos provaram que, embora nunca tenhamos gana de usar a nossa força, quando tivermos de agir em nome dos interesses da América, nós o faremos."

No caso de Bin Laden, com o processo de impeachment já arquivado, Clinton já não tinha os mesmos motivos para agir. E sabia que, de qualquer forma, o emprego da força não era a melhor forma de deter a intolerância. Com sua mulher, Hillary, defendia uma mudança de mentalidade, com a instituição de uma política capaz de diminuir a tensão social, tanto dentro quanto fora do país.

No governo, e depois dele, dizia para quem quisesse ouvir que a globalização das empresas, correndo a galope, não tinha sido acompanhada de uma política social também global. E que a ação de governos era necessária para que os países pobres não se tornassem uma ameaça ainda maior.

Clinton falava as coisas certas, mas, apesar da popularidade interna de seu governo, pouca gente lhe deu crédito. O flagrante da infidelidade conjugal, que o fez titubear, tirou o lustro da sua autoridade, ao menos do ponto de vista dos adversários. Muitos americanos pediam a linha dura, fosse com os regimes divergentes, fosse com o terrorismo. No lugar do presidente que tocava saxofone e era fã de Gabriel García Márquez – o escritor colombiano que procurou aproximá-lo de Fidel Castro e levantar o embargo econômico contra Cuba –, uma parcela maior do eleitorado passou a pensar em alguém com perfil de vaqueiro, que tratasse o inimigo a chumbo, em vez de ter compaixão.

Esse homem foi o republicano George W. Bush. E o inimigo, que ajudou a impedir a progressão de políticas humanizadoras do sistema político e econômico, e deu espaço para o vaqueiro campear, também tinha nome: Bin Laden.

*

Em 2000, o filho homônimo do ex-presidente George Bush recebeu 50,4 milhões de votos na eleição, menos que os 51 milhões do democrata Al Gore, ex-vice de Clinton. Porém, foi o vencedor – graças ao complicado e, para muitos, inaceitável sistema eleitoral americano. Com o voto popular, formava-se um colégio eleitoral com delegados de cada estado, que carregavam para o vencedor também os votos dos vencidos de cada unidade da federação. Assim, o ganhador em estados populosos e com mais delegados levava vantagem. Bush acabou com 271 votos no colégio eleitoral, contra 266 do adversário.

O sobrenome do novo presidente, cujo pai havia patrocinado a Guerra do Golfo em 1991 pela libertação do Kuwait, já indicava um endurecimento no tratamento do terror. E foi testado logo no início da gestão, quando caíram as Torres Gêmeas. Da manhã para a tarde de 11 de setembro de 2001, o terrorismo voltou a mobilizar uma sociedade acostumada a agir em bloco nos momentos de perigo. Em vez de políticas para atenuar os efeitos sociais contra a onda de intolerância, Bush teve legitimada sua disposição de colocar em ação a máquina de guerra americana contra os inimigos do seu "estilo de vida".

O ataque da Al-Qaeda em território americano colocou em cena o nacionalismo como poucas vezes na história do país. No estádio dos Yankees, tradicional time de beisebol de Nova York, sediado no Bronx, uma bandeira americana rasgada e rota, retirada dos escombros do WTC, foi mantida hasteada no mastro durante toda a temporada. Eleito sem brilho, Bush logo ganhou força. Reagindo à ameaça com bravatas de caubói, ficou de repente maior do que ele mesmo, porque nem a oposição ousava opor-se à "defesa nacional" naquela situação.

A devoção nacionalista passou a justificar políticas mais agressivas e, por vezes, transgressoras, dentro e fora do país. Bush invocou poderes ditatoriais, que permitiam a perseguição e o atropelamento dos direitos civis mais elementares. Por uma lei especial, o Estado americano se permitiu oficialmente espionar outros países e governos e quebrar a privacidade dos cidadãos dentro dos Estados Unidos, autorizando o grampo de conversas e correspondências, a pretexto de investigar atividades terroristas.

A defesa do "estilo de vida" americano transformou-se em campanha fundamentalista. A luta contra o terror justificava o aborto da lei, instalava mecanismos autoritários de controle e transformava a intolerância em ferramenta de governo. Endossava-se o abuso dos direitos mais elementares – como o emprego de tortura na base militar de Guantánamo, supostamente em favor das investigações.

O radicalismo político nacionalista usava o mesmo manto do fanatismo religioso, apoiado numa onda popular de ódio e desejo não de justiça, e sim de retaliação. No final, quem sofria a carga desse patrulhamento não era o terrorista quase inatingível nos labirintos urbanos do Afeganistão. Era o cidadão americano, que teve de encarar, a partir daí, não só o medo do terrorismo islâmico, como também o terror do Estado.

O buraco de mais de um quilômetro quadrado das Torres Gêmeas, misto de canteiro de obras e virtual cemitério de vítimas cujos corpos jamais seriam resgatados, tornou-se local de veneração política e religiosa. A cada aniversário do 11 de setembro, o fosso do World Trade Center era cercado por guirlandas de flores. Depois de uma cerimônia religiosa ecumênica e discursos de autoridades e parentes das vítimas, liam-se os nomes de todos os mortos – tantos, que a leitura começava pela manhã e acabava somente à tarde.

A fé cívica pedia uma punição bíblica aos responsáveis pelo atentado. Sem um alvo claro na mira, Bush escolheu o da preferência familiar. Com a aprovação do Congresso, em outubro de 2002 o governo americano patrocinou uma segunda invasão ao Iraque. Seu pretexto era o de que o regime de Saddam Hussein estaria protegendo terroristas da Al-Qaeda e estaria desenvolvendo uma bomba atômica – ou outro "dispositivo de destruição em massa".

Mais tarde, a imprensa americana apurou que no Iraque não havia ameaça nuclear, ou mesmo fundamentalista. Bin Laden não estava lá, e, como comprovaram documentos do serviço de inteligência, Bush sabia disso. Porém, ele seguiu em frente e invadiu Bagdá – o erro que seu pai evitou cometer na primeira incursão americana ao território iraquiano, em 1991.

Naquela ocasião, uma coalizão internacional, encabeçada pelos Estados Unidos sob a supervisão da ONU, tomou boa parte do território iraquiano, de forma a desarmar Hussein. As tropas aliadas chegaram perto, mas não entraram na capital. Preservaram o governo e a cabeça do ditador, considerado ainda um mal necessário para o controle do país. Com Hussein, era ruim. Sem Hussein, seria pior.

A segunda invasão do Iraque foi realizada pelos americanos praticamente sozinhos, com apoio mais moral que prático do Reino Unido e de outros países europeus. As tropas tomaram Bagdá em abril de 2003 e derrubaram Hussein. Encontrado escondido no porão de uma fazenda em Adwar, em 13 de dezembro de 2003, ele foi julgado por um tribunal iraquiano e enforcado três anos depois, em 3 de dezembro de 2006.

A deposição de Hussein colocou o Iraque sob a responsabilidade americana, criando uma dor de cabeça sem remédio. O que era para ser uma operação de três meses tornou-se uma guerra de oito anos. Os iraquianos não morriam de amores por Hussein, mas não queriam também uma intervenção estrangeira no país. Viram ainda na crise a oportunidade de resolver suas antigas disputas internas, antes abafadas pelo ditador com mão de ferro.

Ainda sequiosa como os mujahidin, de levar a termo uma nova guerra santa, a sociedade americana no início apoiou a Segunda Guerra do Golfo, transformada em ocupação. Porém, não demorou a se arrepender.

*

A alguns blocos de distância do Freedom Building, construído com um memorial no lugar do WTC, fica uma pequena praça encravada entre arranha-céus, pouco conhecida e ainda menos frequentada pelos turistas em Nova York. Ali, no distrito financeiro da cidade, está o monumento aos veteranos do Vietnã. No centro da área trapezoidal há uma galeria com muros de vidro, que se acendem ao cair da noite. Cunhadas nos vidros, estão cartas de pracinhas do Vietnã a amigos e familiares, oferecendo uma visão íntima e profunda do absurdo da guerra, que os americanos conhecem muito bem.

Desde sua luta pela independência, passando pelo intenso século XX, praticamente não houve momento na história em que os americanos não estivessem em conflito em algum lugar do mundo. Para os Estados Unidos, guerras não são uma referência histórica ou distante, e sim uma marca presente na sociedade, na autoimagem e no cotidiano. Poucas famílias americanas não têm alguma experiência de guerra, ou membros perdidos em conflitos, como a Segunda Guerra Mundial, a Guerra da Coreia, do Vietnã ou, mais recentemente, do Iraque e do Afeganistão.

Ao declarar guerra ao Iraque em 2003, o governo americano produziu um evento para o eleitorado que esperava uma reação concreta. Dava a impressão de que tirava a guerra de dentro do próprio país e a devolvia ao cenário externo. Enquanto a realidade nas ruas de Bagdá era alarmante, o governo mantinha o público entretido com as velhas bravatas. Em *Fahrenheit 9/11*, filme de Michael Moore premiado em Cannes em 2004, Bush aparece num vídeo doméstico caçando texugos no Texas, seu estado natal. Declarava que iria desentocar os terroristas islâmicos no Iraque como aqueles animais: *"Smoking them out of the hole"* (algo como "tirando-os de seu buraco a chumbo").

Naquele ano, seu vice, Dick Cheney, acertou com chumbo grosso de verdade seu colega de caçadas, um advogado de 78 anos que estava na linha de tiro de uma codorna. A demora de Cheney em comunicar o fato e a condescendência da polícia na investigação provocaram a revolta daqueles que acreditam que não se deve dar aos políticos tratamento diferente do que se dá a qualquer cidadão.

Bush disse que Cheney se "saíra bem". Porém, tanto ele como Cheney estavam devendo na pontaria. Dentro dos Estados Unidos, o clima de insegurança se institucionalizou. Pessoas eram revistadas cuidadosamente em aeroportos, na entrada de museus e atrações turísticas. O receio permanente de um atentado em locais de aglomeração colocava um inimigo em todo lugar. O medo jogava um cidadão contra outro, mesmo os inocentes.

Sem atacar as causas reais da crise, em 2005, a Segunda Guerra do Iraque tomou bem mais rapidamente a feição do conflito no Vietnã, que presidentes consecutivos mantiveram aceso, mesmo sabendo ser inútil. Sem resolver os dilemas reais, a maior parte deles internos, a campanha americana exauria energias e recursos num combate difícil de abandonar, tanto quanto de vencer. E estendeu-se ao Afeganistão, onde o serviço de inteligência localizou Bin Laden, refugiado nas cavernas feitas nas montanhas por ele mesmo, durante a guerra contra a União Soviética.

A revelação sobre o paradeiro de Bin Laden, assim como as perdas e o sofrimento dos soldados americanos, minou a disposição de sustentar a empreitada bélica no Iraque. As histórias das agruras da luta no Oriente não eram mais cartas a parentes gravadas em monumentos de vidro. Circulavam na imprensa e nas redes sociais, contagiando toda a sociedade americana.

Um desses casos foi o do sargento Anthony Jones, de 25 anos, que retornou de seu segundo período no Iraque em maio de 2005 para passar duas semanas de folga nos Estados Unidos. Chegou poucas horas depois do nascimento de seu segundo filho, numa maternidade da Geórgia. Além de estar com a esposa e o bebê, ele aproveitou as férias para tomar algumas providências. Vendeu sua camionete e quitou algumas dívidas. Disse à avó, Ima Lee Jones, que queria deixar tudo organizado. "Vovó, as chances de voltar vivo de uma terceira vez [no Iraque] são quase nulas", ele disse. "Já vi gente demais morrendo [para ter esperança]." Três semanas depois, em 14 de junho, de fato morreu na explosão de uma mina, durante uma patrulha na periferia de Bagdá.

Até outubro de 2005, 2 mil soldados americanos e 30 mil civis iraquianos tinham morrido no conflito do Iraque. Tal como os mujahidin acreditavam ser recebidos por Alá, os fuzileiros abatidos ganhavam todas as honras ao retornar para o enterro em território americano. O herói morto é o santo do Estado laico. E eles estavam sendo produzidos em série.

Para manter suas tropas, as Forças Armadas americanas lançavam mão do mesmo recurso que a Al-Qaeda ou o Estado Islâmico. Recrutavam jovens que, apesar da riqueza crescente do país, em sua maioria saíam da escola sem perspectiva de vida. Havia pouco emprego, e o que havia pedia uma qualificação que eles não tinham.

Não por acaso, as agências de recrutamento dos *marines* eram abertas ao lado de escolas de segundo grau. Em Nova York, em 2005, uma delas funcionava na Chambers Street, perto da Starbucks, do Reade Street Pub & Kitchen, da PS 234 Independence School e da PS 89 Liberty School – a escola das crianças que tinham assistido ao vivo à tragédia no WTC.

Na agência de recrutamento, com vitrine de loja popular, despontava um manequim com uniforme de gala da corporação. Um aparelho de TV repetia ciclicamente a propaganda institucional. Cartazes davam o tom ufanista: *Honour, courage, commitment* (honra, coragem, compromisso). Lá dentro, dois oficiais à paisana recebiam os interessados, que deveriam ter entre 17 e 35 anos.

Para entrar para as fileiras dos legendários *marines*, bastava fazer um teste de múltipla escolha, com conhecimentos gerais, incluindo noções de mecânica, eletrônica e elétrica. Aprovado, o candidato passava por testes físicos. "Para saber se os seus ossos não vão quebrar", explicava um dos oficiais. Depois do exame físico, o já incorporado *marine* aprendia o "seu trabalho". Passava por um primeiro campo militar e encerrava o treinamento em outro, na Carolina do Norte.

Todas as despesas com instrução, alimentação, fardamento, assistência médica e odontológica corriam por conta do governo. Em 2005, o salário inicial de um *marine* era de 300 dólares mensais – três vezes menos do que ganhava uma babá em Nova York. Com o tempo, porém, podia-se ganhar mais. Quando reformados, os *marines* recebiam, como aposentadoria, metade do seu último salário na ativa. E não era preciso ser americano para se tornar um soldado. Num país em que as famílias economizam desde que o filho nasce para lhe pagar a faculdade, e quem não o faz dificilmente vai adiante, era uma carreira atrativa.

Assim como o sargento Jones, a maioria dos *marines* que encerravam seu primeiro termo no Iraque voltava para o campo de batalha, mesmo sem obrigação e sabendo do risco de morte. Primeiro, por senso de dever cívico, muito verdadeiro para os americanos. Segundo, por lealdade aos colegas que deixaram para trás. Sobretudo, no entanto, pelo fato de que esse era, simplesmente, o seu emprego – e sem ele não teriam mais o que fazer. Era melhor morrer lutando como heróis, à semelhança dos homens-bomba glorificados pelos radicais islâmicos por seu sacrifício a Alá, do que viver como se já estivessem mortos.

*

No início de janeiro de 2006, foi ao ar pela rede de TV árabe Al Jazeera um vídeo de Osama bin Laden, gravado em dezembro, no qual ele ameaçava os Estados Unidos com novos atentados terroristas. Ao mesmo tempo, propunha uma trégua, caso os americanos parassem de bombardear a fronteira do Afeganistão com o Paquistão. A proposta foi imediatamente rechaçada pelo governo americano, cujos generais repetiam que não haveria negociação com o terrorismo.

Depois de invadir o Afeganistão, onde Bin Laden mantinha sua base, os americanos viviam um pesadelo, apesar de suas enormes vantagens bélicas. Os bombardeios aéreos varriam as montanhas afegãs, mas o inimigo continuava lá.

Em janeiro de 2006, não havia um único repórter ocidental na fronteira entre o Afeganistão e o Paquistão, pelo fato de ser uma zona conflagrada. Por meio de fontes militares, a imprensa americana começou a receber notícias de que o *front* de guerra se encontrava cada vez mais fora de controle. Grupos mujahidin uniam-se a rebeldes talibãs, entravam nas aldeias afegãs, saqueavam os bancos e levavam à força homens para se juntar às suas tropas nas montanhas. A situação era semelhante à das favelas do Rio de Janeiro, onde os traficantes recrutavam jovens para o negócio. Num território desgovernado, os terroristas impunham-se como a lei e a ordem.

Acostumado a enfrentar inimigos com poder de fogo muito superior, Bin Laden estava vencendo. Mesmo com todo o horror dos atentados perpetrados em 2001, instalara o medo dentro dos países ricos e capitalizara o ódio mundial contra os Estados Unidos. Ao se acomodar na fronteira do Afeganistão, colocou o governo do Paquistão entre ele e as tropas americanas, proibidas de entrar naquele território soberano, ao qual as potências mundiais, para equilibrar forças com a Índia, permitiram até mesmo o estoque de bombas nucleares.

Sem outra opção, de 2001 a 2005 os americanos tiveram de acreditar na promessa do governo paquistanês de controlar sua fronteira e esmagar os mujahidin por conta própria. Os resultados, porém, foram insatisfatórios.

O governo paquistanês não debelou o terror; ao contrário, o terror é que passou a controlar a fronteira, mergulhada na pobreza e na desordem, agravadas ainda mais por um violento terremoto que deixou milhões de desabrigados em todo o norte do Paquistão, em meados de 2005. O governo americano passou a desconfiar de que os paquistaneses, de tão lenientes, se tornavam cúmplices dos terroristas. Muitos mujahidin já estavam incorporados à população local, também insatisfeita com os problemas sociais do país.

Por fim, depois de dois anos de infiltração da Al-Qaeda em território paquistanês, os americanos decidiram agir. Usaram o método habitual: despacharam aviões para bombardear os terroristas com mísseis teleguiados. Foi como liquidar o tráfico no Rio de Janeiro dinamitando as favelas. No final de janeiro de 2006, duas semanas após os atentados, Al-Zawahiri apareceu em um vídeo levado ao ar pela Al-Jazeera, debochando da tentativa americana de assassiná-lo, e chamando o presidente George W. Bush de "açougueiro". "Querem saber onde eu estou?" – perguntava ele, desafiador. "Estou no meio das massas muçulmanas."

Políticos mais iluministas levariam o progresso para combater as causas da pobreza, da desordem e, por conseguinte, do próprio terrorismo. Ao matar guerrilheiros da Al-Qaeda junto com crianças e outros inocentes, o governo americano elevou a antipatia do mundo pela prepotência, arrogância e truculência aplicadas a uma situação que pedia inteligência e cooperação.

Como esperava Bin Laden, a invasão do espaço aéreo do Paquistão pelos americanos desagradou o governo local. Um ataque no dia 13 de janeiro de 2006 deixou 18 mortos, a maioria civis, entre eles mulheres e crianças paquistanesas. O presidente do Paquistão, Pervez Musharraf, mandou um aviso ao governo americano: "Esses ataques não devem se repetir", segundo relatou o secretário de Estado, Nicholas Burns, à agência de notícias Associated Press.

O major-general Shaukat Sultan, porta-voz das Forças Armadas do Paquistão, disse ao *New York Times* que as tropas terroristas não eram tão numerosas como se pensava, e garantiu que não passavam de uma centena de guerrilheiros. Porém, militares americanos e moradores garantiam haver muito mais gente, especialmente no Waziristão, região montanhosa do noroeste do Paquistão, na fronteira com o Afeganistão.

Era difícil quantificar os combatentes da Al-Qaeda nessa região. Como lobos, eles desciam das montanhas e casavam-se com mulheres locais, tinham filhos e se mesclavam à população por laços de costume e parentesco. No lugar onde, no passado, faziam a guerrilha contra os russos, passaram a tramar contra o exército americano, ao mesmo tempo que visavam os governadores locais, considerados aliados subservientes dos Estados Unidos. Também no Paquistão, instalaram um regime do terror, em meio ao qual nenhuma autoridade se sentia segura.

Paradoxalmente, os mujahidin de Bin Laden conquistavam a população, trazendo um pouco de ordem a uma região abandonada pelo poder público. Em 7 de dezembro de 2005, em Mira Shah, ao norte do Waziristão, talibãs afegãos atacaram um grupo de bandoleiros que infernizava a cidade com assassinatos, ameaças e extorsão. Mataram 11 deles e queimaram suas casas, fazendo sua própria justiça. Mais tarde, assassinaram outros 27 componentes da gangue. Assim como os chefes do tráfico, que colocavam ordem no morro carioca, os guerrilheiros talibãs ganhavam a simpatia da população, ansiosa por algum tipo de paz. Na prática, assumiam o poder.

Ficava para trás a farsa das "armas de destruição em massa" alegadas por Bush para a invasão do Iraque. Anunciava-se na TV diariamente o saldo das mortes dos soldados no Iraque e no Afeganistão. Como na guerra do Vietnã, dizia-se que não, mas os americanos estavam perdendo. Surgiu um plano de transição, para abandonar o Iraque sem deixá-lo no completo caos, o que só aconteceu em 2011, com a retirada das últimas tropas. O saldo do conflito mostrava 17.690 mortos entre as forças iraquianas e 4.800 nas tropas de coalizão, dos quais 4.487 eram americanos.

Os Estados Unidos deixaram o Iraque devastado, sem prender Bin Laden ou um jihadista sequer. O enfraquecimento do país, na prática, permitiu o florescimento ainda maior do fundamentalismo islâmico, que cresceu onde antes nem mesmo existia. Forças da Al-Qaeda e suas dissidências passaram a controlar de fato uma parte do território iraquiano, enquanto os Estados Unidos passavam a se preocupar com outros desastres.

A lentidão do auxílio do governo às vítimas do Katrina, furacão que em 2005 derrubou um dique na costa da Louisiana e inundou a cidade de Nova Orleans, com quase 2 mil mortos e mais de 1 milhão de pessoas desabrigadas, contribuiu para enfraquecer ainda mais o governo Bush perante a opinião pública. Alarmada, a população americana via pela TV os flagelados sem comida nem remédio, depois de recolhidos no telhado das casas sobre a cidade alagada. Doentes morriam nos hospitais sem energia, transformados em fornos de concreto. As vítimas amontoavam-se no The Dome, ginásio esportivo da cidade, convertido em abrigo coletivo. A extração de boa parte do óleo e gás americano foi paralisada, e o prejuízo com a calamidade foi calculado em mais de 2 bilhões de dólares.

Pior, e mais decisivo, era o fato de que a economia dava sinal de encerrar sua longa trajetória ascendente. O déficit público aumentava, assim como as dívidas privadas. O mercado, especialmente em Nova York, começava a mostrar a fragilidade de um sistema que funcionava como uma corrente, na qual o primeiro elo a quebrar levaria os outros para a derrocada. De Bush, os americanos até podiam aceitar o fracasso na Guerra do Iraque. Já o empobrecimento, eles não iriam perdoar.

4
A pobreza na riqueza

George W. Bush não foi um desapontamento apenas no papel de caçador de terroristas. Olhando para o lado errado, perdeu a oportunidade de atacar cedo um problema que se agravou, tanto no plano interno quanto no cenário mundial: a concentração de renda e a desigualdade social.

Além de não colaborar para a solução das causas da intolerância e do crescimento do fundamentalismo religioso e político, o governo Bush trabalhou para um incêndio ainda maior. Com a escalada da intolerância de parte a parte, foi difícil para os americanos perceber que se avolumou a bomba social, não somente nos países mais pobres, como também dentro dos desenvolvidos.

Como o terrorismo se alimenta da intolerância, podia ser desestimulado, diminuído e combatido com a eficiência do Estado e de toda a sociedade, no sentido de reduzir as desigualdades e a pressão social. Porém, não foi isso que aconteceu.

Uma população satisfeita tem menos razão de migrar para outros países, brigar pela sobrevivência, produzir terroristas ou colaborar com eles. A resposta da violência transformava a intolerância num círculo vicioso, que aumentava a exclusão das populações empobrecidas e, pior, colocava-as ao lado do terror, como a única força contra a opressão.

Distribuir renda não era a saída mais fácil. A reação americana indicava mais disposição em atacar o inimigo militarmente e assegurar seus ganhos, do que colaborar com outros países mais pobres para viver em paz. Ainda mais após o trauma do ataque, que deixou um rastro duradouro de dor e raiva. Levaria tempo para os Estados Unidos curarem suas feridas e voltarem ao que tinham de melhor.

Mais do que os militares, os Estados Unidos sempre utilizaram sua força econômica como uma fórmula mais eficiente de pressionar e influenciar países, expandir negócios e diminuir diferenças com o mundo, trabalhando para deixá-lo à sua semelhança. O que o discurso socialista chamava de "imperialismo ianque" era uma guerra de posição, de natureza econômica, visando a ocupação de mercados. Sua vanguarda era a disseminação da cultura popular, que difundia a presença americana na forma de entretenimento e criava desejos de consumo.

Sobretudo a partir da Segunda Guerra Mundial, os americanos invadiam países não com *marines* ou mísseis, e sim com a Coca-Cola, a Ford, o cinema e o *rock and roll*. Arvorando-se à condição de guardiões da liberdade mundial, queriam essa liberdade mais para si, de forma a vender produtos e serviços, incluindo agora seus *hardwares*, *softwares*, outros bens de consumo e serviços adquiridos pelo novíssimo meio digital.

Desde o final do século XX, os Estados Unidos estavam à frente da revolução tecnológica mundial, iniciada na Universidade de Stanford, em Palo Alto, na Califórnia. Das universidades saíam jovens cérebros que se transformaram nos fundadores de grandes companhias de tecnologia digital, que invadiu todas as outras tecnologias.

Iniciadas, por vezes, como simples ideias de estudantes de programação de computadores, as *startups* promoviam uma grande mudança no comportamento a partir dos hábitos de consumo. Mudavam também os negócios. Captavam financiamento, valorizavam-se no mercado acionário e faziam rápidas fortunas, deixando para trás negócios convencionais.

No começo, nenhuma bola de cristal descortinava a extensão da mudança. Na Nova York de 2006, a Sociedade da Informação estava ainda em seu berço. Uma invenção tinha virado a nova febre de consumo: o iPod. Aparelho do tamanho do dedo médio unido ao indicador, no qual cabiam milhares de músicas como arquivos digitais, que podiam ser carregados de uma loja virtual, esse foi o primeiro de uma série de lançamentos revolucionários da Apple, empresa do genioso e genial Steve Jobs. Dali em diante, mudava a forma de consumir produtos, com um efeito profundo no comportamento e na economia mundial.

Como consequência do surgimento da música digital, a Apple trouxe para si toda a receita de uma atividade econômica, e a primeira grande indústria ruiu: toda a cadeia de lojas de distribuição e venda de discos começou a virar fumaça, e as gravadoras entraram em crise. A Tower Records, a mais famosa loja de discos e filmes americana, fechou as portas. A Virgin ia pelo mesmo caminho. Pequenas lojas ainda resistiam, mas os CDs eram vendidos a preço de banana. No metrô, nas ruas e lanchonetes de Nova York, os passageiros levavam seu iPod no bolso, conectados por um fio aos fones de ouvido, mergulhados num mundo próprio. A individualização do conteúdo, como uma sofisticação do consumo de massa, começava pela música.

O desenvolvimento da rede digital permitia o surgimento de mecanismos como o LimeWire, um programa que permitia o acesso aos computadores de outras pessoas para ouvir músicas sem pagar. Mais tarde, o LimeWire foi proibido, assim como tudo aquilo que facilitava a burla do *copyright* em larga escala no meio digital, mas difundia-se o conceito de nuvem, em que o produto é virtual e paga-se pelo seu uso, e não pela propriedade. O cliente podia usar todo o repositório da rede mundial, escolhendo o que quisesse, quando quisesse, de graça ou a um preço menor. Quem ganhava, praticamente sozinho, era o organizador da tecnologia que permitia isso tudo.

A indústria do cinema nos Estados Unidos também mudava rapidamente. O fim de semana de lançamento era decisivo para o sucesso de um filme. Como eram lançadas dezenas de filmes por mês, mesmo produzidos ao custo de centenas de milhões de dólares, um título poderia desaparecer de cartaz na primeira semana, ou, às vezes, no próprio fim de semana da estreia. Para isso, bastava uma resposta negativa dos espectadores que assistiram ao filme na estreia, consultados instantaneamente em pesquisas virtuais. A internet aumentava a participação do cliente nas escolhas, orientava a indústria de forma quase instantânea e, com isso, forçava a variedade e a velocidade do ciclo produtivo.

A opinião pública ganhava força como nunca. Pesquisas-relâmpago e a análise do comportamento nas redes sociais, ambientes na internet que reuniam pessoas por afinidade ou interesses, decidiam a criação e o destino de produtos e companhias. Nichos de interesses muito particulares podiam ser tão bons negócios quanto os produtos mais populares. Surgia o fenômeno da "cauda longa": o varejo digital ganhava fortunas com a soma de vendas pulverizadas, se conseguisse ter uma larga base de consumidores. Jogar uma rede no mar para pegar todos os peixinhos era um negócio ainda melhor do que pescar alguns peixões, como os *big hits* que sustentavam a indústria do entretenimento até um passado então recente.

Dessa forma, só ganhavam dinheiro alguns poucos agentes econômicos capazes de concentrar os negócios, cobrando barato. Essa lógica derrubava do mercado quem não tinha recursos ou tecnologia para bancar esse tipo de jogo, ou quem não sabia como falar com o cliente diretamente. As empresas passaram a formar seu próprio público consumidor, em ligação direta. Com isso, os veículos de comunicação, das TVs aos jornais, que antes detinham o acesso aos consumidores e utilizavam-no para vender publicidade, entraram em crise. Os leitores se acostumaram ao conteúdo gratuito da internet; viam cada vez menos publicidade e podiam ser ativos na escolha de produtos, invertendo a lógica do marketing.

As antigas ideias sobre o que dava certo no mundo dos negócios, e depois no próprio mundo, já de pouco serviam. Com a oferta de bens e serviços de todos os lugares, estilos e épocas, o presente competia com o passado, numa cacofonia atemporal. Músicos e escritores contemporâneos disputavam a preferência (e o tempo) do público com os velhos clássicos. Com a queda na venda de discos físicos e o preço mais baixo do produto digital, velhas bandas musicais voltaram a fazer turnês para sobreviver.

No setor de serviços, os bancos aceleraram a transformação das agências em sistemas digitais. Supermercados passaram a vender produtos on-line e entregar a mercadoria na porta da casa. As agências de viagens, para reservas de passagens e hotéis, desapareciam com a criação de sites de pesquisa, reserva e venda de passagens e hotéis pela internet, onde os clientes podiam fazer suas escolhas diretamente, com preços mais baixos. Prestadores de serviços tiveram de se adaptar, como os *headhunters*, já que o recrutamento se fazia on-line, com o surgimento de uma bolsa de profissionais do mundo inteiro que podiam fazer *networking* pelo meio digital. Como eles, especialistas em procurar emprego, muita gente perdia seu modo de vida e precisava encontrar um meio de ganhá-la de outra forma.

Em 2006, os sites de busca Yahoo e Google disputavam espaço como a principal porta de entrada para todo o sistema digital, por permitirem encontrar, de forma quase instantânea, qualquer informação sobre qualquer coisa em qualquer lugar, num mundo onde a conexão pelo wi-fi se expandia rapidamente.

No varejo, a Amazon de Jeff Bezos, com seu modelo de vendas virtuais, sem o custo operacional de lojas e estoques, utilizava a venda de livros como base para identificar o perfil de seus consumidores e aperfeiçoar um sistema capaz de oferecer produtos de acordo com o interesse das pessoas. Com essa base de dados, a Amazon poderia vender qualquer coisa, escolhendo o cliente certo para qualquer produto, assim como o produto certo para qualquer cliente. Bezos otimizava vendas e mudava por completo a lógica e o funcionamento do comércio.

As *big techs* começavam sua espiral de crescimento. As redes sociais se desenvolviam. Em 2006 foi fundado o Facebook, que se tornou a primeira grande rede virtual de reunião de pessoas por grupos de interesse. A evolução contínua da tecnologia colaborou para sua disseminação. Em 2007 a Apple lançou o pioneiro iPhone, grande salto tecnológico que deu lugar a gerações sucessivas de *smartphones* e viabilizou a conexão total e instantânea da sociedade pelo meio virtual.

Evolução do primitivo telefone celular, esse aparelho que cabia na palma da mão, com uma câmera e acionado por voz ou com o dedo sobre uma tela de cristal, conectou o indivíduo à rede mundial de informação, a qualquer hora e praticamente em qualquer lugar. Permitiu encontrar tudo e todos de forma instantânea, a um custo tão baixo e a uma velocidade tão alta que o tráfego de informação se tornou praticamente ilimitado.

Recurso nem sequer imaginado pela ficção científica, o *smartphone* mudou a mentalidade e o comportamento das pessoas de maneira quase universal. Dados coletados pelo site Statista indicavam que, em julho de 2020, havia no mundo 4,57 bilhões de usuários ativos da internet – 59% da população planetária –, dos quais 4,17 bilhões estavam conectados à rede por *smartphones*.

No nordeste da Europa, 95% das pessoas usavam a comunicação móvel. Havia mais de 2 bilhões de usuários da internet na Ásia. A Europa vinha em segundo lugar, com 705 milhões. "A esta altura, um mundo sem internet é inimaginável", afirmou o site. "Ao conectar bilhões de pessoas ao redor do mundo, a internet torna-se o pilar central da moderna Sociedade da Informação."[17]

Democratizou-se o acesso à informação, mais um golpe no oligopólio dos meios de comunicação, exercido pelos empresários de imprensa e o Estado. A internet criou uma rede de notícias cujas fontes estavam em todo lugar, e facilitou o diálogo e a organização, tanto em grupos de interesse (*clusters* ou "bolhas") quanto no plano global. Mecanismos de relacionamento interpessoal além de qualquer fronteira criavam de fato uma comunidade internacional.

Movimentos políticos e sociais ganharam nova dimensão. Antes representados por políticos e diplomatas, os cidadãos de todo o mundo passaram a participar diretamente das discussões, defendendo ou criticando decisões de governo e questões tanto locais quanto planetárias. Tomavam o protagonismo cívico, o que colocava em segundo plano as próprias

---

[17] STATISTA. Global digital population as of July 2020.

ONGs, surgidas para representar esses interesses quando ainda não havia essa tecnologia disponível.

A comunicação digital tornou-se um fenômeno disruptivo, que transformou a economia em suas bases, ao tornar anacrônicas as próprias formas de pensar que funcionavam no capitalismo industrial. Essa nova lógica partia do comportamento social, associada a outras maneiras de adquirir e utilizar produtos e serviços. E obrigou a uma reformulação dos negócios, que fez desaparecer setores econômicos inteiros e forçou outros a se reinventar.

Aplicativos que ofereciam serviços virtuais mudaram o meio bancário, a hotelaria, o transporte, o comércio, o mundo do trabalho e a própria indústria, à qual se permitiu a fabricação de produtos "sob demanda", no lugar da antiga linha de série, clássica do capitalismo industrial. A partir da identificação dos interesses individuais pela quase infinita capacidade de reunião de dados nas redes digitais, mudava a organização da vida social, a forma de fazer negócios e a política.

Criada a princípio como um compartilhamento de informação no ambiente acadêmico, a internet ampliou as possibilidades da liberdade e da globalização. Seu processo de aperfeiçoamento, com a ampliação da rede, da capacidade de armazenamento dos dados e, por fim, da conectividade pelo *smartphone*, transformou a sociedade de forma profunda.

Com o progresso do meio digital, a ideia do Deep Blue se aperfeiçoou. A inteligência artificial começou a ser aplicada em todas as atividades humanas, como a medicina. Cirurgias passaram a ser gravadas, para a construção de um banco de dados destinado a escolher as melhores ações em cada situação clínica. As combinações de cada cirurgia alimentavam o banco de dados, criando o cérebro de um cirurgião cibernético, síntese dos melhores cirurgiões humanos, capaz de operar em qualquer hospital do mundo, a qualquer hora, com custo menor e eficiência muito maior.

A revolução digital deu ao homem um desempenho com mais mobilidade, velocidade, poder – e, sobretudo, tempo. Na trajetória da civilização, sua importância é comparável à do domínio do fogo, que mudou a alimentação, reuniu o homem já não tão primitivo ao redor da fogueira e permitiu a forja de instrumentos mais eficientes para a agricultura, a caça e a guerra. Como ferramenta, o *smartphone* (e tudo por trás dele) está na história das invenções, como a roda, a eletricidade, a máquina a vapor, o avião e a imprensa. Última evolução da velha máquina de reproduzir textos com que Gutenberg mudou o mundo, levou à máxima eficiência e à universalização um veículo de comunicação transformador do indivíduo, das empresas e do funcionamento da sociedade.

A conectividade em tempo real completou a globalização iniciada nos anos do *reaganomics* e do *thatcherismo*. Surgiu no seu esplendor a "aldeia global", antevista na década de 1960 pelo pensador canadense Marshall McLuhan[18]. O trânsito da comunicação colaborou para o trânsito humano, o cosmopolitismo e a destribalização.

Em 2016, a Organização para a Cooperação e Desenvolvimento Econômico (OCDE) estimava que havia no planeta 5 milhões de estudantes e 240 milhões de pessoas morando fora de seu país natal. Havia ainda 13 milhões de pessoas que estudavam em países diferentes por sistemas de ensino on-line. Também consequência da globalização, 316 milhões de pessoas faziam compras de produtos regularmente pela internet no exterior, 429 milhões faziam viagens internacionais e 914 milhões tinham conexões de trabalho (*networking*) fora de seu país[19].

Essa difusão da liberdade de ir e vir, comprar e pensar traduzia o espírito humano de ultrapassar as suas limitações, incluindo a da realização de todas as satisfações pessoais. Essa liberdade, que levava o hedonismo ao seu último estágio, acelerou uma nova indústria, na qual não havia também qualquer limite. Na estrutura econômica, como nos *videogames*, fez o capitalismo mudar de fase. O grande poder, que no passado feudal e colonialista fora a posse da terra, e no capitalismo industrial tornou-se a detenção dos meios de produção, passou a ser o desenvolvimento e o controle da tecnologia, dos seus dados e da propriedade intelectual.

A Sociedade da Informação democratizou também o sonho do capitalismo, que é o de criar algo inédito, ter sucesso e fazer fortuna. Se o capitalismo industrial permitiu a ascensão da burguesia, quebrando a perpetuação da riqueza nas mãos da aristocracia, detentora da posse hereditária da terra, o capitalismo digital dispensava agora também o capital intensivo, favorável a quem já detinha os recursos. As novas fortunas dependiam menos de capital e mais de educação e conhecimento – as bases da tecnologia e da inovação. A burguesia dava seu lugar para outra classe ascendente: uma geração de neotecnocratas, ou *magnatechs*, que enriqueciam ao sair da faculdade, com uma mentalidade nova sobre os negócios, o mundo e a vida, a partir de interesses que se confundiam com os da sua própria juventude.

---

[18] MCLUHAN, Marshall. *The Gutenberg galaxy*. University of Toronto Press, 1962.

[19] Science, technology and innovation outlook. OECD, 2016.

Essa universalização competitiva valorizou tanto indivíduos quanto as empresas constituídas. Jovens *nerds,* como Mark Zuckerberg, que queriam montar uma rede social quente na faculdade para poder ir a festas e fazer sucesso com as garotas, acabaram criando negócios que derrubavam empresas tradicionais e valiam bilhões de dólares – no caso de Zuckerberg, o Facebook.

Esse fenômeno trouxe uma preocupação contínua com a inovação, num ambiente de mudanças tão rápidas que chegar ao topo significava correr o risco de perder o lugar no dia seguinte. Grandes corporações começaram a comprar negócios emergentes, especialmente *startups,* empresas baseadas em tecnologia e disrupção, para evitar sua própria obsolescência ou o surgimento de um competidor fatal.

A inovação se tornou a nova corrida do ouro – um processo sem trégua, que testava a capacidade humana de lidar com mudanças velozes e pressão contínua. Inaugurava-se uma etapa em que tudo era possível, e o amanhã, imprevisível. Espaço perfeito para o surgimento de novas fortunas, que dependiam de uma única coisa: criar. E para a derrocada de velhos e mesmo novos impérios, à espera somente do surgimento de alguém com algo na mão em que ninguém ainda tivesse pensado.

*

O setor de tecnologia fez surgir uma geração de magnatas e uma nova classe de profissionais ultra bem-remunerados. Segundo estatísticas de 2005 do Federal Reserve Board, o Banco Central americano, o número de ricos nos Estados Unidos vinha dobrando a cada ano. Havia 8 milhões de pessoas com renda anual superior a 1 milhão de dólares, preço de um apartamento com dois quartos em Manhattan, que daria para adquirir uma mansão em São Paulo, no Brasil, e na maioria das outras cidades do planeta. Mais de meio milhão de americanos ganhava acima de 10 milhões de dólares ao ano – patamar mínimo pelo qual eles começavam a se considerar ricos.

Multiplicavam-se também as grandes fortunas. Ainda segundo as estatísticas de 2005, o Federal Reserve estimava que 1% dos americanos possuía 33% da riqueza do país. Os ganhos anuais desses mais ricos, que somavam mais de 1 trilhão de dólares, superavam o Produto Interno Bruto de países inteiros do Primeiro Mundo, como a França, a Itália e o Canadá. Com dinheiro farto, os empréstimos eram distribuídos com largueza, aumentando os preços em espiral.

Como uma banana poderia custar 10 dólares em Nova York e continuar sendo uma banana, havia quem desconfiasse de que a economia dos Estados Unidos estava crescendo demais, isto é, de forma artificial. Porém, com os negócios de vento em popa, estimulados pelos mecanismos financeiros que se desenvolviam em paralelo à onda criativa e tecnológica, ninguém queria ser o primeiro a mandar parar a roda da fortuna. Surgia uma indústria de crédito fácil e "derivativos", produtos virtuais que vendiam direitos sobre direitos e assim sucessivamente, de forma a vender várias vezes um produto ou serviço original, o que acabava por inflar ou sobrevalorizar ganhos sobre um lastro na realidade muito menor.

Companhias e ativos se supervalorizavam e surgiam comparações com outras fases do passado. Nos anos 1920, entusiasmados com o fim da Primeira Guerra Mundial, os Estados Unidos também já tinham atravessado uma era de prosperidade que parecia sem limites, auge do seu desenvolvimento no capitalismo industrial. Exploravam então a riqueza de seu próprio território: cavavam poços petrolíferos e construíam ferrovias, acompanhadas pelo fio do telégrafo, para a comunicação. Essa expansão desenvolvia a indústria do aço, que produzia os trilhos e criava um colar de novas cidades de costa a costa. O progresso levantou em Manhattan arranha-céus como o Chrysler, em 1930, e o Empire State Building, em 1931, materialização dos sonhos de grandeza da nação. E mitificou o sobrenome dos pioneiros de grandes impérios empresariais, como Henry Ford, Andrew Carnegie, John D. Rockefeller, J.P. Morgan e Leland Stanford.

Na América de George Bush e na do início do século XXI, no entanto, o ciclo de expansão funcionava de outra forma. Diferentemente da era industrial, que dependia da produção de bens em série com base no trabalho assalariado, a era tecnológica produzia bens invisíveis. O mercado de derivativos e outras operações financeiras, facilitadas pela conexão virtual, gerava negócios sobre negócios que se descolavam da realidade produtiva.

Pior: a tecnologia produzia fortunas e empregos qualificados, mas extinguia o emprego de forma geral, sobretudo o do trabalhador com menos qualificação, que estava na base da pirâmide econômica. Destruía ou substituía setores que empregavam mão de obra em larga escala, por meio da mudança nos processos, além da mecanização cada vez maior e mais eficiente da produção. Para sobreviver, as empresas reduziam custos com menos postos de trabalho e o achatamento de salários. Profissionais perdiam não somente o emprego, como a função, que deixava de existir. Surgia o novo mundo, mas ele era para poucos.

Empresas tradicionais, antes todo-poderosas, viram seus produtos caducarem com o surgimento de novas tecnologias. Assim foi com a Xerox, fabricante de máquinas copiadoras, e a Kodak, fabricante de filmes fotográficos, eliminados pelas câmeras digitais. Outras empresas tiveram de se reinventar, com estruturas muito menores, como a IBM, fabricante de computadores, que se transformou numa consultoria de negócios, fazendo da solução de saída para sua crise o primeiro caso a inspirar futuros clientes.

A Amazon deu impulso à reconfiguração do varejo tradicional nos Estados Unidos. Assim como a Apple derrubara as lojas de discos, o negócio de Bezos causou impacto primeiro nas redes de livrarias americanas, que faliram, como a Border's, ou sofreram uma redução dramática, caso da Barnes & Noble.

O avanço da Amazon seguiu sobre as lojas convencionais de outros produtos, combinando a facilidade e o alcance da venda pelo meio digital com preços mais baixos, proporcionados pelo sistema de distribuição centralizado e pela máquina tecnológica de otimização, que dispensava a loja física e também o vendedor. Com o tempo, a Amazon avançou também sobre todo o setor de transporte e logística. Instalou a própria rede de distribuição, fazendo as entregas por meio de veículos, navios e aviões cargueiros pintados de cinza com o sorriso azul da companhia.

Cresciam impérios empresariais ligados à tecnologia, tantos que, ao contrário do que ocorria na era da industrialização, era difícil enunciar todos os sobrenomes afortunados, pois os ricos eram mais numerosos do que no passado, e as empresas trocavam rapidamente de dono. Não era apenas um punhado de banqueiros e empresários, como nos tempos pioneiros, e sim profissionais liberais e executivos de grandes corporações, com estilo de vida e mentalidade muito diferentes daqueles dos fundadores do capitalismo clássico. Estes eram poucos, mas, com orgulho, geravam muitos empregos. Já os novos milionários digitais eram muitos, mas ganhavam com o surgimento de riquezas por vezes não materiais e com o processo de eliminação do trabalho.

Essa geração de magnatas tecnológicos e financeiros foi bem descrita pelo jornalista Robert Frank, colunista do *Wall Street Journal*, num livro intitulado *Riquistão*[20]. Os novos *winners* possuíam grandes mansões, mas já não se preocupavam tanto com a cultura, canonizada pelos pioneiros em

---

[20] FRANK, Robert. *Riquistão: como vivem os novos-ricos e como construíram suas megafortunas*. Manole, 2008.

museus e fundações. Em vez dos círculos aristocráticos europeus, preferiam passar seu tempo livre em *destination clubs,* como o Yellowstone, um condomínio de 5.700 hectares nas Montanhas Rochosas, frequentado pelos donos de algumas das maiores fortunas do mundo, como Bill Gates. Lá, a taxa de inscrição de 3,5 a 10 milhões de dólares dava direito a desfrutar de iates e propriedades paradisíacas, como uma ilha particular no arquipélago de Turks & Caicos em sistema de *timeshare* – isto é, para uso de todos.

Os ricos americanos do terceiro milênio viajavam com seus filhos em jatos particulares, e o presente de Papai Noel pedido pelas crianças era voar em um avião comercial, que imaginavam ser mais divertido, por ser maior e cheio de gente. Contratavam "mordomos" em cursos de administração para cuidar de suas complexas finanças pessoais e treinavam os funcionários para executar o "balé do jantar" – coreografia que faz do ato de servir à mesa um espetáculo de precisão e requinte para impressionar os convidados, mais visto na Europa em restaurantes de alta gastronomia.

Os habitantes do "Riquistão" não eram somente numerosos: eram também muito mais ricos que os ricos do passado. Rockefeller, o primeiro bilionário americano, fundador da Standard Oil, tinha, em sua época, um patrimônio de cerca de 14 bilhões de dólares, valor dos anos 2000. Era menos do que a fortuna de cada um dos cinco herdeiros de Sam Walton, falecido dono da rede de lojas de descontos Walmart. Em 1985, havia nos Estados Unidos 13 bilionários conhecidos. Em 2005, eles já eram 400, de acordo com a revista americana *Forbes,* especializada nesse levantamento.

Os novos-ricos americanos tinham um comportamento mais discreto que o dos chamados *yuppies* da era Reagan, porém não menos caro ou refinado. Na Nova York de 2005, estavam em baixa os relógios Rolex e as gravatas Hermès, marcas muito conhecidas, mas que deixavam de trazer distinção. Preferiam-se marcas que faziam pouca ou nenhuma publicidade, justamente para manter a exclusividade. Era o caso de Franck Muller, criador de relógios tão sofisticados que, neles, ver a hora era algo secundário. Ferraris? Nem pensar. O carro predileto dos *millennials* era o Maybach, luxuoso como um Rolls-Royce, porém menos conhecido.

Os nova-iorquinos procuravam agir e falar com uma modéstia que contrariava o antigo ar de superioridade da burguesia tradicional: uma humildade que era sua maneira de ser *blasé.* Iam a bailes beneficentes em Palm Beach e faziam doações a projetos sociais com a mesma naturalidade com que encomendavam um carpete tailandês e um assento de couro de crocodilo para os vasos sanitários do jatinho Citation customizado. Como na redoma envidraçada dos americanos dos anos 1920, sua contribuição para que o sistema continuasse de pé era a filantropia.

Por mais dinheiro que tivessem, seu medo de perdê-lo era superior. Parte desse receio devia-se à crença de que tudo o que surge rápido pode também sumir de uma hora para outra. Em boa parte originários da classe média, os *magnatechs* mantinham hábitos como o de dirigir seus próprios carros, aposentando a figura do motorista particular. Sergey Brin e Larry Page, fundadores do Google, pilotavam pessoalmente seu Boeing 767, cuja configuração original, para transportar 224 passageiros, foi adaptada para levar até 50 pessoas. Tinham decidido comprar um avião daquele tamanho, segundo eles próprios, por motivo de economia. Ao custo de 15 milhões de dólares, o Boeing saiu pela metade do preço de um jatinho executivo Gulfstream G550. Além disso, com o avião *wide-body*, podiam enviar mantimentos para acampamentos de emergência na África.

Os "riquistaneses" esquiavam em Aspen e frequentavam mansões na Borgonha para aprofundar-se na arte da degustação de vinho. Desdenhavam dos velhos oligarcas e suas peculiaridades, mas competiam com eles em espaço. A casa construída pelo financista Ira Rennert em Long Island tinha mais de 6 mil metros quadrados. O fundador da PeopleSoft, David Duffield, preparava-se para construir uma mansão dessa mesma metragem nas proximidades de São Francisco, quando uma revolta dos vizinhos o impediu. Teve de reescalonar o projeto para algo com cerca de 1.000 metros quadrados.

O administrador de fundos Steven Cohen pagou 14,8 milhões de dólares por uma mansão em estilo Tudor em Greenwich, e outros 10 milhões de dólares para aumentar sua área em mais 3 mil metros quadrados. Neles, incluiu uma quadra de basquetebol, uma piscina olímpica dentro de um átrio envidraçado e uma pista de patinação. Os detalhes eram tão importantes quanto o espaço. Chuck e Karen Lytle, vizinhos de Bill Gates no lago Washington, em Seattle, onde os moradores estacionavam seus hidroaviões, construíram uma piscina com uma cascata de água salgada de 21 metros, ladeada por colunas egípcias gravadas com hieróglifos.

Nos Estados Unidos, havia escolas privadas em que a *tuition* – a taxa anual – para colocar uma criança no jardim de infância custava cerca de 30 mil dólares. Nas férias de verão, os filhos dos ricos, que compravam sapatos para iate a 900 dólares, iam para o Rich Kid Camp – um dos vários acampamentos onde se preparavam as crianças para o momento de herdar a fortuna dos pais.

Um bom punhado dos novos-ricos americanos não trabalhava. Em um tempo em que as pessoas viviam mais, a maioria deles enriquecia e se aposentava cedo, graças à venda de sua companhia para outra maior ou para algum fundo de investimento, deixando para a história o antigo apego do criador ao seu próprio negócio. Era o caso de Philip Berber, ex-dono da CyBerCorp, uma corretora de valores pela internet, que passou a se ocupar de uma fundação filantrópica com projetos em países como a Etiópia. Jared Polis, que vendeu a American Information Systems, empresa de acesso à internet, tornou-se político do Partido Democrata no Colorado e elegeu-se governador em 2019.

Os *magnatechs* sabiam perfeitamente que a China fazia produtos mais baratos em larga escala e se candidatava a nova potência mundial. Compreendiam que a guerra no Iraque não resolveria o grande problema da futura escassez de petróleo nos Estados Unidos. Deduziam que a aventura de objetivos obscuros e resultado inglório no Oriente Médio empreendida pelo presidente Bush só fomentava o antiamericanismo, não apenas entre os radicais islâmicos, como também no próprio mundo ocidental, que via o *big stick*[21] deixar à sua passagem a sede de vingança. Como era impossível invadir todos os países pobres que representavam uma ameaça, reconheciam que seria mais razoável diminuir a pressão do caldeirão social com uma certa distribuição da riqueza. Entendiam, ainda, que seus negócios acabavam com empregos, concentravam a renda e reduziam o mercado consumidor. Acreditavam, no entanto, que seria um problema para outra geração.

Desde que algo não viesse novamente a explodir dentro de casa, como em 11 de setembro de 2001, dividir a riqueza para quê? Não seria suficiente adotar um orfanato no Sudão?

*

Enquanto sacrificava homens e recursos na guerra, Bush não se preocupou em deter o rumo do sistema econômico, que, sem uma ação corretiva do "riquistanismo" desenfreado, vinha descarrilando. Num território com pouco ou nenhum controle governamental, as empresas baseadas em tecnologia digital, fugindo à lógica do mundo anterior,

---

[21] Em português, "grande porrete". A expressão faz referência à política externa dos Estados Unidos sob a presidência de Theodore Roosevelt (1901-1909), que mostrava poder usar a força, se necessário, para alcançar seus objetivos. N. do E.

aproveitavam para escrever suas próprias regras. Um grupo relativamente pequeno de companhias passou a controlar mercados inteiros, nos quais havia antes intensa disputa concorrencial.

Governos que viram a ameaça – e se importavam – reagiram. Quando a Amazon entrou na França, o país aprovou uma lei que criava uma margem máxima de 10% para o desconto na venda de livros pelo meio virtual, para evitar a desestruturação do mercado, que derrubaria as livrarias e, consequentemente, a indústria editorial do país.

Para os franceses, o livro é essencial para a educação, base da igualdade de oportunidades na democracia e, portanto, um caso de segurança nacional. "Nós verificamos mais uma vez o consenso que existe em relação à economia do livro, para não dizer uma unanimidade", afirmou na ocasião a ministra da Cultura da França, Aurélie Filippetti. "É o sinal da ligação profunda entre a nação e o livro, a ideia de que ele é a essência da França, da sua história e do seu futuro."

Ainda assim, o pantagruelismo das corporações, vivendo numa Disneylândia liberal, derrubava negócios tradicionais como dominó. Nos países autoritários, como China e Rússia, onde não havia problema em criar restrições à liberdade, a limitação à entrada das *big techs* americanas permitiu a criação de empresas locais igualmente grandes, como o Alibaba, grupo de varejo digital sediado na cidade chinesa de Hangzhou. O autoritarismo chinês podia impor o nacionalismo na área tecnológica sem os mesmos pudores dos países democráticos, que, na esteira do globalismo e do mercado total, permitiam a transformação das *techs* em gigantes transnacionais.

Em vez de se estabelecerem num mercado internacional, como as multinacionais, que mantinham filiais em diferentes países, com empregados, impostos e outros compromissos locais, as empresas transnacionais não precisavam estar em lugar algum, estando ao mesmo tempo em todos os lugares. Desvinculadas de um território, base do capital industrial, que precisava de instalações, mão de obra e um governo nacional, criavam um metacapitalismo – sistema além do capitalismo, pelo qual destruíam o mercado convencional e se apropriavam do que restava, descartando os excedentes, inclusive as pessoas, que eram ao mesmo tempo mão de obra e mercado de consumo. Passavam, assim, a controlar tudo, à margem do Estado.

A globalização econômica e financeira digital transcendia a capacidade de regulação dos governos e pegou a maioria dos Estados despreparados. Negócios locais fechavam, empresas cortavam serviços e as pessoas eram demitidas. As empresas digitais que chegavam não tinham trabalhadores locais, ou criavam estruturas próprias com muito menos gente. Ofereciam novos serviços maravilhosos, mas colaboravam para o crescimento do desemprego e das desigualdades, afunilando o mercado consumidor. E mais: reduzindo o emprego formal e a renda, achatavam os principais mecanismos de arrecadação, aumentando o problema social, ao mesmo tempo que tiravam mecanismos de política econômica e capacidade distributiva do Estado.

A concentração de riqueza indicava não apenas a emergência de uma nova elite empresarial, como também uma mudança da fonte de poder. No capitalismo industrial, mandava quem detinha os meios de produção: a máquina, na indústria; e a terra, na agricultura. Na Sociedade da Informação, o meio estava com quem desenvolvia a tecnologia e detinha o conhecimento, o processo e a informação, que transcendiam antigos controles. Era um novo poder, acima das nações.

As *startups* eram o novo eldorado dos negócios. Traziam lucros extraordinários e rápidos, sem investimentos em capital fixo – como terras, imóveis e máquinas –, nem uso de mão de obra extensiva. Seu valor passava a ser medido não somente pelo resultado financeiro, como também por sua capacidade de influir no comportamento do consumidor e transformar o mercado.

Os algoritmos que compilavam as preferências dos clientes em ferramentas, como o Google e o Facebook, determinavam o que as pessoas acessavam e o que se podia acessar a respeito das pessoas. Surgia um elemento novo no mundo do poder, que era o controle privado de dados antes exclusivos do poder público.

As empresas de tecnologia colaboraram para a queda de reservas de mercado, a começar pelas empresas de mídia. No Brasil, onde estrangeiros não podiam ter mais que 30% de participação em veículos de imprensa, uma área considerada de interesse e segurança nacionais, empresas como BBC, Bloomberg e ESPN passaram a competir com a mídia nacional, publicando conteúdo em português no meio digital e disputando com a mídia impressa e de TV a audiência e as verbas de marketing e publicidade.

Já no início dos anos 2000, redes estrangeiras disseminavam sua presença pela TV a cabo e procuravam enquadrar as restrições à propriedade de veículos de informação no país à mídia impressa – brecha que se tornou maior com o avanço do meio digital, sem uma reforma da legislação, que ficou obsoleta. Para romper o protecionismo, empresas estrangeiras de mídia, mesmo as que realizavam cobertura com influência política, alegavam ser empresas de "conteúdo" e "tecnologia", e não imprensa convencional.

Quando surgia, a reação das empresas locais contra a invasão de empresas transnacionais não era a de se transformar também em empresas globais. No primeiro momento, elas adotavam uma defesa provinciana e protecionista de interesses ligados à velha economia. Disseminado em outros negócios, esse reacionarismo fazia muitos países demorarem a largar na corrida empresarial para enfrentar os desafios criados pelo novo capitalismo digital.

Não só as empresas nacionais perdiam espaço diante de negócios transnacionais. As multinacionais, que tinham filiais, instalações e compromissos locais, enviando *royalties* aos países de origem, perdiam em competitividade para negócios cuja presença era reduzida ou meramente virtual e que arrecadavam diretamente na sua origem. Também perdia o Estado, que, diante de empresas que entravam e podiam sair livremente, sem maiores responsabilidades; perdia poder coercitivo nos tributos, no controle das práticas comerciais e na capacidade de imposição de regras locais, como as do direito do trabalho.

Como qualquer cidadão podia tanto ser um prestador de serviço e vendedor como um usuário ou comprador de produtos digitais, as empresas de tecnologia patrocinavam uma maciça informalização das relações comerciais, em que fornecedores e clientes faziam negócios diretamente, não sem antes pagar pela intermediação a um aplicativo tecnológico que funcionava em toda parte, mas não precisava ter endereço em lugar algum.

Com um serviço preciso, dinâmico e preços mais baixos, os aplicativos digitais pressionaram setores nos quais o emprego gerava custos, obrigando-os a demitir ou adotar sistemas semelhantes. Aproveitavam-se da onda de desemprego que eles próprios criavam para gerar mão de obra barata e sem compromissos trabalhistas. Deprimiam as fontes de renda e, por consequência, os impostos sobre a renda e a qualidade de vida de maneira geral.

As empresas com base tecnológica defendiam sua posição, alegando que tudo funcionava melhor – as empresas cortavam custos, ampliavam mercados, e os consumidores eram beneficiados pela maior oferta e a redução dos preços. E afirmavam que tudo isso seria um direito. Porém, criavam um primeiro mundo digital que funcionava apenas para quem estava empregado e dentro do sistema. Para os excluídos, ou aqueles jogados para a informalidade, a tecnologia apenas devolvia o mercado ao capitalismo selvagem dos tempos anteriores à organização do trabalho.

Surgia a favela digital: a grande massa da população tinha acesso a um admirável novo mundo de bens e serviços, acessíveis como nunca, por um aparelho que cabia no seu bolso, mas não tinha dinheiro para comprá-los.

Enquanto os neoempreendedores desfrutavam da fortuna ascendente, sem medir as consequências negativas da concentração de renda em larga escala, a tampa da panela econômica e social começava a pular. No livro *Povo, poder e lucro*[22], o prêmio Nobel de Economia Joseph E. Stiglitz contou a saga das corporações contemporâneas rumo à destruição dos paradigmas econômicos, dos padrões de vida e comportamento e das instituições de controle, como o fisco e o Judiciário. "Dizer que as coisas não vão bem nos Estados Unidos e em muitos outros países desenvolvidos é minimizar o problema", afirmou Stiglitz, na primeira linha da introdução do livro. "Há descontentamento por toda parte."

A classe média e as camadas mais pobres da população, que tinham surfado a onda especulativa, pegando o dinheiro de financiamentos fartos e fáceis, viram o otimismo se extinguir. E não enxergavam uma ação corretiva por parte dos governos. "As elites ignoraram o sofrimento de muitos americanos enquanto pressionavam por globalização e liberalização, inclusive dos mercados financeiros, prometendo que todos se beneficiariam com as 'reformas'", afirmou Stiglitz. "Mas, para a maioria, os benefícios prometidos jamais se materializaram."

A concessão de empréstimos fartamente distribuídos a pessoas que vinham a perder o emprego ou que tiveram seus ganhos reduzidos colaborou com a chegada a um ponto crítico. De 2005 a 2008, os calotes nos empréstimos dados a esmo pelo sistema financeiro nos Estados Unidos, especialmente no setor imobiliário, saltaram de 20 para 170 bilhões de dólares. Em setembro de 2008, a notícia da crise do sistema financeiro com a inadimplência dos clientes provocou uma corrida bancária.

Bancos tradicionais, como o Lehman Brothers, quarta maior instituição financeira do país, foram à bancarrota. A corretora Merrill Lynch, estrela do mercado financeiro americano, foi incorporada pelo Bank of America, uma solução com ajuda do governo para diminuir o impacto do seu simples desaparecimento.

---

[22] STIGLITZ, Joseph. *Povo, poder e lucro.* Rio de Janeiro: Record, 2019.

O preço dos imóveis desabou. O estouro da bolha imobiliária, porém, era apenas a face mais visível do câncer financeiro na economia americana, uma sociedade em que tudo se comprava a prazo e recebia mais crédito quem devia mais, enquanto o emprego diminuía. Os Estados Unidos sofreram sua maior queda econômica desde a Grande Depressão que se seguiu ao *crack* de 1929, quando os investidores das Bolsas mundiais perderam 4 trilhões de dólares em menos de uma semana.

Assim que a pirâmide desmoronou, executivos financeiros enriquecidos distribuindo empréstimos generosos ou irregulares foram demitidos ou presos, mas já era tarde demais. Compradores de imóveis não podiam quitar seus compromissos, porque o valor dos bens que serviam de garantia desabou, ficando menor que as dívidas.

Segundo uma pesquisa feita pela Universidade de Oxford, com a colaboração da London School of Hygiene & Tropical Medicine, a recessão na Europa e na América do Norte provocou mais de 10 mil casos de suicídio entre 2008 e 2011, por causa do desespero de gente que não tinha como pagar as contas.

O choque mostrou aos americanos e ao mundo que havia outra guerra a empreender. Não que os mais ricos passassem a estar dispostos a distribuir renda aos mais pobres, de seu próprio país ou do resto do planeta. Todavia, deixou de ser Bin Laden quem apontava o dedo contra o capitalismo predatório americano. Tanto os que perderam com a crise, como aqueles que iam sendo defenestrados do emprego e receavam que o sistema continuaria favorecendo somente o topo da pirâmide, em vez de ser mais equitativo, passavam para o lado da acusação.

Ainda assim, pouco se fez contra esse cenário em que a riqueza também multiplicava a pobreza, e a intolerância crescia rumo ao ponto de ebulição.

*

Apesar do susto de 2008, as empresas estavam mais preocupadas em fazer com que as coisas voltassem a ser lucrativas como antes, do que com empregos perdidos e a concentração da riqueza, que lhes era favorável. Os *magnatechs*, especialmente, saíram imunes da crise econômica – estavam do lado certo, favorecido pela disrupção.

Em 2009, o Google já estava na sétima posição no ranking das empresas mais valiosas do mundo – uma lista em que a Coca-Cola estava em primeiro lugar, seguida pela IBM e a Microsoft. Tinha crescido 25% naquele ano. A Apple, com o iPod, crescera 12%. Não havia motivo para se preocupar.

Enquanto a nova iniciativa privada abandonava o papel social de gerar emprego, típico do capitalismo industrial, o Estado perdia o controle sobre os rumos do mercado, assim como receita e, com ela, sua capacidade de implementar políticas de redistribuição de renda e promoção do bem-estar social. Pelos instrumentos do capitalismo industrial, o freio liberal para a constituição de monopólios era mudar a taxação ou forçar o surgimento de concorrência para dividir poderes e evitar abusos. Na Sociedade da Informação, porém, isso não funcionava, a começar pela dificuldade de cobrar impostos.

As empresas tecnológicas pulverizavam fronteiras, transformando o meio virtual em águas internacionais, que escapavam a qualquer jurisdição. Os investimentos eram volúveis, migrando a cada ameaça, o que tornava também mais difícil a taxação. Sem a necessidade de presença física para a exploração de mercados, que servia de critério na economia tradicional para a cobrança de impostos e taxas locais, havia pouco compromisso com as políticas nacionais.

A primeira tentativa de resolver a situação não foi longe. A OCDE admitiu a inadequação do sistema tributário internacional, depois da conclusão de que a digitalização da economia tinha sido uma das responsáveis pelo *crash* de 2008. Já não bastavam as regras do comércio de bens (o Acordo Geral de Tarifas e Comércio, o GATT) e de serviços (o GATS). A partir de 2013, a OCDE lançou o projeto "Base Erosion and Profit Shifting" (BEPS), com o objetivo de criar uma nova regulação internacional de cobranças tributárias.

A dificuldade de obter consenso entre os membros da comunidade, porém, emperrou as propostas, lançou cada país por conta própria e preservou a zona franca de ação das empresas transnacionais. Do trabalho do BEPS, ficou apenas o reconhecimento de que o território fiscal de origem da compra pelo meio digital deveria ter preferência no recolhimento de tributos.

Isso permitiu que cada país instituísse tributos sobre produtos digitais de forma unilateral, mas era difícil taxar empresas digitais como empresas estrangeiras ou seus produtos como artigos de exportação. Multinacionais, como as montadoras de veículos, com parques industriais e empregados no país, tinham vínculos socioeconômicos e podiam ser tratadas quase como empresas locais. Empresas digitais, porém, podiam simplesmente abrir um escritório somente para se caracterizar como empresas nacionais e obter o mesmo *status* fiscal no país.

Além dos problemas com a taxação direta, o Estado perdia receita com o desaparecimento ou crise das empresas locais convencionais, abaladas com a disrupção da economia, e eram responsáveis não só por uma parcela importante da arrecadação de impostos, mas também pela geração de empregos formais. A informalização do trabalho, tanto quanto o desemprego, causaram forte impacto no mundo inteiro. Na África, a miséria crescente levava uma parcela da população cada vez maior a tentar a sorte na Europa, ampliando entre os europeus a pressão nacionalista contra a chegada da imigração em massa, em grande parte ilegal. A América Latina, que também exportava migrantes para os Estados Unidos e para a Europa, tentava reduzir o déficit social com governos populistas de cunho socialista – como os de Hugo Chávez na Venezuela (1999-2013), Evo Morales na Bolívia (2006-2019) e Néstor Kirchner na Argentina (2003-2007).

No Brasil, mesmo um período de paz com a estabilização da moeda no governo do moderado Fernando Henrique Cardoso (1995-2003) foi insuficiente para promover o crescimento econômico sustentado e diminuir a pressão social. Isso permitiu a chegada ao poder, pela via eleitoral, de outro populista de esquerda: Luís Inácio Lula da Silva, que também governou por dois mandatos (2003-2011), e fez com Dilma Rousseff a sua sucessão.

A crise emergia pela combinação da explosão populacional, causada pelo aumento da longevidade e o crescimento geométrico, com a concentração dos negócios e da renda. Mesmo nos países ricos, era difícil manter o padrão de vida médio da população dentro de um sistema em que o aumento da riqueza não criava empregos nem impostos na mesma proporção do aumento da população.

Cresceram os bolsões de pobreza na periferia das grandes cidades. Na mesma medida, subiu a insatisfação com a representação política, que tinha a responsabilidade de promover um desenvolvimento econômico menos desigual e prover trabalho, segurança, saúde e educação – os principais fatores de inclusão social. A competição pelo emprego escasso e a descrença na eficiência do poder público abriram caminho para a intolerância nas suas diversas formas – o racismo, a discriminação, o radicalismo ideológico e religioso – como maneira de defesa de interesses, não atendidos em regimes autoritaristas nem nos democráticos – ainda que nestes houvesse mais liberdade para escolher e protestar.

Assim como a economia liberal, a concentração de renda, a exclusão e a tensão social foram globalizadas. Em consequência, em todo o mundo surgiram movimentos populares organizados nas redes sociais, frequentemente desvinculados de partidos políticos e entidades sindicais. Ondas de protesto, com a espuma do ódio, emergiam sob qualquer pretexto, como um aumento de centavos no preço dos transportes coletivos ou o reajuste dos combustíveis e tarifas de energia.

Diferentemente do terrorismo, promovido apenas por células ou grupos radicais, essas explosões de violência disseminavam-se espontaneamente por amplas camadas da população, multiplicadas com a organização pelas redes sociais. O primeiro grande alerta de que a insatisfação geral se tornava violenta apareceu na França, em 27 de outubro de 2005: uma série de motins, como Paris jamais vira desde o legendário mês de maio de 1968.

As ondas de selvageria começaram na comuna de Clichy-sous-Bois, com uma grande concentração de imigrantes e descendentes de origem africana e árabe. Policiais da ronda atiraram uma granada de gás lacrimogêneo na frente da mesquita de Bilal e perseguiram três adolescentes até uma subestação elétrica da EDF, que se encontrava fechada. Dois deles, Bouna Traoré e Zyed Benna, morreram eletrocutados. O terceiro, Muhittin Altun, foi hospitalizado com queimaduras graves.

O incidente trágico, tomado como consequência da intolerância policial, foi o estopim de um confronto entre jovens e policiais em Chêne Pointu, que rapidamente se espalhou pela periferia de Paris e dali para outras cidades francesas, numa verdadeira rebelião popular. Durante 19 noites consecutivas, jovens saíram às ruas enfrentando a polícia e vandalizando a Cidade Luz. Os ataques deixaram um saldo de 4 mortos, 2.921 manifestantes presos, 8.970 veículos queimados e um rastro de destruição na capital francesa.

Em 17 de novembro, a rebelião foi declarada sob controle, mas a tensão fez o governo francês manter a declaração de estado de emergência em 20 distritos de Paris até 2 de janeiro de 2006. O então ministro do Interior, Nicolas Sarkozy, disse ao jornal *Le Monde,* em outubro de 2006, que naquele ano jovens já tinham apedrejado 9 mil carros da polícia, e todas as noites eram incendiados de 20 a 40 veículos particulares.

O vandalismo persistiu, e suas causas se transformaram na principal preocupação dos governos europeus. "Os distúrbios puseram abaixo a cortina que existe entre as cidades ricas e os subúrbios que abrigam, em sua maioria, imigrantes que nunca puderam se integrar à sociedade francesa e se transformaram em uma subclasse acostumada com a discriminação e a falta de esperança", escreveu o jornal britânico *The Guardian*.

Clichy mostrou que a revolta podia rapidamente se transformar em fúria. E que era preciso fazer alguma coisa.

*

Enquanto os Estados Unidos ainda se envolviam em guerras no exterior, jogando a responsabilidade pela crise para fora de suas fronteiras, nações europeias como Inglaterra, Alemanha e a própria França preferiram o caminho da distensão interna. Depois de Clichy, governos com perfil social-democrata optaram por programas de investimento público em larga escala, com o objetivo de reduzir diferenças sociais e, dessa forma, esfriar a temperatura que levava a sociedade à ebulição.

Na Alemanha, a mais sólida economia europeia, esse esforço se deu com um grande pacote de benefícios econômico-sociais. Desempregados passaram a receber seguro até obter um novo emprego, subsídio para o aluguel e para mobiliar a casa. Na área trabalhista, foi aprovada uma licença-maternidade que dava às mulheres três anos de dispensa após o nascimento do filho, com salário integral durante o primeiro ano e garantia de emprego ao final do período. Os direitos trabalhistas foram reforçados, ainda que produzindo distorções. O trabalho doméstico, por exemplo, tornou-se mais caro, ou caro demais: ficou mais perto da extinção que de um alento.

Os alemães implantaram ainda uma vasta rede de medidas de inclusão social relacionadas a assuntos antes considerados tabus. Foi legalizado o aborto nos primeiros meses de gestação, e aprovado por lei o casamento homossexual, com a possibilidade de adoção de crianças. Implantou-se o ensino público gratuito a partir dos 6 anos. E os professores foram treinados para orientar os alunos quanto a questões de diversidade de gênero, sexual, étnica, religiosa e cultural.

O aparelho repressivo do Estado foi recolhido. Desmilitarizada, a polícia alemã foi proibida de agredir os criminosos, independentemente do crime cometido. Penas leves passaram a ser cumpridas fora da prisão. Reforçou-se a política de direitos humanos nas penitenciárias, e muitas foram fechadas. Armas permaneceram proibidas, e, apesar da liberdade de expressão, a defesa pública de regimes fascistas ou antidemocráticos de qualquer teor se tornou passível de criminalização.

Com impostos progressivos, os ricos foram mais onerados. A riqueza, porém, era distribuída menos rapidamente que o descontentamento do povo alemão. Assim como a preocupação com o meio ambiente, as políticas de educação, distribuição de renda e inclusão social se mostraram tão insuficientes no desarme da intolerância quanto o modelo repressor. A política social-democrata teve de enfrentar a reação daqueles que entendiam os novos direitos como privilégios, ou uma sobrecarga a mais para quem já pagava, por meio de impostos, uma pesada conta social.

Na França ocorreu o mesmo. Os programas sociais atraíram um número ainda maior de imigrantes, neutralizando o benefício para os que já se encontravam no país. O Estado passou a arcar com gastos de uma população carente mais numerosa, enquanto a população economicamente ativa e contributiva proporcionalmente diminuía, vergando sob encargos ascendentes.

Qualquer pequeno pretexto era a gota que faltava para a explosão social, tanto do lado dos mais pobres, por serem marginalizados, quanto dos mais ricos, que se julgavam espoliados. Em comum, havia um sentimento geral de injustiça e opressão.

Em novembro de 2018, mais de 280 mil pessoas foram às ruas na França para protestar contra o aumento do *diesel*, combustível mais usado pelos carros franceses, que tinha aumentado 23% em 12 meses, maior alta desde 2000. Conhecidos como *gilets jaunes* ("coletes amarelos", em francês), porque usavam coletes refletivos, obrigatórios nos carros franceses, os manifestantes bloquearam vias de passagem para automóveis em todo o país. Em Paris, aproximaram-se do Palácio do Eliseu, residência oficial do presidente francês, e foram contidos pela polícia com gás lacrimogêneo.

Motoristas forçando passagem pelas multidões feriram duzentas pessoas. Uma delas, Chantal Mazet, de 63 anos, mãe de quatro filhos, morreu atropelada quando participava da manifestação em Le Pont-de-Beauvoisin, em Savoie. E sua morte gerou nova onda de protestos.

A França tinha o mesmo problema dos países latino-americanos que apostavam em lideranças social-democratas, com a promessa de inclusão social. O Brasil atingiu certa estabilidade monetária com Fernando Henrique, que manteve a inflação baixa, mas faltou o crescimento econômico – ao mesmo tempo que continuou a crescer o abismo social. Quando Cardoso pareceu não avançar, após seu segundo mandato, em 2003 o eleitorado brasileiro colocou o ex-operário Luís Inácio Lula da Silva no Palácio do Planalto, uma mensagem clara em favor do desenvolvimento com mais igualdade social.

Ex-pau de arara que se tornou metalúrgico, despontando para a vida pública como sindicalista e depois líder do Partido dos Trabalhadores, Lula tinha uma biografia que, por si, já era fiadora da promessa de colocar o país no trilho da redistribuição de renda. Seu começo foi pouco promissor. Um estudo da ONU apontou que o Brasil teve, em 2005, um crescimento econômico de 2,5%, a menor taxa entre 24 países considerados emergentes, sem contar o Haiti, que se encontrava em meio a uma guerra civil.

O desempenho repetiu-se em 2006. A New Economics Foundation, instituto de pesquisa independente da Inglaterra, projetava que, naquele ritmo, a economia brasileira teria um padrão de país de Primeiro Mundo em 304 anos. E isso não se traduziria em melhores condições de vida, porque o déficit social durante esses três séculos cresceria numa velocidade maior.

Na América Latina, crescimento econômico e redistribuição de renda em algum grau eram uma necessidade urgente, não apenas para a paz social como para a sobrevivência do próprio capital. Este passou a aumentar mais no governo Lula, quando o consumo começou a se expandir. Isso ocorreu não graças ao mercado, atacado pelo mesmo processo global que encolhia o emprego no mundo inteiro, mas sim de forma artificial, com a criação de um ambicioso pacote de programas assistenciais que empenhava as reservas do poder público.

A instituição do Bolsa Família, que pagava um adicional mensal a famílias de baixa renda, transferia renda do governo para a iniciativa privada, com o aumento do consumo pela população. Isso fez crescer a economia brasileira por algum tempo, com o aumento do consumo de bens e serviços. Lula viu sua popularidade subir e ganhou projeção mundial.

O assistencialismo exauria os recursos do Estado e não resolvia a crise estrutural, mas ninguém tinha solução melhor. A África enfrentava uma miséria inaudita, que multiplicava as mortes por doença e inanição. Enquanto no Oriente Médio o radicalismo religioso se transformava em força política, nos países da América Latina o subdesenvolvimento levava à substituição do Estado pelas organizações criminosas, ligadas, sobretudo, ao tráfico de entorpecentes. A presença do crime no cotidiano, impondo-se no comando da vida social, assemelhava-se à tomada do poder pelos fundamentalistas islâmicos em grandes áreas dos países deflagrados do Oriente Médio.

Estava claro que nenhum país sozinho conseguiria resolver a crise mundial, a começar pela sua peça-chave. E essa tarefa, que se tornava cada vez mais urgente, acabou recaindo sobre o mais improvável dos homens, como um facho de civilidade e bom senso que reacendeu esperanças para todo o planeta.

*

Para muitos americanos, a guerra no Iraque acabou ficando parecida demais com a do Vietnã, que começou em 1955 e foi rolada por presidentes sucessivos durante vinte anos, até finalmente acabar, em 1975, na administração de Gerald Ford. O descrédito sobre os motivos que levaram os Estados Unidos ao Iraque, além do peso das mortes sucessivas e da constatação de que o conflito não teria fim, aumentou a consciência dentro do país de que não era mais possível agir como antes.

A estratégia equivocada da guerra, a hecatombe econômica de 2008 e o desencanto com o desempenho do governo Bush para minimizar o desastre do furacão Katrina colocaram um ponto final à era do conservadorismo liberal americano. Quando os países da Europa e da América Latina já estavam avançados na busca por um caminho diferente, de forma a aplacar as dissensões sociais, surgiu também nos Estados Unidos o movimento que colocou na Casa Branca, em janeiro de 2009, o democrata Barack Obama. Uma eleição extraordinária, tanto pela abertura de uma nova era quanto pelo seu caráter invulgar na política americana, sob todos os aspectos.

Nascido em Honolulu, no Havaí, cristão com ascendência de ingleses, indonésios e quenianos, Barack Hussein Obama II não apenas tinha nome de terrorista, ou xeique muçulmano, como também era o primeiro presidente negro da história dos Estados Unidos. Um sinal de como a reação contrária à intolerância, agravada após o atentado às Torres Gêmeas, podia se transformar também num movimento poderoso.

Obama vinha com a missão de reconstruir a economia devastada e extinguir a hostilidade mundial que os Estados Unidos haviam atraído sobre si desde a guerra no Iraque. Na campanha, com um discurso voltado para a distensão, baseado na ideia de que a violência apenas traz mais violência, ele levantou a bandeira da retirada progressiva das tropas do Afeganistão e do Iraque e adotou uma nova postura diplomática.

A indústria do meio digital tinha seus complicadores, mas propiciava a construção de um novo modelo de progresso. Na onda de governos com preocupações mais sociais, Obama oferecia uma face mais humana à sociedade angustiada, não apenas para os americanos, mas também para o mundo. No plano interno, queria implantar um sistema de saúde ao alcance da população – uma forma de reduzir a pressão, por meio de um Estado mais apoiador e atuante no bem-estar social.

Para tirar o país da crise e lançar programas sociais, Obama teve de percorrer uma trilha similar à de outros países. Na América Latina, governos populistas de esquerda investiram em programas assistencialistas, que aumentavam o déficit público. Na Venezuela, Hugo Chávez aplicava o estilo de Fidel Castro no comando de um país muito maior e com um capital importante: uma das maiores reservas de petróleo do mundo. Na Argentina, Cristina Kirchner, primeira-dama entre 2003 e 2007, como esposa de Néstor Kirchner, falecido no final do mandato, foi eleita sua sucessora no mesmo ano, graças às promessas de um paraíso aos trabalhadores, ao estilo do velho peronismo. Na Bolívia, o eleito Evo Morales era índio uru-aimará, nascido num *pueblo* da província mineradora de Oruro, ex-líder sindical com inclinações socialistas dos agricultores *cocaleros* – produtores de folha de coca, mascada e consumida como chá, tradicional na cultura indígena andina.

No Brasil, Lula desfrutava de uma popularidade só vista no país no auge do getulismo – a corrente política populista inspirada em Getúlio Vargas, presidente conhecido no país pela alcunha de "pai dos pobres". Com a distribuição de recursos federais em programas assistenciais, que ativou a economia pelo consumo, Lula tornou-se unanimidade entre banqueiros e capitães da indústria brasileira, felizes por ver o dinheiro passar do governo ao bolso da população mais pobre e, dali, ao seu próprio bolso, pela compra de bens e serviços, satisfazendo a todos.

Armava-se uma bomba para o futuro, mas Lula mostrava que a prioridade do Estado no neocapitalismo era a questão social. Em abril de 2009, num almoço em Londres, o recém-eleito Obama chegou a apontar o dedo para ele às câmeras das TVs que cobriam o encontro do G-20, grupo das principais lideranças globais. "Esse é o cara", disse o presidente americano. Para Obama, o presidente brasileiro era simplesmente o "político mais popular do mundo". E tinha razão.

*

Além da modéstia, o governo de Obama ganhou pontos como uma vitória da tolerância sobre a intolerância, da inteligência sobre a truculência e da liberdade sobre a opressão. Nos primeiros dias, o presidente Obama ordenou a retirada progressiva das tropas no Iraque e o fechamento da prisão de

Guantánamo, mas o Congresso impediu a transferência de detentos para os Estados Unidos. Obama revogou a ordem de quebra de sigilo aprovada por George W. Bush, que acabava com a privacidade no país e ameaçava a liberdade e o Estado de direito. Nove meses depois de sua posse, pouco depois do encontro com Lula, em 10 de dezembro de 2009, recebeu o Prêmio Nobel da Paz.

Obama combateu a recessão com medidas de estímulo econômico promovidas pelo Estado. Logo após a posse, em 17 de fevereiro de 2009, baixou um pacote de 787 bilhões de dólares em investimento público nas áreas da saúde, infraestrutura e educação. Reduziu temporariamente os impostos para 98% dos contribuintes, que tiveram a menor carga fiscal em seis décadas. Ofereceu ainda um empréstimo de socorro com mais de 9 bilhões de dólares para as montadoras de veículos, em especial a General Motors e a Chrysler, símbolos da indústria americana, que se encontravam perto da falência. E mais: procurou salvar da insolvência os proprietários de imóveis deixados à própria sorte após o estouro da bolha imobiliária, com empréstimos assistenciais a juros próximos de zero e a garantia de que o Fed (o Banco Central dos Estados Unidos) não os aumentaria até o final de 2015.

Obama observou que instrumentos de política econômica dos tempos da economia convencional, normalmente suficientes para reativar economias nacionais, já não funcionavam tão bem no mercado global – como a redução dos juros internos, recurso utilizado em momentos de crise. Como forma de contornar o problema, o FMI criou e cada país aplicou o "Quantitative Easing", compra de ativos como títulos de dívida soberana de instituições financeiras. Com isso, as taxas desses títulos passaram a cair, reduzindo o custo do capital para o meio produtivo.

Obama deu atenção ainda a outras questões sociais de efeito nacional e global. Sancionou a Lei de Proteção e Cuidado ao Paciente, que receberia o nome de Obamacare, conforme prometido em campanha. Promoveu uma política de controle de armas, tabu na sociedade americana, cujos princípios de liberdade incluíam o direito à defesa por arma de fogo desde o Velho Oeste. Defendeu a igualdade de direitos das minorias sexuais – os LGBT. Liderou as discussões rumo ao Acordo de Paris, em 2015, que estabeleceu metas para o controle das mudanças climáticas globais. Fez ainda um acordo para a desativação do programa nuclear iraniano e assinou tratados de controle de armas com a Rússia. Por fim, iniciou o processo de distensão com Cuba, tentado sem sucesso por Clinton, finalmente dando cabo ao embargo econômico imposto aos cubanos desde 1958.

Nem todas as suas iniciativas chegaram a bom termo. O Obamacare, que visava regular o preço dos planos de saúde e estender o atendimento a uma parcela maior da população, foi sancionado em março de 2010, com a "Lei de Reconciliação da Saúde e Educação". Porém, sofreu grande resistência, primeiro pela sua contestação constitucional, depois pela campanha de seu maior adversário político, Donald Trump, que prometia acabar com o sistema, caso eleito.

A guerra no Iraque não terminou. Obama chegou a promover a desmobilização das tropas, mas teve que autorizar a intervenção armada na Guerra Civil da Líbia e, diante da ação do Estado Islâmico, que passou a dominar parte do território iraquiano, não só ordenou o retorno das tropas ao Iraque, como também o bombardeio das posições da facção radical ao norte da Síria.

Obama manteve ainda o *front* no Afeganistão, onde a Al-Qaeda resistia. Por ironia, foi na sua gestão, defensora de uma distensão no *front* externo, que as Forças Armadas americanas encontraram Bin Laden, morto numa operação militar em Abbottabad, no Paquistão, em 2011. Porém, ao defender a recolocação dos Estados Unidos como uma liderança positiva no mundo, e não mais como a potência que bombardeava seus desafetos, ele reabriu as perspectivas de uma solução conjunta eficaz para as crises globais.

Na gestão de Obama, os Estados Unidos saíram da depressão graças a um aumento sustentado do emprego, que subiu 10,1% desde a sua eleição até outubro de 2009, ainda no início de seu primeiro mandato. Com o desemprego ainda alto, na casa dos 5,1%, aumentou o salário mínimo federal para 7,25 dólares a hora. Com a economia americana relativamente em ordem, foi reeleito em 2012 e tentou ir ainda mais longe nas políticas sociais. Em seu segundo mandato, duplicou o pagamento dos trabalhadores por horas extras. Propôs subir o salário mínimo americano ainda mais, para 12 dólares a hora – medida que não passou no Congresso.

Houve avanços, mas a recuperação ainda vinha muito em função do esforço do Estado, sem a certeza de que o mercado, deixado por conta própria, ficaria em pé. O crescimento econômico tinha uma participação menor da força de trabalho. No primeiro momento, atribuiu-se o fenômeno a fatores sociais, como o envelhecimento da população e o fato de os jovens estudarem por mais tempo antes de entrar no mercado.

Mesmo com o aumento do emprego, crescia nos Estados Unidos a desigualdade de renda, da mesma forma que no plano global. A parcela da renda total do país detida pelo 1% mais rico, que chegara a cair para 9% em 1978, cresceu para 24%, mesmo nível de 1928, pouco antes do *crack* da bolsa americana. Para grande parte dos americanos, o sentimento era de que a economia com Obama ganhara fôlego, mas os problemas que tinham levado à bolha de 2008 ainda estavam lá – e o bolso da população continuava vazio.

Surgia a crítica contra o *status quo* das empresas transnacionais e a globalização, tomadas como a grande ameaça ao emprego, especialmente pela expansão da China nos negócios mundiais. Fortaleceu-se o discurso protecionista e nacionalista. Todo o esforço de uma era de políticas sociais não fazia ainda o efeito necessário para reduzir a pressão social. E dava margem para o surgimento de novas forças, que, com ajuda da tecnologia digital, procuraram quebrar os sistemas que não conseguiam avançar, a começar por onde eles eram mais frágeis.

5

Primavera de luta

Em dezembro de 2010, um jovem tunisiano, Mohamed Bouazizi, vendedor ambulante da cidade de Ben Arous, ao norte da Tunísia, ateou fogo ao próprio corpo – gesto dramático que mudou a história.

Trabalhando desde os 10 anos de idade, após perder o pai aos 3, formou-se engenheiro, mas não conseguiu um emprego. Vendia frutas e legumes na rua para sustentar a família, incluindo a mãe e uma irmã. Tinha uma renda de 75 dólares mensais. Decidiu imolar-se depois que as autoridades tunisianas confiscaram seu carrinho de frutas. Ao reclamá-lo de volta a uma funcionária da prefeitura, ela teria rasgado os papéis, tomado sua balança e cuspido em seu rosto, depois de lhe dar um tapa.

Bouazizi tentou apelar ao governador regional, mas este nem sequer o recebeu. Ele, então, deixou em sua página pessoal do Facebook um pedido de desculpas para a mãe, em que dizia que a responsabilidade pela situação deles era do difícil período pelo qual passava a humanidade. E, diante da sede do governo, acendeu o fogo depois de jogar duas garrafas de líquido inflamável nas próprias vestes.

A morte em praça pública de Bouazizi, um cidadão na mesma situação de milhões de outros, circulou pelas redes sociais e deu início a uma rebelião na Tunísia. Cinco mil pessoas acompanharam seu enterro. Protestos começaram a tomar as ruas. Dez dias depois, o presidente Zine El Abidine Ben Ali, no poder desde novembro de 1987, fugiu para a Arábia Saudita.

O movimento tunisiano deflagrou uma série de manifestações em países muçulmanos do Oriente Médio e no norte da África – aqueles mesmos Estados nacionais que a jihad pretendia reunir em um novo império otomano –, como um clamor por progresso e liberdade. Sufocados por velhas ditaduras e economias emperradas, os protestos ganharam as ruas em diversos países: Argélia, Bahrein, Djibuti, Iraque, Jordânia, Omã, Iêmen, Líbano, Mauritânia, Kuwait, Marrocos, Sudão, Saara Ocidental e Arábia Saudita.

A onda libertária ficou conhecida como Primavera Árabe, referência à Primavera de Praga, rebelião da Tchecoslováquia em 1968 contra a dominação soviética. Sua difusão e organização em vários países ganhou impulso com o ciberativismo, que galvanizou a revolta contra a pobreza generalizada e os abusos de poder das autoridades.

As redes sociais foram usadas para mobilizar a população, burlando a censura à imprensa, e obter apoio da comunidade internacional. O mundo sabia das notícias não pela TV ou pelos jornais, mas pelo próprio meio digital. As manifestações de massa transformaram-se em revolução no Egito e na Líbia. A Síria entrou em convulsão.

"O Oriente Médio passa por uma transformação revolucionária similar às revoluções nacionalistas e populares dos anos 1950, que mudaram o mundo árabe, do Egito ao Iraque", afirmou Fawaz Gerges. "A diferença importante entre uma época e outra é que os novos levantes sociais vêm de baixo para cima, em vez de cima para baixo, motivados pela política, pela economia e pelo desejo de dignidade: milhões de cidadãos árabes comuns têm procurado liberdade e melhor qualidade de vida. O *mukhabarat*, ou o Estado controlado pela polícia secreta, já não é onipotente."

O mais antigo ditador do mundo depois de Fidel Castro, em Cuba, o líbio Muammar Kadafi, que estava no poder desde 1969, fugiu em 18 de agosto de 2011 de Trípoli, perseguido por uma turba furiosa. Refugiou-se em Sirte, onde foi encontrado em 20 de outubro, linchado e empalado com uma baioneta. Foi levado ainda vivo pelas ruas, como um troféu, em meio a uma festa com tiros de metralhadora. Vídeos com as cenas brutais foram disseminados livremente pelas redes sociais.

O quinto filho de Kadafi, Mutassim, apontado pelo pai como seu sucessor, foi executado com mais sessenta dirigentes do antigo governo. Terminava qualquer pretensão de continuidade de um potentado familiar no país. Outros velhos ditadores, prudentemente, decidiram retirar-se por conta própria, antes de encontrar destino semelhante. O presidente do Iêmen, Ali Abdullah Saleh, desistiu de disputar a reeleição em 2013, encerrando um período de 35 anos no poder. O premiê iraquiano, Nouri al-Maliki, ainda terminou o mandato, em 2014, apesar dos protestos que pediam sua deposição. Na Jordânia, o rei Abdullah colocou à frente de um novo gabinete o ex-primeiro-ministro e embaixador em Israel, Marouf Bakhit, como forma de estabelecer um anteparo entre ele e a população em revolta.

A maior manifestação, porém, aconteceu no Egito. Mais de 20 milhões de pessoas saíram às ruas em 2011 contra o presidente Hosni Mubarak, no poder havia quase trinta anos. Os egípcios encontravam-se em desespero: desemprego em massa, crise de moradia, inflação, corrupção, censura e violência policial. Esta decorria das leis arbitrárias impostas por Mubarak desde a expulsão dos jihadistas para a Arábia Saudita e que resultou na fundação da Al-Qaeda.

A eleição parlamentar no Egito, em dezembro de 2010, tinha sido antecedida por prisões, exclusão de candidatos das eleições, especialmente da Irmandade Muçulmana, e suspeitas de fraude para fabricar uma vitória supostamente unânime do partido do governo. Naquele ano, cerca de 5 mil pessoas foram detidas sem acusação formal nem julgamento.

Denúncias de corrupção contra o Ministério do Interior desnudavam a ligação de empresários ao partido do governo, especialmente no mandato do primeiro-ministro Ahmed Nazif. Um só empresário, Ahmed Ezz, controlava 60% da produção siderúrgica no Egito, na forma de uma cota fixa de mercado. De acordo com Aladdin Elaasar, professor de árabe e analista político, que concorrera à eleição em 2005, o próprio Mubarak teria uma fortuna entre 50 e 70 bilhões de dólares, próxima da dos magnatas americanos.

A população egípcia tinha se multiplicado: de 20 milhões de habitantes em 1950, passou a 44 milhões em 1980 e chegou a 83 milhões em 2009. Gente demais para a economia subsistente às margens do Nilo, que, nos primórdios da história, cinco mil anos antes, fazia do Egito o maior e mais próspero império do mundo.

Mesmo a elite egípcia se encontrava insatisfeita. "Tentativas de liberalizar a economia no Egito e na Síria, no início dos anos 2000, somente aumentaram a distância entre aqueles com a *waasta* — conexões da elite dominante — e aqueles que não a tinham", afirmou o jornalista Robert F. Worth, ex-correspondente do *New York Times* em Beirute. "Jovens árabes sem renda não podiam se casar nem sair da casa dos pais. Eram tantalizados pela visão de um mundo ocidental de liberdade e riqueza."[23]

No dia 25 de janeiro de 2011, Dia da Revolta, um mar humano saiu às ruas para protestar contra a calamidade geral, tomando cidades como Alexandria, Suez e Ismaília. No Cairo, 15 mil pessoas lotaram a Praça Tahrir, no centro da capital. Nos dias seguintes, 26 e 27 de janeiro, a violência começou. Manifestantes confrontaram a polícia, incendiaram edifícios públicos e o exército egípcio foi chamado para impor a ordem.

---

[23] WORTH, Robert F. *A rage for order, the Middle East in turmoil, from Tahrir Square to ISIS.* Farrar, Straus and Giroux, 2016.

Em 28 de janeiro, na madrugada que antecedeu as manifestações marcadas para aquele dia, o governo cortou a internet no país, assim como serviços de celular e mensagens de texto. Ainda assim, os protestos continuaram. Em Suez, a população tomou uma delegacia de polícia e libertou os presos, encarcerados nos protestos dos dias anteriores. Depois, incendiou a sede do Partido Nacional Democrático, no Cairo.

O governo fechou o acesso às pirâmides aos turistas, alegando "condições climáticas" adversas. Impôs um toque de recolher às seis da tarde, mas ninguém obedeceu. O país ficou paralisado. O Banco Central egípcio fechou os bancos e a Bolsa de Valores. Os estrangeiros foram para os aeroportos, por recomendação das embaixadas, abandonando o país.

O governo egípcio tirou do ar a rede de TV Al Jazeera, que cobria as manifestações e alimentava o noticiário do resto do mundo. Mubarak tentou atrair o apoio dos militares, distribuindo ministérios e promovendo voos rasantes de caças e desfile de tanques na Praça Tahrir, mas, na prática, já não mandava.

Em 31 de janeiro, os manifestantes decretaram greve geral por tempo indeterminado. O exército anunciou que não reprimiria as manifestações. O presidente recorreu, então, a milícias próprias. O exército particular de Mubarak enfrentou os manifestantes nas ruas e perseguiu jornalistas estrangeiros. Na madrugada do dia 2 de fevereiro, os milicianos dispararam na multidão com armas automáticas e coquetéis molotov, matando cinco pessoas. Bert Sundström, jornalista da TV sueca, foi esfaqueado e correu grave risco de morte. As Forças Armadas intervieram, não para conter a população, mas para desarmar os milicianos do presidente.

No dia 4 de fevereiro, milhões de pessoas fizeram juntas na Praça Tahrir as orações islâmicas da sexta-feira, no que ficou conhecido como o Dia da Saída. Mubarak ainda tentou controlar a situação, colocando como vice-presidente Omar Suleiman, militar e ex-chefe da Direção Geral de Inteligência Egípcia, com apoio do ministro da Aviação e ex-chefe da Força Aérea, Ahmed Shafik. Após outra manifestação maciça no dia 11 de fevereiro, Suleiman anunciou a renúncia de Mubarak. A celebração tomou a Praça Tahrir e se espalhou pelas ruas de todo o Egito.

O Conselho Supremo das Forças Armadas assumiu o governo. Em 13 de fevereiro de 2011, a junta militar egípcia, chefiada por Mohamed Hussein Tantawi, suspendeu a Constituição, dissolveu o Congresso e decretou o governo militar por seis meses, até a realização de eleições gerais.

O gabinete anterior, incluindo o primeiro-ministro Ahmed Shafik, continuou a servir como um governo interino, até que um novo fosse formado. Shafik, porém, renunciou em 3 de março, antecipando-se a protestos marcados para o dia seguinte, com a intenção de tirá-lo do poder. No seu lugar entrou o ministro dos Transportes, Essam Sharaf.

A saída de Mubarak não cessou os protestos, pelo receio da transformação do regime numa ditadura militar permanente. Foram marcadas eleições gerais. Em 24 de junho de 2012, saiu vencedor do segundo turno das eleições presidenciais o jihadista da Irmandade Muçulmana Mohamed Morsi, com 51,73% dos votos, contra 48,27% de Ahmed Shafik. Seu discurso era moderado: prometeu governar para todos os egípcios, incluindo a minoria de cristãos coptas. Restabeleceu poderes constitucionais do presidente, que tinham sido suspensos. Porém, a paz não durou muito.

No início de novembro de 2012, as manifestações retornaram, dessa vez contra Morsi e o projeto de constituição que estava sendo dirigido para a criação de um Estado islâmico. Entre muitos malfeitos, Mubarak ao menos preservara o Estado laico e a liberdade de culto. O novo levante popular (o Tamarod, ou "revolta") foi liderado pelos defensores do poder secular e pelos cristãos coptas.

Morsi tentou a conciliação. Em 29 de junho, véspera do dia que marcaria um ano de seu mandato, admitiu publicamente ter cometido "muitos erros". Era tarde demais. A festa de aniversário do governo virou mais um protesto. As manifestações maciças levaram os militares a depor Morsi e suspender a Constituição, em 3 de julho. Foi instituído um governo interino, sob o comando do general Abdel Fatah al-Sisi, que ficou com a presidência. Morsi foi preso, acusado de incitar a violência e trair a nação. Os militares reprimiram a resistência jihadista de apoio a Morsi.

Em 14 de agosto de 2013, a destruição de um acampamento jihadista pelo exército deixou mais de mil mortos. Em abril de 2015, Morsi e mais 12 réus foram acusados formalmente de prender e torturar manifestantes e incitar a violência. Morsi foi condenado à morte em 16 de maio de 2015, por promover uma tentativa de fuga em massa da prisão. Mais tarde, a pena foi comutada e um novo julgamento foi marcado, mas não se realizou.

O ex-presidente foi dado como morto dentro da prisão, em 17 de junho de 2019. Segundo a TV estatal egípcia, ele teria sofrido um ataque cardíaco durante um interrogatório, vinte minutos após o início da sessão, e morrido no hospital.

*

Surgida no berço do fundamentalismo islâmico, a Primavera Árabe mostrou que a maior parte da população muçulmana não queria o radicalismo religioso, construído em oposição a governos estrangeiros. Ansiava por um sistema progressista, livre, justo e democrático. Em vez de olhar para os Estados Unidos, nutrindo ódio contra um inimigo ideológico, queriam destituir os poderes autoritários que abusavam de sua própria sociedade. Para eles, os grupos fundamentalistas eram um perigo maior: o poder paralelo que se aproveitava da pobreza galopante e do enfraquecimento do poder público.

Ao mesmo tempo que era uma primavera local, a onda de levantes nos países árabes foi o primeiro grande movimento social global por contágio da era digital. Mostrou a capacidade extraordinária de mobilização pelo meio virtual: permitia burlar proibições, como a censura dos meios de comunicação convencional, e criar grupos de pressão política. Era uma arma capaz de mudar o mundo.

Outros movimentos de massa já tinham acontecido no passado, mas as manifestações agora surgiam como *swarmings*: erupções políticas oriundas da auto-organização da sociedade pelas redes sociais. As lideranças individuais não estavam claras, ou surgiam depois de ações coletivas, que ganhavam volume no meio digital. A facilidade de mobilização e a conectividade pelo meio virtual, com a transmissão de acontecimentos em tempo real, permitiam uma rápida transferência dos movimentos virtuais para as ruas.

Logo, esse fenômeno se multiplicou por todo o planeta. No final de 2013 e início de 2014, uma rebelião tomou a Praça Maidan, em Kiev, na Ucrânia. Transformou-se na Euromaidan: a Revolução Ucraniana insurgiu-se contra o estado de coisas deixado pelo fim da União Soviética, incluindo a corrupção, a estagnação econômica e a espiral inflacionária. Um acordo para integrar o país à União Europeia, trazendo recursos e reformas econômicas, foi boicotado pelo presidente russo, Vladimir Putin. Para manter o país no seu círculo de influência, a Rússia emprestou dinheiro ao governo do presidente Viktor Yanukovich. Foi o estopim do levante ucraniano, que culminou com a queda de Yanukovich e sua fuga para a Rússia, acusado pela morte de manifestantes na tentativa de repressão.

A tensão social não se restringia ao mundo árabe nem aos países saídos da União Soviética. Os governos populistas de esquerda, que assumiram o poder com a redemocratização latino-americana, mostravam-se tão incapazes de promover o desenvolvimento e a justiça social quanto as antigas ditaduras militares. Na Venezuela, o primeiro *caracazo* – nome dado ao levante da população na capital, Caracas – sacudiu o governo liberal de Carlos Andrés Pérez, após um aumento dos combustíveis. A mudança para o socialismo moreno de Hugo Chávez, em 1999, trouxe um período de relativa paz na economia, graças a uma valorização do petróleo venezuelano. Porém, a perseguição da oposição e o agravamento da crise estrutural criavam uma bomba de efeito retardado. E foi isso que Chávez entregou a seu sucessor político, Nicolás Maduro, ao morrer de câncer, em 2013.

Em janeiro de 2014, com Maduro no poder, inflação anual de 56,3%, escassez de alimentos e violência crescente, milhares de venezuelanos foram às ruas, num novo *caracazo* que deixou um cenário de destruição pela capital. Leopoldo López, líder do partido Vontade Popular, da oposição, foi preso sob a acusação múltipla de formação de quadrilha, instigação à delinquência, intimidação pública, incêndio em edifício público, danos à propriedade pública, lesões graves, homicídio e terrorismo.

Em 2015, a taxa de homicídios no país era de 90 para cada 100.000 habitantes, segundo o Observatório Venezuelano de Violência, nove vezes mais do que o considerado como violência epidêmica pela Organização Mundial da Saúde. Em 2016 a inflação alcançou os 800%, e o nível de atividade econômica caiu 18,6%. A fome fez uma avalanche de refugiados romper a fronteira com o Brasil, em busca de ajuda humanitária em cidades como Pacaraima, em Roraima. Maduro manteve-se no posto graças a eleições fraudulentas, censura à imprensa, controle das Forças Armadas e o uso de milícias pessoais armadas e violentas, que amedrontavam a população.

Na Argentina, o populismo de esquerda perdeu estâmina, junto com o esvaziamento das promessas de vida melhor. Cristina Kirchner tinha aprovação de 60% ao fim do primeiro mandato, em 2011, e de 50% no segundo, quando a oposição conseguiu maioria suficiente para eleger o liberal Maurício Macri, em 2015. Coube a Macri solucionar o passivo deixado pelo kirchnerismo, responsável pelo alto desemprego, endividamento e desequilíbrio fiscal.

O Brasil de Lula também passou progressivamente de paraíso a catástrofe. Em sua primeira campanha para a reeleição, em 2006, o presidente mais admirado da América Latina já enfrentava as acusações que recaíam sobre seu partido em razão do escândalo do Mensalão – a compra de apoio no Congresso por meio de uma mesada regular aos parlamentares. Pelo Mensalão, caiu seu operador, o ministro-chefe da Casa Civil, José Dirceu, liderança intelectual e estratégica do PT, partido do governo.

A corrupção foi jogada na conta de ministros, Lula completou o segundo mandato e, graças aos efeitos remanescentes das políticas populistas, ainda fez sua sucessora, Dilma Rousseff. Apesar do rumo apontado para a falência do Estado e o crescimento da corrupção, Dilma aprofundou a crise em todos os seus aspectos. Trouxe de volta para o governo Antônio Palocci, ex-ministro da Fazenda de Lula, que caíra depois de flagrado operando na República de Ribeirão Preto – casa em Brasília que servia, ao mesmo tempo, como escritório de repartição de propinas e prostíbulo, frequentada por ele e por amigos trazidos de sua cidade natal.

Como ministro-chefe da Casa Civil de Dilma, Palocci durou pouco. Pediu demissão seis meses depois da posse, em 7 de junho de 2011, após novas evidências de tráfico de influência e corrupção. Seu patrimônio tinha se multiplicado 25 vezes em 4 anos, entre 2006 e 2010, quando mantinha uma empresa de consultoria ao mesmo tempo que exercia seu mandato como deputado federal.

O clima de dissolução ética somava-se ao descontrole administrativo. A política assistencialista se esgotava, exaurindo o Tesouro Nacional. Num ambiente de fraude e lucro fácil, as empresas privadas se entesouravam, entregando toda a tarefa de investimento a um Estado conivente e mesmo promotor da corrupção. A concentração de renda na mão dos setores favorecidos pelo investimento público somou-se ao processo internacional de vampirização dos mercados pelas empresas transnacionais de tecnologia. Estas derrubavam em dominó os negócios convencionais, sem dar um retorno compensatório equivalente em impostos ou com geração de empregos.

A crise econômica aumentou a revolta contra os escândalos de corrupção, gerando imenso apoio popular à Operação Lava Jato. Assim chamada por ter começado com a investigação de lavagem de dinheiro num posto de gasolina na cidade de Curitiba, a Lava Jato foi conduzida pelo juiz Sergio Moro, um estudioso da Operação Mãos Limpas, a qual combateu a corrupção sistêmica na Itália nos anos 1980. O novelo da investigação inicial foi desenrolado até desvendar as negociatas por trás do governo federal.

Era um conjunto de operações fraudulentas que envolviam superfaturamento de obras públicas, financiamento de campanhas eleitorais por meio de caixa dois e distribuição generosa de recursos para governos em que se instalavam amigos ideológicos, como os da Venezuela, Bolívia e Cuba. De quebra, o sistema ainda tinha compensado Lula na forma de pequenos favores, como a reforma de um sítio nas proximidades de São Paulo e um apartamento tríplex na cidade do Guarujá, de frente para o mar, dos quais o ex-presidente desfrutava sem ser o proprietário titular. Foi a esse detalhe que se apegaram os promotores de justiça para abrir um inquérito que acabaria levando Lula à cadeia.

Os programas assistenciais na gestão do PT, como o Bolsa Família, beneficiaram sobretudo as famílias de renda mais baixa da região Nordeste do país, sua maior base eleitoral. Ao promover a figura de Lula como o novo messias brasileiro, e de Dilma Rousseff como sua substituta, o lulismo procurou manter elevada a popularidade do ex-presidente e garantir a perpetuidade no governo com o voto da população carente.

A bolha de consumo criada pelo assistencialismo, no entanto, já não bastava para sustentar a economia. Em 2015, o Brasil teve uma queda de 3,8% no PIB, pior resultado desde 1990, depois de oito trimestres seguidos de recessão. A inflação de 10,7% foi a maior desde 2002. A taxa de desemprego se encontrava em 10% da população, com um aumento de 38% em relação ao ano anterior, alcançando quase 13 milhões de brasileiros. Somente naquele ano, 2,8 milhões de pessoas perderam o emprego.

O quadro social, que Lula prometera melhorar, se agravava dramaticamente. Cerca de 20% da população brasileira entre 18 e 25 anos não trabalhava nem estudava. O Brasil estava na 75ª posição no Índice de Desenvolvimento Humano (IDH) e em primeiro no número de assassinatos, com 13% dos casos registrados no planeta.

Nem todo governo inepto é corrupto, mas todo governo corrupto é inepto, pelo fato de não seguir a lógica das necessidades reais e coletivas, e sim a dos interesses próprios, o que raramente coincide. O caso brasileiro foi um bom exemplo. A corrupção se disseminou de tal forma que afetou o desempenho do setor público de forma geral. Os fundos de pensão de empresas controladas pelo governo ficaram com um rombo de R$ 47 bilhões. As empresas estatais rumavam para a morte. Em 2015, a Petrobras teve um prejuízo de R$ 34 bilhões. Suas ações caíram 55,6%. A indústria, que trabalhava com metade da capacidade produtiva, perdia importância relativa: sua participação no Produto Interno Bruto, que era de 17% em 2003, caiu para 9% em 2015.

Obras grandiosas se transformaram em sumidouros de dinheiro, como a hidrelétrica de Belo Monte, superfaturada em R$ 3,4 bilhões. A dívida pública cresceu 21,5% em relação a 2014, passando a R$ 2,8 trilhões. Dilma cortou em 40% as verbas do Ministério da Educação, o que gerou um colapso nas universidades públicas: 48 das 63 universidades federais interromperam suas atividades por falta de pagamento de serviços e salários.

Com um quadro social dramático, o Brasil enfrentava o crescimento do crime organizado a partir das penitenciárias. Além de controlar as prisões, as organizações criminais investiam na formação de advogados e patrocinavam políticos que penetravam aos poucos no poder público, dominando o aparelho de Estado. No Rio de Janeiro, o tráfico passou a disputar o controle de negócios com as milícias, formadas por ex-policiais, que também estendiam tentáculos dentro do Judiciário, da Assembleia Legislativa e do Executivo. Com a ação da Lava Jato, os quatro governadores do estado do Rio de Janeiro das duas primeiras décadas do século XXI (Anthony e Rosinha Garotinho, Luiz Fernando Pezão e Sérgio Cabral) foram presos, após o mandato, por corrupção.

A fatia do eleitorado beneficiada pelos programas assistenciais não se importava com a corrupção. Porém, surgiam outros descontentes: os cidadãos de classe média urbana, sobretudo das grandes metrópoles do Sudeste, extenuados por pagar impostos que não revertiam para o serviço público local e, em boa parte, eram desviados para a cornucópia que alimentava a corrupção.

A numerosa e barulhenta classe média brasileira se insurgiu em manifestações maciças pelo *impeachment* de Dilma, em 13 de março de 2016. Com uma participação popular superior à da campanha pelas Diretas Já, que pedira a volta da democracia, em 1984, a Jornada de Março foi considerada o maior ato político da história do país. Com seguidas manifestações de rua e os "panelaços", que transformavam o utensílio doméstico em instrumento de protesto, os brasileiros das grandes metrópoles pediam pacificamente a saída de Dilma e davam apoio à Lava Jato em alto e bom som.

A situação calamitosa e a revolta popular fizeram o Congresso acolher um dos diversos pedidos pelo *impeachment* de Dilma. O processo foi embasado na falta de ação por parte da presidente para a punição de executivos que promoviam irregularidades em estatais, como a Petrobras, além de uma série de decretos em 2014 e 2015, permitindo a abertura de créditos suplementares sem autorização parlamentar. No processo, ficou demonstrado o objetivo do governo de ocultar o descumprimento das diretrizes orçamentárias, acobertando a ruína do Estado.

Dilma enfrentou o processo até o fim, apoiada pelos militantes petistas, para os quais a ação constitucional de *impeachment* era golpe. A presidente foi formalmente impedida em 31 de agosto de 2016. Em seu lugar assumiu o vice, Michel Temer, também envolvido em denúncias de corrupção. Teve tempo para levar o governo ao fim, com uma agenda ortodoxa contrária à da eleição, de modo a tirar o Estado brasileiro da sua situação falimentar. Acusado de favorecer empresas concessionárias de serviços no porto de Santos, por meio de um decreto presidencial, após o mandato, Temer também foi condenado por corrupção e chegou a ser preso em caráter preventivo, em 21 de março de 2019.

O Brasil tinha, então, dois ex-presidentes na cadeia (Lula e Temer). Contados outros dois que sofreram processos de *impeachment* e saíram do cargo antes do final do mandato, Fernando Collor e Dilma Rousseff, somente Itamar Franco – vice que assumiu com a renúncia de Collor – e Fernando Henrique Cardoso não terminaram seus mandatos, enfiados em processos por corrupção, desde a redemocratização, em 1989.

*

O esforço dos governos de reduzir a pressão social, fosse com políticas liberais ou assistencialistas, não funcionava, por não mexer na estrutura geradora da concentração de renda. O assistencialismo minorava os padecimentos da população mais pobre, de forma temporária, mas a solução da crise ultrapassava a fronteira dos países, dada a globalização econômica acelerada pelo meio digital. Nos Estados Unidos, a quase social-democracia de Obama tirara o país do desastre de 2008, mas, sem mudanças no modelo econômico, o mecanismo continuou ativo, permitindo a volta da crise.

A miséria cresceu enquanto os lucros aumentavam, restritos a uma nova elite econômica, eminentemente não industrial. "Tem havido uma luta de classes, é verdade, mas é a minha classe, a classe dos ricos, que está fazendo a guerra, e está ganhando"[24], afirmou a um colunista do *New York Times* em 2006 o financista Warren Buffett, então uma das quatro

---

[24] In class warfare, guess which class is winning? *The New York Times*, Nov 26, 2006.

maiores fortunas do mundo, feita com investimentos em empresas como a Microsoft.

Empresas transnacionais se transformavam em *über companies*, usando o superlativo alemão como sinal do seu tamanho. Especialmente as empresas financeiras e de tecnologia. Em 2016, havia empresas de 63 países na lista das maiores companhias do mundo feita pela revista *Forbes*, a "Global 2000". Porém, entre as dez maiores, cinco eram bancos chineses e dois americanos – o JPMorgan Chase e o Wells Fargo. Em nono lugar, caindo uma posição, estava uma empresa de energia (Exxon Mobil).

Na lista das dez maiores entrou a Apple, que subiu para o oitavo lugar, com 233 bilhões de dólares em vendas e 53 bilhões de dólares em lucros – uma rentabilidade de 22%. E havia uma única indústria: a montadora de automóveis japonesa Toyota, no décimo lugar.

Como meio para operações financeiras, vendas e comunicação, a tecnologia se transformava em concentradora de negócios – e um poder em si mesma. "A tecnologia passou a organizar a vida social, dando a impressão de que dispensa a intermediação das instituições do Estado", afirmou o ex-presidente brasileiro Fernando Henrique Cardoso, em um colóquio na fundação que leva seu nome, em 2019. "Instituições, como os partidos, passaram a ser vistas como irrelevantes, quando não nocivas."

A tecnologia fornecia meios para aperfeiçoar o sistema democrático representativo, com a possibilidade de maior participação das pessoas nas decisões públicas – um mundo pós-democrático, com a participação popular exercida de forma instantânea, tal qual a democracia participativa da Atenas antiga, em que cada assunto era resolvido em assembleia. Com a vantagem de uma precisão e uma capacidade de inclusão com as quais os gregos da pólis jamais poderiam sonhar. No entanto, ocorreu o contrário: um questionamento dos sistemas democráticos, que, onde existia democracia, passaram a sofrer críticas e rejeição por parte da parcela crescente da sociedade para a qual não havia soluções negociáveis da crise.

A tecnologia digital ligava pessoas, mas também produzia desentendimento. Todo poder público tem de fazer escolhas e garantir algum critério para a divisão daquilo que não é o bastante para todos. Depende-se de um acordo sobre a maneira de discordar e da capacidade do Estado de manter sua legitimidade na tomada de decisões. A dificuldade de lidar com o globalismo digital vinha do fato de que o Estado nacional tinha perdido muito da sua capacidade de mediar relações conflituosas e estabelecer políticas sociais, diante da economia transnacional. Enfraquecido, perdia credibilidade e, com ela, legitimidade.

Alarmado pela crise e sem solução efetiva por parte dos governos nacionais, o cidadão passou a viver uma crise de esperança. Ela se agravava com a profusão dos conflitos, que no passado nem sequer chegavam ao conhecimento da opinião pública, mas passaram a abundar na comunicação digital.

Diariamente era possível saber todas as tragédias, grandes ou pequenas, ao redor do mundo inteiro, sem as limitações de espaço e sem o antigo filtro da imprensa profissional. Cada indivíduo podia relatar o que via, e como via, em qualquer lugar do mundo. Surgia uma carga global de informações estressantes e em tempo real. Cada cidadão podia participar com seus comentários e ideias, o que gerou um *tsunami* "opinionista" que estimulava o clima de beligerância e dividia ainda mais a sociedade.

Diante dessa massa de problemas, crescia a descrença no sistema político. Ela se instalava nos jovens, que tinham acesso fácil à tecnologia e ao consumo, mas não aos meios para encontrar emprego e satisfazer suas necessidades. Influenciava também quem tinha renda e estava incluído no sistema, mas se via ameaçado pelo cerco da pobreza, a falta de perspectivas e o encargo de pagar o preço pelos programas sociais.

Surgiu um novo *mal du siècle*: a ausência de sentido para toda a humanidade. Uma pesquisa publicada em 2019 pelo cientista político alemão Yascha Mounk (no livro *O povo contra a democracia*, de 2019) mostrava que dois terços dos idosos americanos acreditavam ser extremamente importante viver em uma democracia; entre os mais jovens, os chamados *millennials*, essa proporção caía a menos de um terço.

A queda de prestígio do sistema democrático junto aos jovens em todo o mundo justificava-se pela sua dificuldade em voltar a funcionar no essencial: cumprir a promessa de melhorar a vida de todos. Havia uma falta de identificação dos mais jovens com o Estado nacional, que lhes dava pouco ou nada. Com isso, jovens passaram a aderir a comunidades que lhes oferecessem algum tipo de identidade e amparo – incluindo grupos religiosos e o crime organizado.

Esperava-se que as forças progressistas tomassem a iniciativa, criando soluções eficientes contra as distorções do neocapitalismo, mas antes surgiu algo mais parecido com o que se passou nos anos 1930, quando as forças obscurantistas e retrógradas se aproveitaram do medo da população diante das mudanças para avançar.

Ao colocar pessoas antes inacessíveis umas às outras numa praça pública virtual, o meio digital acirrou as divergências e deu novas ferramentas de propaganda, doutrinação e constrangimento da liberdade a grupos radicais. A presença de pessoas ou ideias indesejadas, intervindo num espaço pessoal, acentuava a intolerância. Somada à frustração com os governos do bem-estar social, favoreceu o crescimento do discurso reacionário e segregacionista.

A invasão do "outro" pelo meio digital, tanto no plano individual como no coletivo, levou a uma reação exacerbada, como um mecanismo de autodefesa, tanto no plano virtual quanto no real. Países democráticos reagiram às incertezas levando ao poder forças contra o globalismo, a imigração e as mudanças de comportamento. Tudo que era liberdade passou a ser visto também como incômodo, abuso e ameaça.

Percebendo a nova onda, políticos conservadores em diversos países do mundo prometiam fazer a roda da história girar ao contrário, com um discurso contra a pobreza que passava pelo isolamento político, o segregacionismo social e o protecionismo econômico. Como no passado, a reação tinha como alvo a liberdade, essência da mudança. Para atacá-la, passaram a usar os mesmos instrumentos do meio digital, com a produção e a disseminação de falsas narrativas, a doutrinação e campanhas de intimidação da livre expressão.

Diante do impasse dos sistemas democráticos ao redor do globo, a alternativa do autoritarismo avançou tanto em sistemas democráticos parlamentaristas quanto em presidencialistas. O nacionalismo populista conservador cresceu em países como a Alemanha, onde o Alternative for Germany (AfD) tornou-se o maior partido de oposição. No Parlamento Europeu, novos partidos de extrema direita formaram um bloco, chamado de Identidade e Democracia (ID). Na Itália, cresceu a figura de Matteo Salvini, o demagogo de direita clássico.

Os eleitores frustravam-se com o *establishment* político, preocupados com a globalização, com a imigração e uma certa diluição da identidade nacional, em especial na União Europeia. No Reino Unido, que não chegou a adotar o euro, o conservadorismo aproveitou o desemprego e o medo da imigração para levantar como bandeira política sua saída da União Europeia – o *British exit*, ou somente *Brexit*.

Sem o surgimento de uma solução política negociada em países em conflito permanente, como o Iraque, o Zimbábue, o Paquistão, a Síria e a Venezuela, o conservadorismo nacionalista se espalhou. Em vez de rumar para a liberdade política, como se esperava nos anos 1990, regimes como o da China e da Rússia justificaram a manutenção do autoritarismo pela necessidade da defesa econômica, ainda mais quando o progresso obtido com a globalização começou a declinar.

Na América Latina, os governos populistas de esquerda levaram o continente a uma onda de miséria sem precedentes, com uma população dependente dos favores do Estado. Até que este, exaurido, não conseguiu mais cumprir os programas paternalistas e assistencialistas na escala necessária, o que minou o prestígio das suas lideranças.

Mesmo nos Estados Unidos, onde a política salvacionista de Obama acabou preservando os alicerces do capitalismo globalista, a insatisfação se avolumava. No fim de 2016, ao deixar a presidência, Obama tinha uma aprovação de 59% da opinião pública, de acordo com a pesquisa Gallup de opinião. Isso, porém, não foi suficiente para garantir sua sucessão.

Havia uma nova força de franco-atiradores dispostos a resgatar o reacionarismo e o maniqueísmo político, trazendo o mundo de volta à polarização ideológica entre ativistas de "esquerda" e "direita" e à Guerra Fria dos anos 1960. Tais fórmulas reacionárias propugnavam o fechamento de fronteiras, a expulsão de imigrantes e a defesa protecionista do emprego.

Nada disso, entretanto, detinha a redução do emprego, a concentração de renda e a exclusão social, que germinavam dentro de cada país, em todos os países. Sem mudar as bases da economia capitalista digital, as fórmulas xenófobas e protecionistas eram como ressuscitar o curandeirismo, com seus remédios do passado, assim como seus falsos pajés.

6

O passado como futuro

Filho de um empresário do ramo da construção, o americano Donald Trump sempre foi um personagem midiático, que frequentava as páginas de jornal no mundo inteiro tanto por seus divórcios bombásticos quanto por seus polêmicos negócios. Estes começaram com a construção de edifícios suntuosos, de gosto duvidoso para muitos, mas que serviam à projeção da sua imagem de homem de sucesso e símbolo de um capitalismo que se confundia com ostentação.

Desde os tempos em que Trump levantou o reluzente Trump Building, em Nova York, a vida de magnata – o jato particular, o iate, a mansão de Mar-a-Lago, decorada como um palácio de Versalhes para novos-ricos – não era apenas um desfrute do sucesso. Fazia parte do trabalho – era "marketing pessoal".

Trump enriqueceu ainda mais ao construir dois cassinos em Atlantic City – um tipo de empreendimento que fez dele definitivamente uma estrela *pop* do meio empresarial, promovendo lutas de boxe e festas com personalidades do mundo dos esportes e do *show business*. Graças a essa projeção, às negociações para obter vantagens fiscais do poder público e à iniciativa de buscar dinheiro no mercado de capitais, seus negócios sobreviveram, mesmo abalados por uma aposta pesada demais: a construção do Taj Mahal, em Atlantic City. Inaugurado em 1990, o cassino monumental quase colocou seu império a perder. Acabou sendo vendido em 2014, em meio a dívidas trabalhistas e outras disputas judiciais, e fechou dois anos depois.

Midas chamuscado, Trump procurou retomar a popularidade e a imagem vencedora com um programa de TV. Em *O aprendiz*, *reality show* no qual avaliava funcionários encarregados de alguma missão desafiadora, Trump deu fama ao bordão que lhe conferia a imagem de poder ("você está demitido"). Sobretudo, voltou a ser identificado como um realizador do sonho americano – e aquele que ensinava o caminho aos outros.

Desde cedo, graças a uma autoconfiança que não dispensava a vaidade, Trump ambicionava ser presidente. Chegou a mencionar essa ambição em sua primeira entrevista importante na TV à colunista Rona Barrett, em 1980, quando tinha 34 anos. Várias vezes, ao longo da vida, anunciou seu desejo de entrar para a política – em todas, recuou, até o ponto de cair em descrédito.

Muitos já o consideravam mais um personagem folclórico do que um gênio dos negócios. Para ele, todavia, tornar-se presidente era mostrar mais uma vez que uma coisa (a fama) podia resultar na outra (a vitória). E imaginou que teria chances reais de vencer a corrida presidencial quando, após filiar-se ao Partido Republicano, carente de uma liderança e encolhido diante da popularidade de Barack Obama, viu seus seguidores crescendo de repente nas redes sociais.

A mídia digital, agregada à sua figura de mentor dos "aprendizes" do sucesso, deu-lhe uma oportunidade que talvez ele mesmo já nem esperasse. A partir do Twitter, rede social que funciona como uma caixa postal, com mensagens telegráficas e a possibilidade de marcar leitores, Trump começou a publicar mentiras e provocações, de modo a estimular respostas de um público, surpreendentemente grande, que não se interessava pela verdade – ao contrário, se a verdade contrariava seus interesses, pior para a verdade.

Criou assim uma campanha pedindo a Obama que comprovasse ser americano, apresentando publicamente sua certidão de nascimento. Mesmo contrariado diante da repercussão, Obama cedeu – para um presidente da República, um grande constrangimento.

Obama decidiu, então, revidar na mesma moeda. No tradicional jantar anual para os correspondentes de imprensa na Casa Branca, em 30 de abril de 2011, reservou parte de seu discurso para humilhar Trump, presente na plateia. "Agora que foi esclarecida a questão do meu nascimento, o senhor Trump pode finalmente se dedicar a assuntos mais importantes", disse o presidente. "Como: nós fingimos o pouso na Lua? O que realmente aconteceu em Roswell?" Roswell, para quem não sabe, é a localidade que deu origem a uma famosa lenda sobre o aparecimento de um alienígena nos Estados Unidos.

No discurso, que se tornou célebre por essa passagem, Obama projetou ainda a imagem do que, segundo ele, Trump poderia fazer no governo: uma reforma na Casa Branca que a deixava com o aspecto de um cassino. Para muitos analistas americanos, no lugar de um adversário, Obama criou, na ocasião, um inimigo mortal, decidido a vencer a qualquer preço no mundo político.

Por sua aproximação com os russos no negócio dos cassinos, Trump familiarizou-se com as ideias e práticas de Vladimir Putin, o primeiro a explorar as redes sociais como um instrumento de manipulação da opinião pública e tomar o controle da sociedade pela sua superestrutura digital.

Seu estilo pessoal completou-se com a estratégia desenvolvida para Putin de construir e disseminar falsas narrativas, baseadas em pesquisas sobre os principais interesses ou preocupações das pessoas nas redes sociais. Assim, Trump lançou-se às redes sociais criando factoides, inventando notícias e projetos inexequíveis, como o de construir um muro entre os Estados Unidos e o México com dinheiro do próprio governo mexicano, exigência que beirava a desfaçatez.

Por trás dessa fantasia, estava o plano bastante pragmático de construção de um tipo de liderança política moldada aos novos tempos. Um certo populismo que, assim como na Cuba de Fidel Castro, se apoiava na mobilização constante da população contra causas inimigas, ainda que imaginárias. Com a diferença de que Fidel usava o rádio, e Trump, assim como Putin, tinha o meio digital ao seu dispor para manter no ar um clima permanente de tensão social e medo do inimigo imaginário, mantendo a plateia imantada.

Assim como os europeus, cuja maior preocupação era a intolerância gerada pela imigração de estrangeiros, Trump sabia pelas redes sociais que uma das maiores preocupações dos americanos era a imigração. E o que importava não era a realidade, apenas martelar ideias que despertassem o descontentamento e o reacionarismo do eleitorado americano, colocando-o a seu lado.

Em 2016, ao final do segundo e último mandato de Obama, que não poderia mais legalmente concorrer, Trump lançou-se candidato pelo Partido Republicano – e venceu.

Para muitos, incluindo Obama, foi uma surpresa acachapante. Trump ainda colheu o benefício do questionável sistema eleitoral americano, o mesmo que já tinha dado a vitória a George W. Bush sobre Al Gore. Foi o quinto presidente americano a ir para a Casa Branca mesmo tendo perdido a eleição no cômputo geral do voto popular, com 62,9 milhões de votos, três milhões a menos que Hillary. Ganhou no número de delegados do colégio eleitoral: 304 contra 227.

Porém, não foi o preconceito contra Hillary nem o sistema eleitoral que decidiram a eleição. Poucos avaliaram a extensão da nova força subterrânea que Trump cavalgava e emergiu naquele resultado. Os índices de aprovação do governo Obama enganavam quanto à natureza e o tamanho da insatisfação popular, que deu ao republicano um impulso adicional. Assim como a força que seus métodos podiam galvanizar nas redes sociais.

Ainda não estavam claros os meios pelos quais Trump financiou sua campanha, que trazia indícios de financiamento e influência russa. Para quem conhecia os métodos de Putin, não foi surpresa quando Trump, já no governo, continuou se comportando mais como um agitador partidário do que como um governante da nação, fazendo provocações e ofensas pelo Twitter, de forma a criar divisão e continuar jogando os americanos contra si mesmos.

Manteve os inimigos também num suposto *front* externo. Reafirmou a ideia de construir o muro entre os Estados Unidos e o México para acabar com a imigração ilegal. "Podem ser assassinos, ladrões e tantas coisas mais", disse. A medida não saiu do papel, pela falta de um orçamento aprovado pelo Congresso, mas Trump prosseguiu no seu discurso, prometendo devolver aos países de origem todos os imigrantes ilegais – as pessoas que, nos Estados Unidos, em geral realizavam os serviços menos bem remunerados. "Os Estados Unidos não serão um acampamento de imigrantes, nem uma instalação de abrigo de refugiados", afirmou ele. "Não sob o meu comando."

Era jogo de cena. Em seu primeiro ano de gestão, foram deportados cerca de 15 mil imigrantes ilegais, metade do que no mesmo período do governo Obama. O tratamento dado aos presos por imigração ilegal causou repulsa mundial, quando repórteres registraram que cerca de 2 mil crianças tinham sido separadas de seus pais em apenas seis semanas, na fronteira americana com o México. As imagens das crianças, encarceradas em gaiolas humanas nos centros de detenção, causaram repúdio mundial.

Primeiro, Trump lamentou a situação das crianças, mas atribuiu a situação ao Partido Democrata, que teria criado "essas leis horríveis do passado". "[O país] não pedirá desculpas", disse a secretária de Segurança Nacional, Kirstjen Nielsen, em discurso na Associação Nacional de Xerifes, em Nova Orleans. "As ações ilegais têm consequências."

Chegou-se ao ponto em que a mulher de Trump, Melania, nascida na Eslovênia, pronunciou-se publicamente contra os centros de detenção de imigrantes. "Precisamos ser um país que respeita as leis, mas também um país que governa com o coração", afirmou ela.

Pressionado até pela primeira-dama, Trump cedeu, determinando o fim da separação de famílias na fronteira, antes que o Congresso lhe tomasse a dianteira. Um grupo de advogados passou a trabalhar para reunir as crianças com suas famílias novamente, mas a missão passou a ser considerada quase impossível, pela falta de registros.

Apesar dessa lição, a metralhadora de Trump continuou a girar. Ele autorizou uma série de sanções contra a Venezuela, cujo regime atacou em seu discurso na ONU, em 19 de setembro de 2017, afirmando que "todas as nações do mundo devem resistir ao socialismo e à miséria que ele traz"[25]. Além de proibir empresas americanas de negociar com o país, determinou a apreensão de ativos financeiros nos Estados Unidos da primeira-dama, do vice-presidente e dos ministros das Comunicações e da Defesa venezuelanos.

Ameaçou ainda "varrer do mapa" a Coreia do Norte, em razão da suposta produção de mísseis nucleares. Propôs e efetivou a mudança da embaixada americana de Tel Aviv para Jerusalém, em apoio ao governo israelense contra pretensões palestinas, mexendo em um vespeiro milenar. "Israel é uma nação soberana e tem o direito, como qualquer outra nação soberana, de determinar sua própria capital", disse.

Com isso, Trump desarrumou o perigoso xadrez do Oriente Médio, cujas peças tinham sido acomodadas no tabuleiro em anos anteriores, após grandes esforços diplomáticos. "Flagrante provocação aos muçulmanos de todo o mundo", declarou em nota o corpo diplomático da Arábia Saudita, um dos mais sólidos parceiros dos Estados Unidos no Oriente Médio. Para o presidente da Turquia, Recep Tayyip Erdogan, teria sido melhor Trump "não complicar a situação na região".

Na linha conservadora que ganhava espaço nos países desenvolvidos, Trump passou a defender a revalorização da identidade nacional e a retomada do poder do Estado contra o avanço globalizador. Era o passado como futuro, algo como fazer a Terra girar ao contrário, mas o discurso pegava bem junto ao eleitorado amedrontado com a estagnação econômica e a invasão estrangeira, competindo pelo emprego e rezando de joelhos no mesmo quarteirão dos nacionalistas patriotas.

*

Com a promessa de proteção do mercado e do emprego para os americanos, já eram esperadas desavenças de Trump com a China de Xi Jinping. Nos dois primeiros anos, retaliações comerciais e sobretaxas causaram efeito negativo na balança comercial de ambos os países. Ainda

---

[25] Trump takes aim at Venezuela in U.N. speech. *The Wall Street Journal*, Sept 19, 2017.

assim, os chineses mantinham sua paciência proverbial – e, dessa vez, podiam sustentar uma guerra comercial.

Na era do livre mercado, a China se lançara ao mundo e ganhara força. O país quase não tinha inflação, crescia a taxas extraordinárias e exportava capital. Mandava para fora como excedente, em investimentos externos, cerca de 1,2% do seu PIB, o que aumentava sua presença no mundo. Podia encarar as retaliações americanas. E encarou.

Em 2018, mesmo com o aumento das tarifas sobre os produtos vendidos para os Estados Unidos, o superávit chinês no comércio com o mercado americano alcançou 323 bilhões de dólares, crescimento recorde de 17% em relação ao ano anterior. As indústrias, com a mão de obra barata dos operários chineses, que já roubavam mercados e empregos do resto do mundo, revelaram-se perfeitamente adequadas à era digital, em que os produtos tinham de ser vendidos em larga escala, com preços muito baixos – e, para isso, dependiam da alta eficiência da mão de obra com baixo custo. Graças a essa fórmula, devido ao perfil da sua superpopulação, a China derrubava concorrentes no mundo todo – e forçava a indústria global a mudar sua produção para lá, ou a fechar as portas.

Era fácil para Trump apresentar um inimigo externo, mas essa era apenas parte do problema. Havia um desafio muito maior, consideradas as profundas mudanças da sociedade, inclusive dentro dos Estados Unidos, que afetava diretamente o emprego. Era uma mudança profunda na mentalidade da sociedade tecnológica, que se aproximava, assim como na produção à moda dos chineses, como um neocomunismo.

No capitalismo industrial, voltado para a produção de bens em série, o cidadão trabalhava e comprometia anos de sua renda para comprar uma casa, carro, casa de campo, roupas, e assim por diante. A posse do bem, que dependia de um bom emprego e um bom salário, definia os sonhos do indivíduo e media seu sucesso.

Na sociedade digital, entretanto, a tecnologia favorecia uma série de mudanças de hábito, de comportamento e consumo, surgidas com a possibilidade do *streaming* – o pagamento pelo uso –, que evoluiu muito desde que a música passou a circular dentro do iPod. Nesse modelo, em que o valor não estava mais na posse, e sim no uso, a necessidade de propriedade diminuía, com um efeito direto na estrutura que definia a sociedade de consumo, assim como a sua receita.

Abandonava-se o antigo "consumismo", palavra que ao longo do tempo adquiriu sentido pejorativo, designando os excessos de um mundo vaidoso e supérfluo. Freava-se uma parte da indústria, construída sobre a venda de bens de consumo, que se acumulavam sem uso na garagem. Novos aplicativos criados para o *smartphone*, como Airbnb (hospedagem), Uber (transporte) ou WeWork (co-working), eliminavam despesas, antigos negócios e velhos valores da sociedade industrial. No lugar da posse, ofereciam as vantagens do uso compartilhado de uma grande variedade de bens e serviços que, assim, custavam mais barato, não se depreciavam e mudavam a própria lógica econômica.

A perseguição contínua da facilitação instalava uma visão e uma práxis diferentes na vida individual e coletiva, disseminadas sobretudo entre os jovens. Eles já nasciam dentro de um mundo no qual bens e serviços podiam ser obtidos com o toque de um dedo, e o sucesso podia ser alcançado do dia para a noite. Poucos cogitavam passar trinta anos pagando a hipoteca de uma casa ou trocar de carro a cada dois anos. Já não fazia tanto sentido.

Mudavam valores, instituições e relações, como as de trabalho. Com a redução do emprego, e aumento da prestação de serviços ou do trabalho "terceirizado", surgia um sistema colaborativo horizontal, no lugar da antiga noção hierárquica vertical, em que no topo estava a figura do patrão (o chefe) e embaixo, pela ordem, a dos diretores, gerentes e trabalhadores (os subordinados).

Até mesmo a propriedade, sobre a qual se fundaram os Estados nacionais e o capitalismo, já não era tão fundamental. Mediante a mentalidade segundo a qual seu valor estava no uso, e não na posse, imóveis e bens de consumo perdiam sua condição de objeto de desejo. Diferentemente do que prezava no passado a burguesia capitalista, na Sociedade da Informação o desfrute era mais importante do que a acumulação, levando o hedonismo ao seu ápice.

Para que ter um carro, que se desvalorizava ao sair da concessionária e tinha um custo elevado de manutenção, incluindo impostos, quando se podia usar um serviço de compartilhamento de veículos? Para que comprar uma casa na praia, ou mesmo ir a um hotel, se era possível desfrutar da casa dos outros a preços mais baixos, por meio de aplicativos como o Airbnb, e variar para conhecer mais lugares?

Até mesmo o "sonho da casa própria" das antigas gerações da classe média perdeu importância. Com poucos ou nenhum filho, o profissional do século XXI não tinha a mesma obsessão das gerações anteriores em assegurar a moradia ou deixar patrimônio para a posteridade. Na Sociedade da Informação, não fazia tanto sentido comprar um bem que implicava anos de trabalho árduo para o pagamento da hipoteca, ao final do qual ninguém sabia sequer se estaria vivo.

Casas tinham alto custo de manutenção e, no fim, constituíam um patrimônio perdido, especialmente em uma sociedade na qual muitos casais não tinham filhos, ou imaginavam dificuldades para a transmissão de heranças em famílias com segundos ou terceiros casamentos. Bem mais proveitoso, simples e barato era alugar, sem comprometer capital e, sobretudo, trabalho e tempo. Além disso, num ambiente de constante mudança de emprego, assim era mais fácil trocar de endereço. A mobilidade, isto é, a facilidade de mudar, se transformava em um valor tão ou mais importante que o patrimônio, no cenário de uma vida mais dinâmica e que pedia custos mais baixos.

Apesar do seu discurso anticonsumista, a sociedade digital tornou-se hedonista, utilitarista e consumista ao extremo. Seu conceito de sucesso era menos financeiro e mais relacionado à qualidade de vida – o que incluía ter tempo de lazer para aproveitar o tempo fora do trabalho. Os *workaholics* dos anos 1980 viravam dinossauros.

Deixando para trás a necessidade de ter, o cidadão da era tecnológica colocava no seu lugar a necessidade do saber – e desfrutar. O dinheiro economizado com a compra de bens materiais era empregado em experiências de vida, como a educação e as viagens. Ao pagar somente pelo uso dos bens, sem estar preso a eles, permitia-se mais mobilidade, um conceito que se colava ao indivíduo como o seu *smartphone*. Ganhava-se com outras experiências. Na era da tecnologia, os bens virtuais, a começar pelo conhecimento, eram o maior capital – e também o maior fim.

Aproveitar a vida tomava o lugar do sacrifício pelo trabalho, como discurso fundador de uma geração acostumada à facilidade de acesso a bens e serviços. A lei do menor esforço era mais inteligente e, ao mesmo tempo, conveniente. Consumir menos podia ser uma opção, mas era também uma conveniência ou uma necessidade.

No capitalismo tecnológico, era preciso gastar menos, quando se estava sujeito ao desemprego ou a salários e benefícios reduzidos pela competição. Boa parte das pessoas passava a trabalhar como prestadoras de serviços ou no mercado informal, com ganhos menores ou sem antigos benefícios trabalhistas, como um salário adicional no final do ano e férias remuneradas. O sistema econômico pagava pior, mas também oferecia soluções de consumo mais baratas, dentro de uma sociedade que, de forma geral, se via com recursos mais escassos para todos.

O esforço de *downsizing* – o encolhimento das estruturas organizacionais – somava-se à concorrência com os chineses e à mecanização da indústria para continuar expulsando gente do mercado de trabalho ao redor do planeta.

Isso ocorria mesmo nos países desenvolvidos. Segundo um relatório do McKinsey Global Institute, em 2017, havia 285 milhões de pessoas fora do mercado de trabalho formal nos Estados Unidos e em países mais desenvolvidos da União Europeia. Outros 100 milhões tinham emprego, mas desejavam trabalhar mais. De 30% a 40% da população ativa nos países mais desenvolvidos do Ocidente estava subutilizada.

"Nos Estados Unidos, Europa ocidental e economias avançadas, a renda (de salários e investimentos) ficou estagnada ou caiu para cerca de 2/3 das famílias entre 2005 e 2014, um período marcado por recessão profunda e uma lenta recuperação depois da crise financeira de 2008", afirma o citado relatório. "Os responsáveis pelas políticas dos países afetados tentaram intervir para compensar o aperto, na forma de impostos menores e transferências maiores de renda, mas eles foram uma boia muito menor do que a necessária para conter a recessão e, de qualquer forma, não sustentável."[26]

Em 2018, um levantamento da Organização Internacional do Trabalho (OIT) indicou que 60% dos trabalhadores do mundo se encontravam na informalidade – cerca de 2 bilhões de pessoas, a maior parte em países em desenvolvimento. Isso significava o fim de proteções trabalhistas ou sociais e condições de trabalho menos adequadas.

"Informalidade quer dizer negação de direitos, baixa produtividade e falta de arrecadação tributária", afirmou o chefe de escritório da OIT em Nova York, Vinicius Pinheiro. "As pessoas que estão na informalidade não têm acesso a direitos de segurança social e trabalhistas. Se sofrerem algum acidente, não estarão cobertas com seguro. No caso das mulheres, se engravidarem, não estarão cobertas com o benefício da licença-maternidade."[27] Era difícil assumir compromissos de longo prazo nesse cenário, como hipotecas sobre imóveis e financiamentos de longo prazo.

A tendência era uma depreciação ainda maior do trabalho. Também em 2018, um relatório do Fórum Econômico Mundial, com base em uma pesquisa com 313 empresas de 20 países com presença global, somando no

---

[26] Technology, jobs, and the future of work. McKinsey Global Institute, May 24, 2017.

[27] More than 60 per cent of the world's employed population are in the informal economy. International Labour Organization, April 30, 2018.

total 15 milhões de trabalhadores, indicava que 71% das horas necessárias para a produção de bens e serviços ainda correspondiam a trabalho operário – o restante ficava a cargo das máquinas. Para 2025, porém, projetava-se que o trabalho humano passaria a representar 48% da produção, com 52% para o trabalho automatizado[28].

Na base produtiva, onde se encontravam trabalhadores menos qualificados, é que se disputava o emprego com os imigrantes em países mais desenvolvidos. Todavia, o progressivo desmanche do trabalho formal atingiu também a classe média, formada em grande parte por profissionais de baixa e média especialização, defenestrados com o fim das chamadas "atividades-meio" – como o pessoal de vendas e de administração.

Assim, mesmo países que procuraram intervir por meio do Estado com programas assistenciais não conseguiram deter o impacto da disrupção econômica, com a concentração de renda crescente, criando um punhado de super-ricos de um lado e uma massa de miseráveis do outro. O fechamento de fronteiras e o protecionismo nacionalista de Trump não levavam em conta a complexidade do problema, que não podia ser resolvido simplesmente desconectando seu próprio território do resto do mundo.

Os Estados Unidos eram o primeiro país em que uma quantidade crescente de trabalhadores, sobretudo da classe média, rumava para a economia digital, caracterizada pela informalização, por meio de aplicativos digitais. Estes, por um lado, levavam à destruição dos empregos formais. Por outro, ofereciam aos desempregados a volta ao trabalho na forma de "colaboração" – isto é, a prestação de serviços, sem os antigos impostos e encargos.

Um levantamento do instituto de pesquisas Gallup indicou que, já no final de 2017, uma parcela de 7,3% da força de trabalho americana, cerca de 9,5 milhões de pessoas, trabalhava por meio de aplicativos como Uber, TaskRabbit e Upwork. Outro levantamento, da McKinsey, apontou, em 2018, que um total de 126 milhões de pessoas, cerca de 20% a 30% da população em idade ativa nos Estados Unidos e na Europa, possuía uma renda independente por meio de aplicativos digitais, pela oferta de serviços, venda de produtos ou aluguel de imóveis ou de bens. Entre eles, 15% usavam o carro próprio para prestar serviços de transporte por meio do aplicativo Uber.

---

[28] The future of jobs report. Fórum Econômico Mundial, 2018.

Dos que trabalhavam com aplicativos, somente 30% afirmaram que faziam isso por opção própria. Havia uma fatia de 40% que usava a prestação de serviços pelo meio digital para completar sua renda principal. E 16% diziam depender dessa renda extra para sobreviver. Outros 14% se consideravam prestadores de serviços "provisórios", enquanto tentavam encontrar um emprego tradicional.

Esse cenário indicava o progresso do desemprego e uma queda geral da renda e dos antigos empregos com benefícios conquistados pelos trabalhadores no capitalismo industrial. O emprego clássico, com os benefícios trabalhistas, entrava em processo de extinção, assim como os sindicatos, que perdiam receita com a redução das contribuições e o esvaziamento do seu poder de pressão.

As empresas reduziam o peso do custo da mão de obra e de seus encargos tanto para aumentar o lucro como para ajustar seu tamanho a um mercado consumidor em retração, no qual ainda tinham de enfrentar a concorrência internacional. Havia a alternativa de transferir produtos e serviços com uso intensivo de mão de obra, como fábricas e *call centers*, para a China ou a Índia, países de mão de obra mais barata.

Até mesmo a mão de obra mais qualificada era depreciada. Dentro da economia transnacional, uma empresa sediada em Nova York podia encontrar e contratar um *designer* de talento em qualquer país, por exemplo, de forma a trabalhar para a empresa em todo o mundo, tirando o emprego de alguém que morava na cidade, onde o custo da mão de obra qualificada era dos mais altos do planeta. Não havia mais como criar reservas ou proteção no mercado de trabalho. Como resultado, havia um nivelamento geral da renda por baixo em todo o planeta, que afetava também os países mais ricos.

Assim, a riqueza crescia, porém associada à concentração de renda e à exclusão social em todo o mundo. Com base em dados colhidos em 2017, os 7 milhões de pessoas no grupo dos 1% mais ricos do mundo detiveram 82% de toda a riqueza global gerada naquele ano, segundo a organização não governamental britânica Oxfam, no relatório apresentado no Fórum Econômico Mundial, em Davos, na Suíça, em 2019[29]. Num relatório anterior, de 2016, a Oxfam já apontava que apenas oito bilionários detinham renda equivalente à da metade da população global.

"De certa maneira, estamos no melhor e no pior dos mundos", afirmou o ex-presidente americano Barack Obama, em sua participação no

---

[29] Recompensem o trabalho, não a riqueza. Oxfam, 2019.

Fórum do Cidadão Global, painel realizado no Rio de Janeiro em 5 de outubro de 2017. "O mundo está mais próspero do que nunca, mas isso veio com uma disrupção da indústria e uma onda de estagnação em muitas economias avançadas, levando trabalhadores e comunidades a acreditar que as perspectivas, para eles próprios e para seus filhos, serão piores no futuro."

Não era apenas com a otimização tecnológica e organizacional que as empresas lucravam. "Indivíduos super-ricos e corporações estão pagando taxas de impostos menores do que já pagaram em décadas, enquanto milhões de pessoas lutam para atravessar as ondas de pobreza, e sem serviço de educação e saúde que as ajude a sair da pobreza", assinalou Max Lawson, chefe do departamento de estudos de políticas contra a desigualdade da Oxfam, quando a revista americana *Forbes* publicou sua lista de 2019, com 2.153 bilionários identificados no mundo[30].

Entre março de 2016 e março de 2017, surgiu um novo bilionário no mundo a cada dois dias, em média. Apesar de uma ligeira queda na lista de 2019, com dados referentes a 2018, os bilionários da lista tinham, somados, uma renda anual de 8,7 trilhões de dólares, riqueza equivalente a 4,6 bilhões de pessoas, cerca de 60% da população mundial[31]. Enquanto isso, metade da população mundial vivia com em média 5,50 dólares por dia, de acordo com um relatório do Banco Mundial de 2018[32]. "A desigualdade econômica está fora de controle", apontou a Oxfam, no documento "Time to care".

O empobrecimento geral da população, que devia ser também um problema dos mais ricos, já que estes tinham de viver, de alguma forma, no mesmo mundo, não podia ser resolvido revertendo anos de *downsizing* nas empresas, desligando os sistemas digitais ou fechando portos ao comércio global. "O fim da ameaça socialista, de alguma forma, fez o capitalismo deixar de se colocar amarras ou limites", afirmou Laura Carvalho, economista da Faculdade de Economia e Administração da USP, doutora pela New School for Social Research. "A demanda da sociedade era de que esse sistema fosse estável e entregasse resultados para a maioria da população. Porém, muitos foram deixados de lado, num processo

---

[30] Forbes publishes 2019 billionaires list. Oxfam, May 5, 2019.

[31] Press release: Forbes 33rd annual world's billionaires issue reveals number of billionaires and their combined wealth have decreased for the first time since 2016. *Forbes*, May 5, 2019.

[32] Poverty and shared prosperity 2018: piecing together the poverty puzzle. World Bank. World Bank Publications, 2018.

de desregulação financeira, das relações trabalhistas e de desmonte, em alguma medida, do Estado do bem-estar social, mesmo nos países ricos."[33]

Ao mesmo tempo que trazia grandes capacidades e esperanças, a tecnologia surgia para a humanidade como o enigma da esfinge: "Decifra-me ou te devoro". Os trabalhadores não sabiam bem o que fazer, assim como os empresários, ou mesmo os governos. Fossem de direita, de centro ou de esquerda, formulações do capitalismo industrial tornavam as antigas receitas econômicas para atingir o desenvolvimento sustentável tão antiquadas quanto consertar um carro contemporâneo com peças de um calhambeque.

Sem consciência ou condições políticas de promover uma regeneração da democracia liberal, políticos dos países livres rumavam para as políticas assistencialistas ou simplesmente responsabilizavam culpados de ocasião e oponentes preferenciais. Esse inimigo podia ser a China ou o imigrante, mas jogar a culpa em inimigos reais ou imaginários, elevando a intolerância, era apenas o sintoma da falta de respostas e de capacidade de enfrentamento de uma realidade complexa.

Em cada país, a sociedade reclamava da ineficiência de seu próprio governo e dos governantes, mas a realidade é que não adiantava insistir em controles e fórmulas que não funcionavam – fosse o liberalismo ou o Estado do bem-estar social. A economia já não respondia a fórmulas ligadas a antigas ideologias que os governantes insistiam em executar.

Um novo capitalismo pedia novas soluções, dentro de uma nova lógica, que propiciasse uma riqueza mais inclusiva de todas as camadas sociais, especialmente nos países democráticos. "O crescimento da economia não significa bem-estar", afirmava, em 2019, o ex-presidente brasileiro Fernando Henrique Cardoso. "Concentração de renda e a dificuldade do emprego mostram que temos problemas na sociedade e no sistema produtivo."

*

Ao criar um "sistema assimétrico", na definição dos economistas, originado da desregulamentação geral que permitiu uma liberdade inaudita para empresas transnacionais e o processo de concentração dos negócios, destruindo empregos industriais e do setor de serviços, a globalização substituiu a antiga luta de classes por uma luta contra a exclusão social.

---

[33] "O capitalismo tem jeito?" – colóquio na Fundação Fernando Henrique Cardoso, em 2 de julho de 2019.

Não se tratava mais da exploração do trabalho assalariado, que clamava por justiça e participação nos lucros, ou mesmo pela posse ou participação no capital. Tratava-se, simplesmente, de ter trabalho – e não ser excluído da sociedade e dos direitos que caracterizam a cidadania, como emprego, saúde, segurança e educação.

Estudos comprovaram que a redução do emprego atingia mais os jovens. De acordo com a Organização Internacional do Trabalho (OIT), a taxa de desemprego dos jovens abaixo de 24 anos em 2019 era de 13,6% – a mais alta entre todos os grupos. Segundo a entidade, havia no mundo cerca de 267 milhões de jovens sem emprego, educação ou qualquer tipo de formação educacional. Era um problema do presente, mas que falava mal sobre o futuro[34].

A exclusão de uma grande massa de trabalhadores do sistema, a queda de setores econômicos inteiros e a perda de capacidade dos Estados nacionais de fazer políticas públicas efetivas levaram os desafios emergentes a um ponto crítico. "Houve crescimento econômico, mas ele não chegou a uma parcela enorme dos trabalhadores", afirma a economista Laura Carvalho. "Isso leva a uma perda de legitimidade e a uma crise do próprio sistema democrático. Você deixa de acreditar no papel da democracia em si, no sentido de entregar os resultados prometidos para a maioria."

De acordo com um relatório da Oxfam, as grandes fortunas da segunda década do século XXI vinham não somente do avanço tecnológico, mas também de heranças e rendimentos das empresas em setores monopolizados ou cujas vantagens vinham da relação com os governos. Dessa forma, a concentração da renda estava ligada tanto à detenção de tecnologias quanto a outros mecanismos vampirizadores dos recursos de outros negócios e do Estado. As disparidades gritantes ganhavam força com uma grande transferência de renda de muitos para as mãos de poucos, na forma de uma larga espoliação do dinheiro público.

Indicativo do aumento da disparidade, entre 1980 e 2016 o grupo do 1% mais rico da população do planeta ficou com 27% do crescimento da renda global. No mesmo período, a metade mais pobre do mundo ficou com 13% da riqueza gerada. Sem uma mudança nesses vetores, a concentração de renda tendia a aumentar.

A situação, entretanto, mostrava-se sem solução. Projetando o crescimento econômico para que todos pudessem ganhar 5 dólares a mais

---

[34] Global Employment Trends for Youth 2020: Technology and the future of jobs. International Labour Office. Geneva: ILO, 2020.

por dia, a Oxfam estimava em 2019 que a economia mundial precisaria crescer 175 vezes. O que significava muito mais de tudo, de forma a atender a esse aumento da renda: mais energia, mais transporte, mais alimentos, mais bens duráveis. O volume de dejetos e lixo seria multiplicado. Melhorar o nível de vida de todos, na prática, resultaria num colapso produtivo e ambiental planetário.

O World Inequality Report, publicado em 2018 sob a coordenação dos economistas Lucas Chancel, da Escola de Economia de Paris, e Thomas Piketty, autor do best-seller *O capital no século XXI*, dava um retrato dos efeitos da desigualdade no mundo em cada país. De 1980 a 2016, a fatia de 10% dos contribuintes mais ricos, que detinha 21% da riqueza nacional na Rússia, passou a deter 46%. Na China, essa porcentagem saltou de 27% para 41%. Nos Estados Unidos e no Canadá, os mais ricos, que detinham 34% da riqueza nacional, passaram a ter 47%. Nos países da Europa, onde a concentração de renda cresceu menos, o índice saltou de 33% para 37%.

Nos Estados Unidos, berço das chamadas *big techs*, as gigantes da tecnologia digital, o patrimônio somado das três pessoas mais ricas equivalia ao da metade mais pobre da população norte-americana – isto é, cerca de 160 milhões de pessoas. No Brasil, cinco bilionários detinham patrimônio equivalente ao de 50% da população de renda mais baixa no país, cerca de 100 milhões de pessoas.

Na Europa ocidental de 1980, a parte da riqueza nacional nas mãos de 50% dos contribuintes mais pobres era de 24%; nos Estados Unidos, de 21%. Desde então, o índice permaneceu estável em 22% nos países europeus, de forte tradição social-democrática. E caiu a 13% nos Estados Unidos.

Em 2016, os países com a maior desigualdade social do planeta eram: Brasil (55% da renda nacional nas mãos dos 10% mais ricos), Índia (55%), e as nações do Oriente Médio, onde, em média, esse índice era de 61%. Porém, como em países como a Arábia Saudita quase tudo era monopólio ou concessão do rei, o índice era distorcido e, na prática, ainda maior.

A concentração de renda explicava em boa parte o fato de o Oriente Médio ser o polo de crescimento do fundamentalismo religioso e dos governos que prometiam salvar a população do terrorismo, sem, no entanto, mudar a equação econômica pela qual a miséria se expandia. "A desigualdade econômica está espalhada e, até certo ponto, é inevitável", afirmaram os autores do World Inequality Report. "Acreditamos que seu crescimento não é monitorado e tratado apropriadamente, o que pode levar a catástrofes políticas, econômicas e sociais."

O esforço pelo bem-estar social deixou de ser algo alcançável mesmo nos países mais ricos. A absorção de imigrantes e a necessidade de criar políticas sociais compensatórias exauriram os cofres públicos e deixaram uma conta para o futuro, com a qual a sociedade ainda teria de lidar.

As políticas nacionalistas procuravam a solução clássica para restabelecer a renda, trazendo de volta o emprego – bandeira número 1 de Trump nos Estados Unidos. Porém, não havia solução econômica dentro dos antigos padrões capaz de funcionar no neocapitalismo tecnológico.

Havia muitos exemplos de que o protecionismo não funcionava, uma vez que a geração da crise era tanto interna quanto externa. Em novembro de 2018, decorridos dois anos sob a égide do governo Trump, a General Motors anunciou sua intenção de fechar cinco fábricas nos Estados Unidos e no Canadá, demitindo mais de 14.000 funcionários – cerca de 15% de seus quadros. Havia várias razões de mercado para isso: a queda na venda de carros de passeio no país, com o crescimento dos transportes públicos ou compartilhados por meio de aplicativos digitais, como o Uber; uma geração mais consciente do impacto ambiental do veículo individual de transporte; e o declínio da cultura de compra de carro como patrimônio ou símbolo de posição social. Tudo isso implicava a redução de vendas que afetava a companhia tanto dentro quanto fora dos Estados Unidos, que forçava o corte de empregos globalmente.

A GM fechou linhas inteiras de veículos, como a do Cruze, um de seus principais produtos, cujas vendas caíram quase 30% no ano. Além dele, foram marcados para acabar o Impala, o Volt, o Cadillac CT6, o XTS e o Buick LaCrosse. Com 6 bilhões de dólares de economia, o foco ficou na produção de SUVs e utilitários.

Ao ver periclitarem suas promessas de criar emprego, protegendo a economia americana, Trump se irritou. "Eles dizem que o Cruze não está vendendo bem", disse o presidente. "Ora, coloquem outra coisa no lugar." Sugeriu que a empresa fechasse suas fábricas na China e que as trouxesse para os Estados Unidos, sob a ameaça de cortar os "subsídios" que a montadora recebia no mercado americano.

A ideia virou piada. "Trump ameaça cortar os subsídios à GM", escreveu a revista americana de negócios *Fortune*. "Mas que subsídios?" O único benefício governamental americano ao setor automobilístico era o que permitia um desconto aos consumidores na compra de carros elétricos, que não valia somente para a GM, mas também para todas as empresas do mercado.

Mesmo em outros países em que a GM tinha se instalado solidamente, o negócio enfrentava os mesmos problemas. No Brasil, a montadora era líder de mercado, com o carro mais vendido nos quatro anos anteriores. Em 2018, o Chevrolet Onix teve 210.458 unidades vendidas, o dobro do segundo colocado, o Hyundai HB20, com 105 mil unidades. Somente naquele ano, as vendas do Onix haviam crescido 11,5% em relação a 2017. Ainda assim, a presidente mundial da montadora, Mary Barra, avisava que a companhia iria rever suas operações no país e em toda a América do Sul, porque não podia "investir para perder dinheiro", segundo publicou o *Detroit News*, jornal da cidade da matriz.

O caso da GM era importante, também como sinal do rumo industrial. Apesar da grande massa de consumidores potenciais fora do sistema, o mundo, a começar pelos Estados Unidos, encarava a possibilidade de que o progresso não significava mais o crescimento de vendas de forma contínua e infinita, com mais geração de emprego. No passado, as empresas estabeleciam metas de vendas e crescimento a cada ano e, mesmo nos períodos de crise, contava-se com a esperança de que, cedo ou tarde, o mercado voltasse a crescer.

Pela primeira vez, cogitava-se que a produção industrial fosse, afinal, começar a encolher, por força de vários fatores: as mudanças de hábito de consumo, da própria maneira de fazer, permitida pelos novos meios tecnológicos, ou pelo limite da expansão da economia num cenário de recursos planetários esgotáveis.

7

O inimigo invisível

Apesar das evidências de que o mundo estava mudando, a saída protecionista era a mais simples, além de ser o canto da sereia para os políticos que precisavam dar respostas imediatas e imediatistas à população ameaçada e insatisfeita.

Em seu discurso na ONU, no dia 24 de setembro de 2019, o presidente Trump atacou as empresas de tecnologia digital, que estariam tentando restringir a "liberdade" da internet. E defendeu o fechamento das fronteiras, não apenas dos Estados Unidos, como também de países democráticos ao redor do mundo.

"Líderes sábios sempre colocam o bem do seu próprio povo e de seu próprio país em primeiro lugar", pontificou. "O mundo livre deve abraçar seus alicerces nacionais. O futuro não pertence aos globalistas. Pertence aos patriotas."

Para ele, a crise mundial seria resolvida com uma volta atrás, ainda que isso não combinasse com a liberdade do trânsito da informação que ele próprio preconizava. Na ONU, criticava o mesmo estratagema tecnológico do qual havia se beneficiado na campanha eleitoral. "Essas ideologias totalitárias, combinadas com a tecnologia moderna, têm o poder de fomentar novas formas perturbadoras de supressão e dominação", disse. "Por essa razão, os Estados Unidos estão tomando medidas para monitorar melhor a tecnologia e investimentos estrangeiros e proteger nossos dados e nossa segurança. Apelamos a todas as nações para fazerem o mesmo. Liberdade e democracia devem ser constantemente guardadas e protegidas, tanto no exterior quanto no interior do país."

O passado não detém o futuro, mas pode ser utilizado para aumentar a intolerância daqueles que resistem às mudanças e acham que assim podem se proteger delas. Eleito com base na promessa de restabelecer o emprego para os americanos, já no início de seu governo Trump fez o que fizeram todos os governos em seu país nos tempos de crise: mandou baixar os juros. O Fed reduziu as taxas em um quarto de ponto, deixando-as numa faixa entre 2% e 2,25%. Com isso, Trump queria enviar o dinheiro dos investimentos da renda fixa para o consumo ou o capital de risco – o mercado. E ativar a economia.

No governo Obama, já se sabia que o mercado reagia pouco a esse tipo de medida. Porém, ela foi considerada necessária como um ajuste preventivo contra uma redução da atividade econômica, no momento em que Trump se lançava numa guerra tarifária, sobretudo contra a China, para proteger a produção industrial dentro dos Estados Unidos. "[Tomamos essa medida] à luz das implicações da evolução mundial para o cenário econômico, bem como a baixa pressão inflacionária", disse o presidente do Fed, Jerome Powell.

Também em nome da preservação do emprego para os americanos, Trump decretou proteção comercial às indústrias do aço, do alumínio e da carne. Esse movimento aumentou a tensão externa com a China, um parceiro comercial de quatro décadas, colocada na condição de inimigo comercial e ideológico.

O endurecimento comercial causou reações contrárias na mesma proporção. Em 2018, a China elevou em até 25% as tarifas sobre 128 produtos americanos, de carne suína congelada a vinho e frutas. O reajuste incidiu sobre um volume de cerca de 3 bilhões de dólares de produtos exportados por empresas americanas ao mercado chinês.

"A suspensão pela China de suas concessões tarifárias é uma ação legítima adotada sob as regras da Organização Mundial de Comércio para proteger seus interesses", afirmou, em nota, o Ministério das Finanças chinês. "Funcionários de alto escalão dos Estados Unidos afirmam que a era da rendição de seu país acabou, mas acho que se equivocam. São a sua intimidação econômica e sua hegemonia que terminaram", declarou a porta-voz da chancelaria chinesa, Hua Chunying. "Ações tomadas fora de processos coletivos aumentam grandemente o risco de escalada em confrontos que não terão vencedores, e podem rapidamente levar a um sistema de comércio menos estável", lamentou o então diretor-geral da OMC, Roberto Azevedo.

Guiado pela volúvel reação do público que o seguia no Twitter, Trump podia se mostrar como o grande promotor tanto da paz quanto da guerra. Na segunda semana de abril de 2018, ordenou um ataque de mísseis contra alvos na Síria, onde o regime de Bashar al-Assad estaria utilizando armas químicas internamente para debelar a oposição ao seu governo. No Congresso americano, Trump colheu protestos novamente, pela forma como decidiu entrar na guerra, sem consultar o Parlamento. "Temos um presidente, não um rei", afirmou o senador democrata Tim Kaine, da Virgínia[35].

Depois de prometer o apocalipse para os coreanos do Norte, Trump aproximou-se do seu premiê, Kim Jong-un, numa guinada surpreendente. Deu início a um acordo para o desarmamento nuclear da região, anunciado após um encontro em Singapura, em 13 de junho de 2018. "Mísseis e foguetes não estão mais voando em todas as direções, os testes nucleares pararam, houve o desmantelamento de centros nucleares, nossos reféns foram soltos e os restos mortais de nossos soldados [na guerra da Coreia] voltaram para casa", disse ele.

Trump recebeu uma enxurrada de críticas por sua participação na entrevista coletiva que sucedeu ao encontro em Helsinque, na Finlândia, com o presidente russo Vladimir Putin. Diante de Putin, disse acreditar nos russos, que, segundo eles próprios, não tentaram interferir nas eleições americanas para beneficiá-lo – o contrário do que as agências de inteligência americanas haviam apurado. "Não vejo qualquer razão para a Rússia interferir nas eleições", disse ele, após ganhar uma bola de futebol do presidente russo. "Queria que Trump vencesse porque ele falou na normalização das nossas relações", comentou Putin, após garantir nunca ter interferido e que não iria interferir "jamais" na política interna americana.

A investigação independente sobre os indícios da influência russa na eleição tinha criado uma lista com 12 russos a serem interrogados. Putin disse que só permitiria que fossem ouvidos se a Rússia pudesse também interrogar americanos que estavam no radar de seu sistema de inteligência. "Temos que nos apoiar em fatos, não em boatos", disse ele.

A imprensa americana deu destaque a todos os que classificaram a participação de Trump em Helsinque como uma "vergonha". Por sua postura ao lado de Putin, Trump teria passado recibo de subserviência, contra os interesses nacionais[36].

A diplomacia de Trump repetia o antigo *big stick* da política americana, porém o porrete dirigia-se somente aos países que

---

[35] Sen. Tim Kaine on "illegal" Syria strike: "We have a president, not a king". CBS News, April 16, 2018.

[36] 'Shameful,' 'treasonous,' 'disgraceful': Trump slammed from all sides for news conference with Putin. NBC News, July 16, 2018.

interessavam, assim como aos organismos internacionais que atuavam na moderação das políticas globais. O presidente americano criticou o Conselho de Direitos Humanos da ONU, que os Estados Unidos abandonaram em junho de 2018, e que, para ele, protegia "abusadores". "Não voltaremos até que ele seja reformado", avisou. "Nós rejeitamos a ideia de globalismo e aceitamos a ideia de patriotismo", disse ele.

O acordo com a Coreia do Norte provou-se jogo de cena. "Não há mais acordo nuclear com a Coreia do Norte", tuitou o próprio presidente, apenas um dia após a assinatura do tratado, em 13 de junho de 2018. A Coreia do Norte recomeçou os testes nucleares em maio de 2019. Contudo, Trump voltou a agir como se o acordo estivesse valendo. "Kim Jong-un é esperto demais e tem muito mais a perder – tudo, na verdade –, se agir de forma hostil", escreveu o presidente, mais uma vez pelo Twitter. "Ele assinou um forte acordo de desnuclearização comigo em Singapura. Ele não quer frustrar sua relação especial com o presidente dos Estados Unidos ou interferir..."[37]

Ainda que não abertamente, até mesmo os republicanos começaram a se juntar aos democratas nas suas preocupações. Levantava-se entre os americanos a suspeita de que as iniciativas do presidente visavam menos resolver questões de política internacional do que criar novas crises para colocar em segundo plano os escândalos internos.

E eles não eram poucos nem pequenos.

*

Políticos de perfil populista como Trump, nos Estados Unidos, e Jair Bolsonaro, que assumidamente o imitava no Brasil, usavam as redes sociais para questionar o sistema e quebrar limitações impostas pelo sistema democrático. Governando pelo Twitter, alegavam estar em contato direto com a população pelas redes sociais. E a vontade do povo, interpretada por eles, deveria prevalecer. Era o mesmo discurso de Putin na Rússia, sinal de que havia mais em comum agora entre os antigos antagonistas do que o tráfego comercial.

O efeito disruptivo da tecnologia na economia ocorria também nos sistemas políticos. "A tecnologia digital tem mais impacto do que a invenção da imprensa por Gutenberg, porque alimenta o sentimento de que tem

---

[37] TAYLOR, Adam. Why Trump's 'strong denuclearization agreement' with Kim Jong Un turned out to be so weak. *The Washington Post*. Dec 9, 2019.

de haver uma expressão imediata das preferências"[38], afirmou Dominique Reynié, da Fondation Pour L'Innovation Politique (Fondapol), um *think tank* francês dedicado ao estudo da imigração e da renovação democrática.

O tamanho da crise econômica, a necessidade de respostas imediatas e a possibilidade de manifestação exigiam uma velocidade de resposta política que os sistemas representativos, desenvolvidos para o capitalismo industrial no século XVIII, ainda não tinham. O uso das redes sociais nas campanhas eleitorais e depois no poder trazia novas necessidades – e novos e grandes dilemas.

As investigações do serviço de inteligência americano sobre a manipulação na eleição de Trump com o uso do meio digital avançaram, levando a um inquérito criminal. Ex-assessores do presidente colaboraram, por meio de acordos de delação. Apareceram as atividades da Cambridge Analytica, empresa com sede em Londres, especializada na coleta e análise de dados privados dos usuários das redes sociais para identificar seus interesses.

Dessa forma, ela criava mensagens políticas sob medida para pessoas que nem sequer sabiam estar sendo vigiadas e assediadas como alvos de campanha. A Cambridge Analytica atuou nas campanhas do Brexit, plebiscito que, em 23 de junho de 2016, resultou na decisão do Reino Unido de sair da Comunidade Europeia. E despertou a preocupação dos parlamentares britânicos em relação à legitimidade da votação.

Christopher Wylie, cientista computacional canadense de 28 anos, revelou aos jornais *The Guardian* e *The New York Times* como extraiu informações privadas de 50 milhões de pessoas do Facebook, que detinha grande e variado volume de dados pessoais de usuários. Por meio da identificação espontânea nos seus perfis, utilizados para fazer amigos, os frequentadores do Facebook indicavam hábitos de consumo e comportamento. Graças ao uso desse conteúdo, políticos como Trump podiam dar a resposta imediata que a população queria, com as palavras que a maioria esperava, detectadas da mesma forma que as preferências de compra dos consumidores no varejo virtual.

Só que o eleitor ainda não sabia disso.

Para o Ministério Público americano, o desvirtuamento do uso da informação fornecida pelos usuários das redes sociais para outras finalidades configurava invasão de privacidade. Utilizar o meio virtual

---

[38] Palestra sobre o estudo "Democracias sob tensão", no Instituto FHC, em 13 de dezembro de 2019.

silenciosamente como um instrumento político para analisar necessidades, afinar discursos e influenciar o jogo eleitoral sem conhecimento do público era trapaça.

A justiça americana passou a investigar o caminho do dinheiro de campanha. As evidências de que parte da campanha eleitoral de Trump na internet foi financiada com dinheiro russo tornaram-se mais fortes. Por trás do esquema de Trump na internet, levado adiante por seu marqueteiro digital, Steve Bannon, estavam hackers e tecnólogos digitais que já tinham espionado para os russos.

Os investigadores descobriram que os assessores de Trump passaram 75 milhões de dólares de contas *off shore* para os Estados Unidos, vindos de consultores políticos da Ucrânia, que tinham contato direto com o presidente Viktor Yanukovych, aliado de Putin. Utilizaram ainda a compra de 30 milhões de dólares em imóveis e artigos de luxo como lavagem de dinheiro para internalizar os recursos no país.

Além de envolver fraudes bancárias, a participação russa na campanha de Trump expunha uma influência na eleição irregular do ponto de vista legal e moralmente inaceitável. O cerco apertou. O ex-chefe de campanha de Trump, Paul Manafort, foi condenado por fraude financeira e fiscal. Sonegou impostos pelo que recebeu em consultoria para políticos ucranianos pró-Rússia, primeira denúncia apresentada à justiça pelo procurador Robert Mueller. O advogado pessoal de Trump, Michael Cohen, afirmou, entre outras coisas, que sabia antecipadamente da publicação pelo WikiLeaks de e-mails *hackeados* do Partido Democrata para prejudicar a campanha de Hillary Clinton.

Cohen ainda cometeu perjúrio, por negar, contra evidências, ter ido a Praga em 2016, durante a campanha presidencial, viagem na qual teria negociado apoio financeiro russo para a eleição de Trump, além da construção de uma Trump Tower em Moscou. Em seu depoimento a uma comissão de deputados, Cohen mostrou que o elo de confiança com o presidente tinha sido cortado: chamou seu ex-patrão de "racista", "vigarista" e "trapaceiro".

Demitido por Trump logo no início do governo, o ex-diretor do FBI James Comey insurgiu-se contra a intenção do presidente de controlar as investigações que corriam contra ele. "O presidente é antiético e descolado da verdade ou de valores institucionais", afirmou Comey, no livro que publicou após sua saída, *A higher loyalty*[39] ("Uma lealdade maior"). "Seu

---

[39] COMEY, James. *A higher loyalty: truth, lies, and leadership.* Flatiron Books, 2018.

estilo de liderança é baseado em transações, tem seu ego no centro e exige lealdade pessoal."

Durante as investigações, a Cambridge Analytica afastou seu CEO, Alexander Nix. Uma reportagem do Channel 4, canal britânico, mostrou gravações em que Nix afirmava ter utilizado o pagamento de propina, ex-espiões, informações mentirosas e até prostitutas para controlar políticos. No material gravado pela reportagem, um jornalista se passava por alguém interessado em influenciar eleições no Sri Lanka. Na gravação, Nix afirmava, sobre o material que usava: "Não precisa ser verdade, só precisa que as pessoas acreditem".

Mark Zuckerberg, dono do Facebook, rede que os *hackers* utilizavam para montar bancos de dados de seus usuários, foi posto contra a parede. "É hora de Mark Zuckerberg parar de se esconder atrás de sua página no Facebook", disse o deputado conservador britânico Damian Collins, em Londres. Em abril de 2018, um assustado Zuckerberg compareceu para depor diante da comissão do Senado americano responsável por investigações sobre comércio, ciência e transportes. "Ficou evidente que essas plataformas não conseguem cuidar de si mesmas", afirmou a senadora americana Amy Klobuchar, do braço trabalhista do Partido Democrata em Minnesota.

Em sua defesa, Zuckerberg sustentava que as pessoas dividiam suas informações voluntariamente. Porém, elas eram reservadas a amigos autorizados, sem outro propósito, incluindo a participação em um banco de dados para a propaganda política. "Esse episódio [da Cambridge Analytica] claramente nos feriu e evidentemente tornou mais difícil alcançar a nossa missão social", disse Zuckerberg. "Nós, agora, teremos muito trabalho para reconstruir a confiança [no Facebook]."

As revelações sobre a campanha eleitoral, somadas ao próprio governo, aumentaram a rejeição a Trump. Ao final de 2018, o Partido Republicano sofreu pesada derrota quantitativa e qualitativa nas eleições estaduais e para o Congresso nacional – sinal de que a sociedade americana começava a reagir contra a rede de mentiras, intrigas e preconceitos espalhados pelo presidente.

Computadas as urnas, além de manter todos os estados que já governavam, como Nova York, Pensilvânia, Minnesota e Rhode Island, os democratas tomaram o governo de sete estados antes republicanos: Novo México, Illinois, Kansas, Nevada, Maine, Michigan e Wisconsin – nestes dois últimos, Trump fora majoritário na eleição de 2016. Os democratas ficaram ainda com a maioria na Câmara dos Deputados: 219, contra 193 republicanos, das 435 cadeiras em disputa.

Para não dizer que a derrota foi completa, o Partido Republicano ampliou em três cadeiras sua maioria no Senado – reduto do conservadorismo pró-Trump. Ficaram ainda com 25 governos estaduais, três a mais que os democratas. Em nome das aparências, Trump bateu no peito. "Tremendo sucesso esta noite!", tuitou ele (Business Insider, 7/11/2018). A imprensa deduziu que ele não mudaria por conta daquele resultado. "Apesar de perder a Câmara dos Representantes e dar aos democratas a primeira carimbada na faixa do presidente, parece improvável que a eleição force a Casa Branca a retrair o tom incendiário do presidente", afirmou a rede de notícias CNN[40].

Além de dar mais cadeiras aos democratas, os americanos marcaram a eleição como um voto contra a intolerância, ao reafirmar avanços sociais e históricos, numa clara mensagem contra o discurso isolacionista e discriminatório de Trump. Elegeram, no Colorado, um candidato assumidamente homossexual, Jared Polis, que venceu o republicano Walker Stapleton. Deputado federal desde 2009, Polis declarou que sua vitória foi "um dedo no olho" do vice-presidente americano Mike Pence, seu adversário regional, que teria "uma ideia muito pouco inclusiva dos Estados Unidos".

O Partido Democrata ainda colocou mais mulheres nos governos estaduais. No Kansas, Laura Kelly, adversária da política de Trump contra os imigrantes, derrotou o republicano Kris Kobach. No Maine, Janet Mills tornou-se a primeira mulher a governar o estado. Os eleitores americanos também colocaram no Congresso as duas primeiras deputadas indígenas da história: Sharice Davids, que nasceu na Alemanha, mas é descendente de americanos nativos, gay e ex-lutadora de MMA do Kansas, e Debra Haaland, diretora para o voto dos nativos americanos da campanha de Barack Obama em 2012.

Foram eleitas ainda duas muçulmanas: Rashida Tlaib (Michigan) e Ilhan Omar (Minnesota). Tlaib já pertencia à Assembleia Legislativa estadual – ganhou notoriedade em 2016 por interromper um discurso de Trump em Detroit. Omar era refugiada da Somália nos Estados Unidos desde os 12 anos de idade e defendia palestinos contra as políticas de Israel.

---

[40] LIPTAK, Kevin; ZELENY, Jeff. Trump must reckon with new realities in wake of the election. CNN, Nov 8, 2018.

A onda inclusiva sofreu derrotas. Na Flórida, que tradicionalmente vinha decidindo as eleições americanas, Ron DeSantis venceu por estreita margem o democrata Andrew Gillum, que buscava ser o primeiro negro a governar o estado. Em Vermont, Christine Hallquist, transexual, foi derrotada pelo republicano Phil Scott. Ainda assim, no conjunto, o eleitorado lembrou o governo federal de que a onda conservadora tinha uma oposição de grande tamanho – e poder.

*

Apesar do aviso, Trump de fato manteve a constante produção de provocações, factoides e mentiras, mesmo rebatidos em avalanche pela imprensa. Ainda que utilizasse tecnologia avançada, seu método continuava seguindo o de políticos como Fidel Castro, com seus discursos diários pelo rádio e depois pela TV cubana, por vezes de sete horas ou mais, o que fez por mais de cinco décadas. Lembrava também o do ministro da propaganda nazista, Joseph Goebbels, que entre 1933 e 1945 praticou alguns princípios da mesmerização política, como a criação do inimigo único, para mobilizar seus seguidores contra um objetivo claro. Também disseminava a ideia do perigo da expansão do oponente (o "princípio do contágio") para manter o público sempre mobilizado. Exagerar fatos, provocando desconfiança, disseminar más notícias, criando o temor, e vulgarizar as ações do adversário eram outras das técnicas da propaganda nazista.

Com os meios digitais, essa máquina da intolerância ganhava ferramenta nova e de grande alcance. A comunicação digital é entre pessoas, mas, por trás da tela dos celulares, é matemática – e o uso que os vendedores de bens ou serviços faziam dela passou a ser adotado também pelos operadores políticos. Estes passaram a aproveitar a criação de *clusters*, ou "bolhas" de gente com os mesmos interesses, identificados por algoritmos, para enviar mensagens políticas com grande precisão, aumentando sua eficiência. A política tornava-se outro mercado, para o qual enviavam-se ofertas daquilo que as pessoas estavam propensas a gostar.

Reunindo o vasto conjunto de informações sobre pessoas (o *big data*), os tecnocratas digitais descobriam quais eram as insatisfações que causavam as piores reações, de forma a explorá-las de acordo com seus interesses. Fabricavam teorias da conspiração e *fake news* contra inimigos reais ou imaginários, que, no caso americano, podiam ser, por exemplo, o imigrante mexicano, o terrorista islâmico ou a China.

Esse tipo de campanha orquestrava mensagens de forma a parecerem manifestações espontâneas de usuários das redes sociais, ativistas que se organizavam como milícias digitais. Da mesma forma com que mensagens eram anteriormente gravadas para vender produtos por telefone, robôs digitais disparavam mensagens como se fossem pessoas verdadeiras, interagindo por meio de respostas programadas para perguntas frequentes.

Com isso, as campanhas ou pesquisas podiam alcançar milhões de pessoas, muitas das quais não saberiam distinguir entre milicianos digitais, robôs e gente de verdade – a perversidade da fraude. Em abril de 2020, por exemplo, em apenas dois dias, 238 mil perfis da rede de propaganda em favor do presidente Jair Bolsonaro dispararam no Twitter 1,6 milhão de postagens contra o então presidente da Câmara dos Deputados, Rodrigo Maia, com um índice de 93% de automação, de acordo com um levantamento da consultoria Bites. A campanha levou a *hashtag* #ForaMaia ao topo dos *trend topics*[41].

As campanhas não se concentravam mais nos períodos eleitorais. Governantes como Trump seguiam o exemplo russo: valiam práticas antiéticas e imorais, quando não ilegais, incluindo agressões a figuras públicas e desculpas absurdas para erros, em geral jogando a responsabilidade para adversários políticos. Tal conteúdo não tinha o menor fundamento, mas, com a repetição, sempre deixava seu substrato. Era outro método do nazismo, em cujo receituário estava a ideia de que "uma verdade é uma mentira repetida milhares de vezes", o que as redes sociais tornavam bem fácil, rápido e eficiente.

Dessa forma, dentro da tecnologia criada para a liberdade, trabalhava um inimigo invisível da própria liberdade. Além de inventar fatos e números, era preciso atacar as instituições democráticas, especialmente a imprensa livre. Trump e outros políticos, como Boris Johnson, no Reino Unido, e Bolsonaro, no Brasil, atacavam os veículos de comunicação, de forma a desacreditá-los, para instalar no seu lugar a realidade que desejavam.

Manter essa posição exigia uma movimentação constante. "A cada dia, surgia uma gafe, uma polêmica, a eclosão de um escândalo", escreveu o cientista político franco-italiano Giuliano Da Empoli, autor de *Os engenheiros do caos*, sobre a importância dos algoritmos no avanço dos neopopulistas. "Mal se está comentando um evento, e este já é eclipsado

---

[41] GOMES, Bianca. Maia sofre maior ataque do ano nas redes sociais. *O Estado de S.Paulo*. 18 abr. 2020.

por outro, numa espiral infinita que catalisa a atenção e satura a cena midiática."[42]

Com o volume de conteúdo disparado pelas redes sociais direto para os *smartphones*, "os defeitos e vícios dos líderes populistas se transformam, aos olhos dos eleitores, em qualidades", escreveu o italiano. "Por trás das aparências extremadas do carnaval populista, esconde-se o trabalho feroz de dezenas de *spin doctors*, ideólogos e, cada vez mais, cientistas especializados em *big data*, sem os quais os líderes do novo populismo jamais teriam chegado ao poder."[43]

Empoli enxergava esse mecanismo por trás do avanço do conservadorismo em todo o mundo, utilizado por movimentos como o Cinco Estrelas, na Itália, e o bolsonarismo, no Brasil. Steve Bannon, artífice da campanha de Trump em 2016, foi recrutado por Bolsonaro e seus filhos na eleição presidencial brasileira de 2018. Para Empoli, Bannon era o "Trótsky da revolução populista" – referência a Leon Trótsky, um dos líderes da Revolução Russa, de importância comparável à de Lenin.

Nas redes sociais, ideólogos conservadores transformavam-se em astros populares, como Olavo de Carvalho, mentor dos filhos de Bolsonaro, que teve "alunos" colocados em postos-chave do governo. Seu alvo não era somente a esquerda socialista, e sim o sistema – a democracia liberal histórica, que, depois da derrocada do comunismo soviético, criara uma ditadura de empresas todo-poderosas. A solução vislumbrada por esses ideólogos era utilizar as redes digitais para chegar ao poder, navegando na onda da revolta com o fracasso do Estado social.

Uma vez tomado o poder, a tarefa passava a ser o fortalecimento do Estado contra as corporações tecnocratas e os mecanismos democráticos que atuavam em defesa do sistema. Munidos de uma superioridade dogmática, ofendiam ou menoscabavam pessoas com opiniões ou posições políticas divergentes, usando a agressividade verbal para constranger forças contrárias. Dessa forma, o neoconservadorismo não só passava como uma motoniveladora sobre as minorias e as virtudes democráticas, como também atropelava a educação mais elementar.

Além da imposição de um discurso hegemônico, o neoconservadorismo utilizava a negação da realidade como forma de minar o sistema democrático na sua base, que é a da razão. Como a razão iluminista estabelece o princípio da igualdade em todas as pessoas, tratava-se de destruir a sua essência. Para

---

[42] DA EMPOLI, Giuliano. *Os engenheiros do caos*. Vestígio, 2019.
[43] Ibidem.

isso, os neoconservadores defendiam e repetiam ideias farsescas, desde que fossem do seu interesse. Criava-se a "pós-verdade". Para eles, a Amazônia podia queimar, mas não havia incêndio. Chegou-se a difundir o "terraplanismo" – a convicção de que a Terra é plana. A subversão da realidade servia para minar o sistema democrático. Se a lógica do sistema não favorecia o grupo, combatia-se não apenas o sistema, como também a própria lógica.

Ao ofender o realismo e desafiar a sensatez, o neoconservadorismo buscava emular emoções primárias, especialmente a raiva, de modo a canalizá-la contra o inimigo em comum – e impor o controle social. Emulada no ambiente virtual, ou levada para manifestações de rua, a intolerância se transformava novamente no motor para um novo poder, com uma força e perversidade com que o antigo nazismo nem podia sonhar.

*

A pós-verdade ganhou mais adesão graças a um fenômeno inerente ao desenvolvimento da tecnologia digital. Na democracia do planeta analógico, aceitava-se haver várias versões sobre um fato e admitia-se a convivência de opiniões diferentes. A resolução das divergências se dava pelo voto e com a fórmula consagrada da maioria de dois terços ou, mais comumente, da maioria simples, ou 50% mais 1. O meio digital, porém, instalou na sociedade uma nova forma de pensar.

No meio digital, as pessoas passaram a se acostumar com as escolhas rápidas e personalizadas, que alcançaram a individualização e a satisfação quase instantânea de seus desejos. Podiam configurar *playlists* com músicas escolhidas conforme seu gosto, escolher a cor e os acessórios para personalizar um carro, ou procurar um parceiro amoroso com afinidades que chegavam perto dos 100%.

O mundo otimizado, que colocava em primeiro plano o atendimento pleno das necessidades individuais, induzia o cidadão a acreditar que cada ponto de vista, assim como o que gira ao seu redor, é, em si, verdadeiro. Com notícias e produtos entregues à *la carte* na sua *timeline*, adequados pelo sistema ao seu perfil, interesses e ponto de vista, e ainda empoderado pela capacidade de se expressar e alcançar potencialmente um grande contingente de pessoas, cada indivíduo passou a ser o centro de seu próprio mundo.

O meio digital decretou, dessa forma, uma horizontalidade jamais vista nas relações humanas. O presidente da República tuitava no mesmo ambiente virtual que o cidadão. Um garoto podia virar, em pouco tempo, um *youtuber* de sucesso, com milhões de seguidores. A imprensa deixa de ter o monopólio da difusão da informação e também da sua interpretação.

Nessa "igualdade virtual", a "aceitação da existência de diferentes visões" passa a ser a "aceitação de diferentes visões", conforme observou o professor D. A. Carson, pesquisador do Novo Testamento da Trinity Evangelical Divinity School, do Illinois[44].

A diferença é sutil, mas leva a consequências profundas. Pela primeira vez na tradição democrática, no lugar do reconhecimento do direito de outras pessoas de pensar – e mesmo agir – de forma diferente, e de que todos os pontos de vista devem ser igualmente respeitados, surgiu um ambiente em que todos os pontos de vista passam a ser verdadeiros, ou pelo menos tão verdadeiros quanto os outros.

A pós-verdade tornou-se a verdade de cada um, que ninguém tem o direito de desmentir, seja qual for. "De permitir a livre expressão de opiniões contrárias, passamos para a aceitação de todas as opiniões", afirmou Carson. "Se permitíamos a articulação de crenças e reivindicações com as quais não concordamos, passamos a afirmar que todas são igualmente válidas."[45]

Esse cenário em que todos os indivíduos devem ser atendidos e têm razão colocou em xeque a mecânica do sistema representativo, criado para a superação do fato de que as unanimidades são raras. Fez cair a aceitação tácita de que as decisões da maioria devem ser acatadas, em nome de alguma governabilidade — com a promessa de que a maioria pode mudar, se houver convencimento bastante para isso.

No cenário em que a verdade de cada um é a verdade, cabia até mesmo a legitimação do negacionismo. Negar a realidade passou a ser como dizer: "Se isto é a verdade para mim, então, não importa o resto, é a verdade". Como uma célula cancerosa, esse ponto de vista tinha de ser aceito como normal e acabava por se espalhar.

A pós-verdade e o negacionismo atacam a democracia, e mais especialmente o modelo representativo, porque colocam em questão a legitimidade da regra da igualdade, segundo a qual o voto de um tem o mesmo peso do voto do outro, e também a regra da maioria. Que legitimidade tem uma decisão referendada por 50 milhões de pessoas mais uma, quando há outros 50 milhões de pessoas discordantes na oposição?

Da mesma forma, qual é a legitimidade de um governante, ainda que eleito, para tomar decisões que afetam de forma igual pessoas diferentes? Ou por que

---

[44] CARSON, D. A. *A intolerância da tolerância*. Cultura Cristã, 2019.

[45] Ibidem.

adotar a mesma política para toda a população, quando ela pode ser aplicada somente nos grupos para os quais ela faz sentido, enquanto para outros, não?

A substituição da equivalência de opiniões pela instauração da verdade individual inflamou a intolerância, criando um clima de confronto nas redes sociais. "Surgiu a ideia de que a 'nova tolerância' é socialmente perigosa e intelectualmente debilitante", afirma Carson. "Na verdade, ela também leva à genuína intolerância de todos aqueles que lutam para se agarrar rapidamente às suas próprias crenças."[46]

Contra aqueles que pretendiam normatizar o mundo a partir de sua verdade pessoal, e podiam se organizar em grupos com algumas afinidades, levantaram-se forças contrárias. Essa guerra pela ocupação e, por fim, a hegemonia do espaço virtual tornaram as redes sociais um campo diário de batalha, protagonizado por indivíduos ou grupos frequentemente instrumentalizados por políticos.

Em mensagens e vídeos, muitas vezes sob o anonimato de avatares e *nicknames* incentivadores da valentia, o ser humano digitalmente empoderado passou a usar o meio virtual para exercitar livremente o seu pior. Assim como nos estádios de futebol, em que a paixão clubística desculpava a selvageria da plateia, como nos circos romanos, a internet oferecia um ambiente supostamente seguro para reafirmar o ego e extravasar frustrações da forma mais agressiva.

O discurso de ódio ganhou recursos como os *memes* e vídeos com imagens manipuladas, com um conteúdo que desprezava as regras mais elementares da civilidade. Nesse festim diabólico virtual valia tudo: a perseguição gratuita, o *cyberbullying* (linchamento moral), que visava à destruição de reputações, a distribuição de notícias falsas e a manipulação de informações.

Os ativistas digitais atacavam a imprensa profissional para tirar-lhe a credibilidade e confundir a população. Intimidavam e constrangiam a opinião alheia com o bombardeamento sistemático de mensagens recheadas de agressividade. E não havia como proteger-se desse tipo de ataque, que se amparava no direito democrático à liberdade de pensamento e expressão para atacar a própria liberdade de pensamento e expressão.

Nos países livres, o Estado hesitou diante da necessidade de impor no meio virtual as leis gerais de convivência entre os cidadãos. Primeiro, havia a dificuldade de controlar as empresas digitais transnacionais, cuja essência estava na liberdade, e que resistiam até mesmo à autorregulação.

---

[46] CARSON, D. A. *A intolerância da tolerância*. Cultura Cristã, 2019.

Nos países democráticos, o conteúdo que poderia ser considerado abusivo permaneceu livre, antes de mais nada, por causa da discussão sobre qual é o limite de ser ou não abusivo ou quem podia determinar isso.

Havia, ainda, o fato de que o controle acabava sendo inútil. Toda mediação entre usuários – a suspensão de um deles dentro de uma rede social por mau comportamento, por exemplo – enfrentava a reação coletiva, contra o que caracterizavam como censura. Outros usuários se organizavam para disseminar em massa o conteúdo que causara a suspensão de um indivíduo. E o conteúdo proibido ganhava ainda mais notoriedade e circulação.

Estava em pé uma Babel digital, na qual a informação corria, certa ou errada, ofensiva ou não, opondo socialistas e capitalistas, pobres e ricos, muçulmanos e cristãos, brancos e negros, ou qualquer outra configuração que pudesse gerar antagonismo. A liberdade tecnológica transferia a imposição de responsabilidade aos próprios usuários, que deveriam avaliar o que era ou não abusivo. Dava-lhes o poder de excluir do seu espaço mensagens ou indivíduos incômodos em algum grau. Porém, havia muito campo para abuso, censura e confusão.

Sem a mediação do Estado, ou mesmo a regulação das empresas de tecnologia, a intolerância cresceu também como autodefesa individual e coletiva diante do abuso. A intolerância repelia a invasão de privacidade, assim como a própria intolerância. Combatia-se a agressividade alheia com uma agressividade igual, do outro lado, num círculo vicioso.

Exacerbava-se o radicalismo, termo mais utilizado para a política, mas que, conceitualmente, no século XXI, poderia ser definido como fanatismo político-ideológico. Instituía-se a doutrinação política, a destruição de reputações e o constrangimento da expressão diante da inação do Estado nos países democráticos, paralisado pela ideia de que a supressão de qualquer liberdade era, também, uma forma de opressão.

*

O mais notório pensador da política da pós-verdade foi Vladislav Surkov, que estava por trás de boa parte das diretrizes do governo russo. Surkov defendia que as mentiras são legítimas, porque têm um propósito. Justificou assim a indústria de *fake news* que serviu à política russa e inspirou campanhas como a de Trump, nos Estados Unidos, e de Bolsonaro, no Brasil.

Os Estados Unidos, porém, não eram a Rússia – e as mentiras de Trump, assim como sua aplicação na disseminação da intolerância com propósitos eleitorais, resultaram na formalização de um processo de *impeachment*, cujo pedido já existia desde o início do mandato, e foi formalizado ao final de 2019 pela presidente da Câmara, Nancy Pelosi.

Sua base eram os sinais de manipulação e influência externa na eleição. Segundo apurado pelo *Wall Street Journal*, o pedido foi aceito após o vazamento de uma ligação telefônica entre Trump e o presidente da Ucrânia, Volodymyr Zelensky. O conteúdo desse telefonema não veio a público, mas conhecia-se o seu teor. No diálogo, ocorrido em julho de 2016, Trump teria pedido a um interlocutor ucraniano que investigasse Joe Biden, principal pré-candidato democrata na corrida para as eleições de 2020, e seu filho, Hunter Biden, que trabalhava em uma empresa de gás da Ucrânia.

Trump teria prometido benefícios em troca do favor. "Vocês verão que foi uma ligação muito simpática e totalmente apropriada", escreveu o presidente, pelo Twitter. "Isto é nada mais do que a continuação da maior e mais destrutiva caça às bruxas de todos os tempos!"

A conversa, porém, caiu no Congresso americano como uma confirmação da interferência estrangeira nas eleições. Trump foi ainda formalmente acusado de tentar obstruir o andamento da denúncia, procurando evitar sua chegada ao Congresso.

"Nossa democracia está em jogo", disse Pelosi, na justificativa para abertura do processo de *impeachment*. "O presidente não nos deixa alternativa senão agir, porque está tentando corromper, mais uma vez, a eleição em seu próprio benefício. Está empenhado no abuso de poder, minando nossa segurança nacional e ameaçando a integridade das nossas eleições. Suas ações são uma traição da visão dos fundadores da nossa democracia e do juramento de preservar, proteger e defender a Constituição dos Estados Unidos."

Como outros políticos em agonia, Trump procurou afastar a pressão sobre si mesmo criando um conflito externo. No segundo dia de 2020, lançou um ataque de mísseis a um comboio militar perto do terminal de cargas do aeroporto de Bagdá, no Iraque. Entre outras vítimas, morreram dois chefes militares iranianos.

Um deles foi o general Qasem Soleimani, principal comandante militar do Irã, que operava dentro do território iraquiano. Nascido na cidade iraquiana de Basra, tinha dupla cidadania (iraquiana e iraniana), falava fársi e integrara o alto comando das brigadas Badr – unidades de combate iraquianas formadas no Irã ao tempo de Saddam Hussein. O outro chefe eliminado na manobra foi Abu Mahdi Al-Muhandis. Jamal Jaafar Ibrahimi, nome verdadeiro de Al-Muhandis ("o engenheiro", em árabe), era o número 2 na hierarquia da Hashd al-Shaabi – coalizão paramilitar pró-iraniana no Iraque, que fazia parte do aparato estatal iraquiano.

Críticos da invasão americana do Iraque, Soleimani e Al-Muhandis eram "exemplo perfeito de como o Irã criou uma rede de tenentes no Iraque", conforme disse à AFP, agência de notícias francesa, o analista americano Phillip Smyth, especialista em grupos xiitas armados. O "engenheiro" tinha sido visto pela última vez uma semana antes, em 24 de dezembro de 2019, no funeral de 25 combatentes pró-iranianos, mortos num ataque aéreo americano que causou revolta em Bagdá, levando à vandalização da embaixada americana na cidade. Já Soleimani era o chefe da Força Quds, elite da Guarda Revolucionária, exército ideológico do Irã, onde comandava o serviço de inteligência e operações militares secretas no exterior.

Acusado de envolvimento nos atentados de 1983 no Kuwait contra as embaixadas da França e dos Estados Unidos, em 2005 Soleimani foi eleito deputado no Parlamento do Iraque, criado pelos Estados Unidos depois da morte de Hussein. Por ironia, ganhou popularidade apresentando-se como o homem forte contra o terror. "Grande parte dos iranianos o via como o grande protetor do Irã perante os grupos extremistas islâmicos", escreveu a jornalista colombiana Catalina Gómez Ángel, correspondente no país. "Graças a ele, diziam muitos, podiam dormir em paz."[47]

Soleimani contribuiu para a criação no Iraque das brigadas Kataib Hezbollah, facção da Hashd al-Shaabi, a quem o governo americano responsabilizava por ataques com foguetes contra posições americanas no Iraque. Além de promover ataques terroristas, Soleimani era acusado de manter uma rede de tráfico de armas e de assassinatos. Trabalhava para tornar a Hashd al-Shaabi uma organização independente do governo iraquiano, com recursos provenientes do tráfico de drogas, cujos negócios tomara do Estado Islâmico após sua queda. Armava-se o império do crime, que misturava o comércio de entorpecentes, o fanatismo religioso e o milicianismo, visando a substituição do Estado pela sua própria máquina de poder.

Com a morte de Soleimani, na mesma manhã de 2 de dezembro, o governo americano determinou a retirada de seus cidadãos do Iraque, como

---

[47] ÁNGEL, Catalina Gómez. Diários de Teerã. *Piauí*, 10 jan. 2020.

acontecera em todo o Oriente Médio em 2001, por receio de represálias e da escalada da tensão no país. No Twitter, na manhã de 2 de janeiro de 2020, a hashtag #WorldWarIII foi mencionada quase meio bilhão de vezes.

Em comunicado, o Pentágono afirmou que o objetivo da ação militar era impedir futuros planos iranianos de ataques e proteger cidadãos norte-americanos no Oriente Médio. Para Trump, que já havia criticado no passado o uso do Irã como distração política no governo democrata, foi uma decisão arriscada, pois driblava a legislação americana, que proibia ataques contra países soberanos sem aprovação do Congresso. Justificava o crime de Estado como política preventiva, isto é, contra a simples possibilidade da ação futura do inimigo.

"Soleimani se uniu a nossos irmãos mártires, e nossa vingança sobre a América será terrível", afirmou, pelo Twitter, Mohsen Rezai, chefe dos Guardiões da Revolução. O aiatolá Ali Khamenei, o "guia supremo", como se chama o líder espiritual xiita do Irã, que não ocupava mais a chefia do Executivo, mas, na prática, controlava o país, prometeu pelo Twitter "vingar" a morte de Soleimani e decretou três dias de luto nacional. "O martírio é a recompensa por seu trabalho incansável durante todos estes anos", disse. "Não há nenhuma dúvida sobre o fato de que a grande nação do Irã e as outras nações livres da região vão se vingar por esse horrível crime dos Estados Unidos", declarou o presidente iraniano, Hassan Rohani.

Logo surgiu apoio internacional de peso aos iranianos. Em conversa com o chanceler iraniano Mohammad Javad Zarif, o ministro chinês das Relações Exteriores, Wang Yi, disse que a estratégia americana de pressionar o Irã era "impraticável". "Os passos geopolíticos de Washington constituem um abuso de força pelos norte-americanos", afirmou. "A ação ilegítima dos Estados Unidos agravou seriamente a situação na região", disse o chanceler russo, Sergey Lavrov.

O Irã anunciou a reativação do seu programa de enriquecimento de urânio, interrompido pelos acordos antinucleares de 2015. Célebre pelas suas frases infelizes, Trump ameaçou então bombardear sítios arqueológicos do Irã, cuja história remonta ao antigo império persa, num sinal de bárbaro pouco caso com os tratados internacionais de preservação do patrimônio histórico da humanidade. "Para cada ataque contra um americano, temos 52 alvos a atingir no Irã", tuitou Trump. "O Irã não tem sido outra coisa senão problema."

O regime iraniano, por seu lado, também recorria à polarização com o inimigo americano para transferir responsabilidades e justificar com o inimigo externo a dura realidade de um país empobrecido, cuja população era submetida à força. A censura foi reforçada, de modo a conservar a imagem do general Soleimani como herói nacional. Quem não o tratasse como mártir passou a ser ameaçado. A mistura do fanatismo dos apoiadores do regime com o terror contra seus críticos surtia efeito. No enterro de Soleimani, em Kerman, sua cidade natal, a convulsão da multidão provocou a morte de 56 pessoas, pisoteadas ou asfixiadas.

No final, Trump contou com o que, para ele, era sorte. O governo iraniano lançou foguetes contra duas bases militares americanas no Iraque: uma em Ain al-Asad, na província de Anbar, região oeste do país, outra perto de Arbil, capital do Curdistão iraquiano. "O Irã adotou e concluiu medidas proporcionais de legítima defesa", tuitou o ministro das Relações Exteriores, Mohammad Javad Zarif. Os iranianos alardearam uma sangrenta vingança com "80 terroristas" mortos, ainda que, na realidade, não houvesse vítimas entre os americanos. E seus desejos de retaliação pareciam satisfeitos.

A escalada da insensatez teria parado aí, mas um terceiro míssil iraquiano acabou sendo um desastre, que jogou no precipício qualquer simpatia internacional pelo Irã, incluindo a da Rússia. Por volta das seis da manhã do dia 8 de janeiro, pensando mirar um míssil de cruzeiro americano, um militar iraniano acionou um dispositivo antiaéreo por engano sobre um Boeing 737-800 da Ukraine International Airlines que acabava de decolar de Teerã. Morreram 176 passageiros de sete nacionalidades, entre eles 82 iranianos, 57 canadenses e 11 ucranianos.

O presidente ucraniano, Volodymyr Zelensky, exigiu desculpas públicas. "Esperamos que o Irã leve os responsáveis à Justiça", disse. "[O Irã] se arrepende profundamente desse erro desastroso", escreveu no Twitter o presidente Rohani. "Preferia morrer a ser testemunha de um acidente semelhante", disse, no dia 11, o comandante da seção aeroespacial da Guarda Revolucionária iraniana, brigadeiro-general Amir Ali Hajizadeh, ao admitir o erro na TV pública iraniana.

Nas redes sociais, os iranianos passaram a atacar o governo, sob a alegação de que, se o disparo do míssil não foi intencional, o mesmo não se podia dizer da mentira sustentada pelas autoridades. Nos primeiros dias, o governo iraniano negou-se a entregar a caixa-preta com os dados do voo do avião abatido e afirmou que ele havia caído por problemas técnicos.

Das redes sociais, o protesto foi para as ruas. Manifestantes tomaram o centro de Bagdá, queimaram fotos de Soleimani, pediram a renúncia do governo e do próprio Khamenei. Manifestações também foram registradas nas universidades em que estudavam as vítimas do voo ucraniano. A revolta superou o medo da ditadura atrabiliária, que mentia, transformava vilões em heróis e disparava contra civis inocentes.

O governo iraniano ainda responsabilizou os Estados Unidos pelo clima de tensão que levou alguém a apertar o botão errado. "Uma falha humana, em tempo de crise causada pela ação aventureira dos Estados Unidos, levou ao desastre", afirmou Javad Zarif. Porém, não havia mais desculpas diante de uma população cuja manipulação religiosa e ideológica já não continha a insatisfação com a repressão política e uma economia em colapso.

*

Trump acabou sendo o grande beneficiado pela tragédia que soterrou a onda internacional de repúdio pelo assassinato de Soleimani. Apesar do processo de *impeachment*, o apoio da fatia do eleitorado americano que embarcou na sua caravana da intolerância dava-lhe bons índices de popularidade. Em janeiro de 2020, a pesquisa Gallup mostrou que 44% dos americanos aprovavam seu governo. A economia ajudava. Muito graças à redução da força de trabalho, com a pressão sobre os imigrantes, e em consequência dos investimentos públicos realizados ainda na era Obama, cujos frutos eram colhidos por Trump – os Estados Unidos alcançaram em 2019 uma taxa de desemprego de 3,5%, a menor em cinco décadas.

Contudo, não se podia dizer que estava tudo bem, ou bastante bem. A aprovação média de presidentes americanos, na mesma época em que se encontrava Trump, era de 52%. Embora ele alardeasse no Fórum Econômico Mundial a recuperação do emprego, o crescimento econômico não se dava em bases tão sólidas, nem se devia tanto à recuperação do "espírito da livre iniciativa americana", como ele repetidamente reforçava. Ao contrário. Apesar das aparências, o crescimento americano tinha algo de ilusório: baseava-se menos na livre iniciativa do que no aumento do gasto público, processo que, levado até a exaustão do erário, já arrastara governos como do Brasil e da Argentina à bancarrota.

A política de suporte à iniciativa privada, aplicada por Obama desde a crise de 2008, continuava. Enquanto o PIB americano subiu de 14,56 para 20,41 trilhões de dólares de 2008 a 2019, a dívida pública subiu de 10,7 para 21,19 trilhões. Após uma década de recuperação, o grande crescimento econômico não levou a diminuir a relação entre a dívida e o PIB. Isso significava que o Estado deixava de ter recursos para sustentar a economia daquela forma e aquele modelo se aproximava da exaustão. "Por quaisquer medidas históricas que se for olhar, tudo leva a crer que estamos próximos do fim desse ciclo de crescimento", afirmou em artigo o sócio da Ciga Invest Eduardo Cavendish, economista brasileiro, formado pelo Insper[48].

A economia não respondia tanto à ação isolada de cada governo e consumia recursos públicos, rumando para o esgotamento do poder público. Os Estados Unidos não estavam mais em condições políticas ou mesmo econômicas de bancar mais uma guerra. Para candidatos ao poder, ou para manter-se nele, restava a guerrilha, que consistia em seguir alimentando a intolerância contra os inimigos internos e externos, com ajuda do meio digital. Essa passou a ser a estratégia prioritária de lideranças populistas que procuravam chegar e manter-se no poder, alimentadas por vezes com dinheiro obscuro, não importando de onde ele viesse.

---

[48] CAVENDISH, Eduardo. A ilusão americana: o grande problema da economia dos EUA após a forte recuperação. *Infomoney*, 22 out. 2018.

8

Xenofobia e populismo

A corrupção do Estado, ou dos líderes cujos interesses fugiam aos interesses exclusivamente do Estado, tornou-se um fenômeno amplo, que ultrapassou na segunda década do século XXI os governos de países em desenvolvimento ou tumultuados pelo fanatismo religioso e pela guerra. Embora chamasse mais a atenção, Trump não era o único presidente de país desenvolvido a ser acusado de apoiar-se em obscuros financiadores externos para chegar ao poder.

Na França, o ex-presidente Nicolas Sarkozy passou a enfrentar a acusação de lavagem de dinheiro e de trabalhar por interesses que não eram da nação. Em março de 2018, Sarkozy foi preso para depor sobre o financiamento de sua campanha presidencial de 2007, durante a qual teria recebido dinheiro do falecido líder líbio, Muammar Kadafi.

Declarou que as acusações eram "grotescas", mas sua indignação não o livrou de ser investigado. Em janeiro de 2019, um colaborador de Sarkozy, Alexandre Djouhri, contratou advogados para evitar a extradição para a França, depois de ser preso em Londres por suspeita de lavagem de dinheiro no mesmo caso. Os recursos teriam vindo de um empresário franco-libanês, Ziad Takieddine, e de oficiais do regime de Kadafi. De acordo com o site Mediapart, em 2012, a campanha de Sarkozy teria recebido cerca de 50 milhões de euros da Líbia.

Takieddine afirmou ter transportado pessoalmente 5 milhões de euros em dinheiro de Trípoli para Paris, entre 2006 e 2007, quando Sarkozy ainda era ministro do Interior. Abdallah Snoussi, cunhado de Kadafi, confirmou o financiamento líbio à campanha, em setembro de 2012. Sarkozy foi liberado após o depoimento, mas sua prisão demonstrava quanto os franceses estavam dispostos a apurar o caso.

O caso de Sarkozy se tornou ainda mais sensível por mostrar como até mesmo um regime terrorista externo podia influir e infiltrar-se nos estamentos do poder. Alarmante por si mesmo, aumentava as preocupações com a crise na Europa, onde o desemprego crescente se mesclava à intolerância com a população muçulmana. Assim como o fato de o presidente americano ser tutelado pela Rússia, era impensável um líder francês ser subornado por árabes muçulmanos – a afronta final. Isso só aumentava a rejeição daqueles que viam a imigração como uma ameaça à segurança e à integridade nacional.

O conflito interno com a população muçulmana levava a uma cisão profunda da sociedade francesa. O berço do Iluminismo entrava em uma fase obscurantista. Tudo contava para o acirramento da intolerância religiosa: o medo do terrorismo, o peso da conta social, que onerava os cidadãos contribuintes, a disputa pelo emprego e, não menos importante, a dificuldade de convívio de parte a parte.

Mesmo na sociedade que inscreveu a fraternidade – símbolo da tolerância – no seu dístico democrático, junto com a liberdade e a igualdade, os franceses tinham dificuldades para conviver com os rigorosos costumes muçulmanos. A começar pela condição das mulheres, que, nos países do mundo livre, conquistavam cada vez mais direitos e não precisavam cobrir o corpo como no meio islâmico.

Na prática, os muçulmanos, que pagavam pela imagem do terrorismo fundamentalista islâmico, eram as maiores vítimas do terrorismo no mundo, assim como dos chamados "crimes de ódio" (*hate crimes*). Podia acontecer nos lugares menos esperados, como a Nova Zelândia, país de baixo índice de criminalidade e com 57 mil muçulmanos – ou 1,2% da população. Em 15 de março de 2019, um atirador entrou em uma mesquita em Christchurch, na Nova Zelândia, e parou diante de Haji-Daoud Nabi, um afegão de 71 anos de idade. "Alô, irmão", disse Nabi, fazendo uma pausa em suas preces. Foi o primeiro a levar um tiro, entre os 51 mortos naquela e em uma segunda mesquita da cidade, incluindo uma criança de três anos.

Brenton Tarrant, o atirador neozelandês, tinha 28 anos, era australiano de nascimento, branco, trabalhava como preparador físico e cultivava ideias neofascistas, de acordo com o material encontrado em sua casa. Com uma câmera ligada em tempo real, Tarrant transmitiu os assassinatos ao vivo pelo Facebook. Não bastava cometer o crime. Era preciso exibi-lo para que viralizasse nas redes sociais – uma forma de entrar para a galeria da fama e propagar o ódio, só tornada possível pela tecnologia digital.

No julgamento, em junho de 2019, Tarrant sorriu para os repórteres, fez um sinal de OK invertido, abaixo da cintura – identificado como símbolo do "poder branco" – e declarou-se inocente. Foi condenado à prisão perpétua em 27 de agosto de 2020.

O caso da Nova Zelândia chocou o mundo, mas podia ser considerado uma exceção: o maior número de vítimas muçulmanas de ataques terroristas estava nos países do Oriente Médio, e os perpetradores eram também muçulmanos fundamentalistas. No mesmo dia em que o atirador de Christchurch agiu, morreram pelo menos seis civis muçulmanos em ataques na Síria, quando tentavam fugir de Baghuz, então dominada pelo Estado Islâmico. Na véspera, na Somália, uma explosão no mercado central de Mogadíscio, a capital, matou oito pessoas e deixou mais de uma dezena de feridos.

Em 2016, no auge da ação internacional do Estado Islâmico, apenas 2,5% dos atentados terroristas islâmicos aconteceram em países do Ocidente. Em um atentado em Karrada, bairro de Bagdá, morreram 382 pessoas durante o Ramadã, mês sagrado para os muçulmanos. O Iraque foi o país que mais sofreu com o terror. Lá ocorreram 35% das mortes em atentados terroristas, 33 mortos na média diária daquele ano.

Um levantamento do Consórcio Nacional para o Estudo do Terrorismo e Reações ao Terrorismo, organismo do Departamento de Segurança Interior do governo dos Estados Unidos, que funciona na Universidade de Maryland, mostrou que 75% dos ataques terroristas registrados no mundo no século XXI concentraram-se em dez países: Iraque, Afeganistão, Índia, Paquistão, Filipinas, Somália, Turquia, Nigéria, Iêmen e Síria. No total de 33.769 atentados de origem islâmica computados no período de 40 anos, entre 1979 e 2019, eram muçulmanas 91,2% das vítimas, de acordo com um levantamento da Fondapol[49].

"Os Estados Unidos foram tocados pelo drama [do terrorismo em 2001], mas, globalmente, a maior parte das vítimas é de origem árabe-muçulmana", afirmou Dominique Reynié, diretor da Fondapol. Apesar disso, a impressão do Ocidente era a contrária. Os atentados, que representavam 0,8% do total, causavam o efeito esperado do terror, espalhando o medo e a intolerância. O clamor pelo fechamento das fronteiras aumentava, como reação a tragédias que, se faziam menos vítimas, no Ocidente tinham muito mais repercussão.

Os ataques à bomba causavam boa parte desse impacto, mas, na França, nenhum atentado foi tão traumatizante quanto o massacre dos colaboradores do semanário satírico *Charlie Hebdo*, em Paris, em 2015.

---

[49] Islamist attacks in the world. Fondapol, 2020.

Até então, os atentados dirigiam-se a cidadãos de forma randômica, isto é, sem escolher alvos específicos. Uma bomba explodia em local público e atingia quem estivesse por lá. No caso do *Charlie Hebdo*, havia alvos marcados e finalidade específica – tanto as pessoas quanto a publicação, cuja existência era, para os franceses, uma questão de liberdade, essencial à nação.

O *Charlie Hebdo* satirizava a extrema-direita, assim como as religiões de maneira geral, incluindo o catolicismo e o judaísmo. Em 2006, foi processado por entidades islâmicas, por causa de charges sobre Maomé, profeta do Islã. Em 2011, depois de publicar uma caricatura de Maomé na capa da edição impressa, o escritório do jornal foi alvo de uma explosão e seu site foi *hackeado*.

Em 2012, após ataques contra embaixadas dos Estados Unidos no Oriente Médio, o jornal publicou uma série de caricaturas de Maomé com cenas de nudez, referência ao filme anti-islâmico *A inocência dos muçulmanos*. A repercussão negativa no meio islamita levou o governo a fechar preventivamente embaixadas, consulados, centros culturais e escolas francesas em duas dezenas de países de maioria muçulmana.

Em 7 de janeiro de 2015, a capa do *Charlie Hebdo* trouxe uma caricatura do romancista Michel Houellebecq, autor de *Soumission* – ficção na qual a França de 2022 se encontra sob a presidência de um muçulmano. O editor-chefe do jornal, o cartunista Charb, publicou também um desenho intitulado "Ainda nenhum ataque terrorista na França". Na mesma edição, satirizava-se o então líder do Estado Islâmico, Abu Bakr al-Baghdadi.

Por volta das 11h30 daquele dia, dois mascarados com fuzis Kalashnikov e uma bazuca invadiram a sede do Hebdo, gritando "Allahu Akbar" ("Deus é o maior"). Mataram 12 pessoas, incluindo Charb, e feriram outras 11. Entre os mortos, estavam dois policiais que faziam a segurança do Hebdo desde que o jornal passou a receber ameaças.

Segundo testemunhas, os atiradores procuravam identificar os membros da equipe pelo nome, antes de executá-los com tiros na cabeça. Um dos atiradores, que se identificaram como membros da Al-Qaeda no Iêmen, explicou à jornalista Sigolène Vinson por que ela seria poupada. "Não vou matar você, porque você é uma mulher e não matamos mulheres, mas você tem que se converter ao islamismo, ler o Alcorão e usar o véu", disse.

Os perpetradores fugiram e começou uma caçada policial. Os líderes do massacre, os irmãos Saïd e Chérif Kouachi, foram mortos na troca de tiros com a polícia dentro de uma gráfica, após um cerco de quase nove horas com reféns, perto do Aeroporto Charles de Gaulle. Durante a fuga, outro participante do atentado, Amedy Coulibaly, matou a tiros um policial em Montrouge, na periferia de Paris. No dia seguinte, executou quatro reféns num supermercado *kosher*, antes de também morrer em tiroteio com a polícia.

Em comum, os terroristas tinham o fato de não serem refugiados ou estrangeiros. Eram franceses muçulmanos, de origem argelina. Criado em um orfanato em Rennes, Chérif Kouachi já tinha cumprido três anos de prisão por colaborar com o envio de militantes para a Al-Qaeda no Iraque.

O massacre do Charlie Hebdo disparou uma onda de intolerância e represálias na França. Duas mesquitas e um restaurante foram depredados. O governo enviou o exército para vigiar locais de grande concentração humana, em especial monumentos históricos e outros polos de turismo. A onda de solidariedade aos mortos e à liberdade se confundia com a indignação. Em 10 de janeiro, a Marcha pela República reuniu cerca de 3 milhões de pessoas na Place de la République, em Paris, e em cidades como Marselha e Toulouse. Movimentos semelhantes espalharam-se por outras cidades do mundo.

A exemplo do que ocorreu nos Estados Unidos após o 11 de setembro, o governo francês fez aprovar, em 2015, leis que instituíam um regime de exceção, com a finalidade de combater o terrorismo. Embora servissem a períodos extremos, elas acabaram entrando para o direito comum, como se poderia imaginar. A França do Iluminismo apagava algumas de suas luzes, sem previsão de retorno.

A intolerância tinha criado raízes profundas e duradouras, na França e no mundo. Segundo a pesquisa "Democracias sob tensão", divulgada pela Fondapol em 2019, com 36 mil entrevistados em 42 países e 33 línguas, 69% dos europeus tinham como preocupação principal a imigração – e, mais especificamente, a islâmica. Para 68%, essa era uma questão a ser tratada em conjunto pela União Europeia, e não pelos Estados nacionais.

A dificuldade de convivência com a população muçulmana tinha duas frentes. Pelo lado dos cidadãos de origem ocidental, havia o sentimento de ameaça à segurança e à identidade nacional. "Mais do que com o emprego, existe, na classe média europeia, o medo de não viver bem e o reconhecimento daquela ideia segundo a qual 'minha vida não é mais a mesma'", afirmou Dominique Reynié, da Fondapol. "Para o trabalhador europeu, perder seu estilo de vida é pior do que perder a democracia, o que favorece o voto populista."

Pelo lado dos imigrantes, que não apenas queriam fugir da guerra e da fome, como também integrar-se a uma sociedade democrática, desenvolvida e orgulhosa de seus valores, ir para a Europa já não tinha a mesma garantia de colocar um pé na civilização. Cumprindo o propósito da intolerância, que é o de excluir, os radicados em território europeu sabiam, de antemão, que conviveriam com um ambiente hostil e gente sem o mesmo orgulho de suas instituições, ligadas aos princípios do humanismo e da democracia. "O sentimento é de que não podemos acolher as pessoas se não estamos felizes com nosso sistema", afirmou Dominique. "As pessoas não se misturam e, por vezes, entram em conflito."

A intolerância se mesclava a um fenômeno que os franceses chamavam de "chauvinismo social". "Uma parte da sociedade afirma que o governo devia atender a ela, não aos outros", afirmou Dominique. E esse "chauvinismo" fazia a intolerância influir não somente na política dos Estados nacionais democráticos, como também no concerto de toda a União Europeia.

*

Na escassez, aumentavam as exigências sobre o Estado e a própria União Europeia (UE), atingida no seu elo mais frágil: o Reino Unido, país que rejeitou a adoção do euro e sempre ficou com um pé fora do sistema, assim como na geografia europeia. Uma parcela crescente de britânicos reclamava que, pelo acordo da UE, o Reino Unido mais dava do que recebia. Para eles, a entrada livre de imigrantes da comunidade tirava-lhes o emprego e exauria esforços e recursos que deveriam ser despendidos com os próprios britânicos.

Como instintiva autoproteção contra os efeitos do globalismo, ganharam força os grupos britânicos conservadores que defendiam tirar o Reino Unido da União Europeia e proteger o emprego, da mesma forma que os valores nacionais. Queriam fazer a história andar para trás. Coroamento da queda do Muro de Berlim, a UE foi uma das grandes conquistas da era da liberdade democrática, no sentido de um entendimento supranacional. Juntou 28 países em torno do projeto de preservar as nações em seus aspectos políticos e culturais, ao mesmo tempo que unificava suas economias, como uma forma de obter mais liberdade, ganhos de escala e cooperação para o progresso econômico.

Além de permitir o livre trânsito de seus cidadãos para trabalhar e morar em qualquer parte do território europeu, a UE reduziu a regulamentação, a burocracia e os impostos antes exigidos em acordos comerciais internacionais, o que serviu de estímulo econômico. Promovia também um sistema de cooperação para a alocação de recursos na melhoria de serviços públicos, como saúde e segurança, em benefício de todos.

Os defensores do Brexit, porém, acreditavam que a União Europeia reduzia a soberania nacional e economicamente mais prejudicava do que beneficiava os britânicos. Os conservadores queriam retomar a autonomia sobre o gerenciamento da saúde e do emprego e negociar acordos com outros países de forma independente, certos de que assim seriam mais vantajosos.

Apesar de os defensores da UE argumentarem que as vantagens das organizações supranacionais compensavam as perdas, e que a separação seria uma tentativa ilusória de resolver problemas que estavam em outro lugar, a proposta foi aprovada em 2016, num plebiscito com 52% de votos favoráveis. A margem apertada e as circunstâncias do plebiscito levaram boa parte da sociedade britânica a questionar a legitimidade da decisão. O absenteísmo foi elevado: cerca de 30% dos eleitores não compareceram às urnas. O resultado se tornou ainda mais questionável em razão das denúncias de manipulação do eleitorado pelo meio digital, trazidas a público no escândalo envolvendo a Cambridge Analytica.

Isso aumentou a dificuldade de colocar a decisão em prática. Primeiro, era preciso chegar a um acordo com a própria UE acerca do valor a ser pago pelos britânicos pela quebra do contrato de parceria. Havia ainda a questão do que fazer com os britânicos residentes em outros países da comunidade europeia, assim como com os europeus habitantes do Reino Unido.

O Brexit também implicava encontrar uma maneira de fazer a separação com a Irlanda, país independente e membro da UE, porém situado na mesma ilha que a Irlanda do Norte, pertencente ao Reino Unido. A situação das Irlandas era complexa, pelo fato de os países terem vivido uma era de conflitos, encerrados em 1999 com um acordo que trouxe fim ao terrorismo separatista e permitiu que cidadãos de ambos os países circulassem livremente, sem controle de imigração. Levantar ali um novo muro poderia trazer de volta antigos problemas.

Mais que uma discussão com os parceiros da UE, o Brexit colocava à prova a capacidade do sistema democrático britânico de resolver impasses internos, já que o eleitorado contrário à saída da UE, vencido no plebiscito, tinha quase o mesmo peso que a maioria. A democracia britânica, cujo modelo inspirou outras democracias do mundo, a começar pela americana, era a primeira a entender que o sistema representativo, da forma como foi concebido, incluindo o princípio da maioria simples para a tomada de decisões, já não era tão bem aceito na sociedade digital, cujas numerosas minorias não aceitavam tão bem os resultados e mantinham uma resistência permanente e grande capacidade de fazer barulho.

Como reflexo disso, tentativas sucessivas de acordo com a UE pela maioria conservadora no Parlamento britânico resultaram na queda de dois primeiros-ministros em três anos. O primeiro, David Cameron, que convocou o plebiscito, mas não concordava com a ideia de que o Reino Unido deixasse o bloco europeu, saiu logo após a aprovação do Brexit. Theresa May chegou a um acordo com a UE, mas sua proposta foi rejeitada dentro do Parlamento britânico. A votação de um terceiro acordo, fechado em outubro de 2019 pelo terceiro e novo premiê, Boris Johnson, acabou sendo postergada para que ele pudesse convocar eleições e tentasse construir no Parlamento uma maioria mais ampla.

Para muitos, a proposta de Johnson era o cadafalso. "O pesadelo aconteceu", escreveu Polly Toynbee, analista política do *The Guardian*, jornal tradicionalmente mais alinhado com as ideias do Partido Trabalhista, de oposição ao gabinete, em artigo de dezembro de 2018. "O pior dos homens foi eleito primeiro-ministro. O tempo mais difícil está adiante."

Para ela, em nome do acordo para atender ao plebiscito do Brexit, segundo o *Guardian*, Johnson punha a perder "cinco anos de luta contra a crise climática", entre outras consequências negativas. Como Cassandra, a legendária vidente grega, previa que ele fosse se dobrar a "cada interesse", em busca de acordos, e levar o Reino Unido à pobreza crescente, carência de moradia, ao colapso dos sistemas legais e sociais e à queda no padrão de vida. "Ainda assim, as pessoas votaram a favor de todo esse infortúnio", escreveu.

Era o efeito da intolerância, em que a objetividade dos fatos perde importância para a reação emocional de quem se vê em risco. A parcela majoritária do eleitorado apostava no que acreditava ser a salvação da própria pele, contra qualquer outro argumento. Na eleição convocada para o Parlamento, Johnson saiu-se como o grande vencedor. O número de conservadores cresceu na Câmara baixa, o que foi tomado como prenúncio da aprovação do acordo. Os políticos britânicos, contudo, continuaram bastante divididos entre os que queriam a saída da comunidade europeia o mais rápido possível, os que defendiam um novo referendo e os que preferiam simplesmente acabar com o Brexit.

A proposta de Johnson para o Brexit foi enfim referendada no Parlamento, em 31 de janeiro de 2020. Enquanto os britânicos se preparavam para sair, a União Europeia formulou um acordo para minimizar o possível impacto daquela perda. Em julho de 2018, os líderes da UE assinaram com o Japão o mais ousado plano de cooperação econômica e livre-comércio desde a criação da comunidade. Por esse pacto, foram removidos 10% das tarifas da UE sobre carros japoneses e 3% sobre a maioria das autopeças. De outro lado, caíram taxas de importação antes cobradas no Japão sobre queijo e vinho. Além disso, o acordo permitia a participação de empresas europeias em licitações públicas no Japão.

Ao substituir uma ilha pela outra, igualmente poderosa, a UE reafirmava seus propósitos originais, e ainda dava um tapa com luvas de pelica no Reino Unido. O Japão tinha mais de um milhar de empresas e cerca de 150 mil empregados em solo britânico, onde era o segundo maior investidor mundial, depois dos Estados Unidos. O novo consórcio procurava ainda neutralizar a tendência de protecionismo dos chineses e americanos, acelerada pela política isolacionista de Donald Trump.

"Estamos enviando uma mensagem clara de que somos contra o protecionismo", afirmou o presidente do Conselho Europeu, Donald Tusk, representante dos 28 líderes de países integrantes da UE. "Há crescentes preocupações com o protecionismo, mas quero que o Japão e a UE liderem o mundo carregando a bandeira do livre-comércio", afirmou o primeiro-ministro japonês, Shinzo Abe[50].

Tusk referia-se também ao recente aumento de 25% nas tarifas dos Estados Unidos sobre produtos chineses, cuja importação no mercado americano somava cerca de 34 bilhões de dólares. A retaliação foi imediata: a China anunciou uma taxação adicional de 10% sobre importações dos Estados Unidos, de produtos cuja venda produzia uma receita para os americanos de 200 bilhões de dólares. "Essa é uma luta entre unilateralismo e multilateralismo, protecionismo e livre-comércio, poder e regras", afirmou a porta-voz do Ministério das Relações Exteriores chinês, Hua Chunying.

O Brexit induziu outros países da UE com problemas semelhantes a fazer as mesmas reflexões que os britânicos. A preocupação com a defesa da economia interna confundia-se com o aumento da intolerância contra a onda migratória e a legitimidade dos sistemas democráticos mais abertos,

---

[50] Japan, EU sign free trade pact amid worries about Trump. *Reuters*, Jul 17, 2018.

que tinham derrubado fronteiras, mas não resolveram a crise do emprego. A desconfiança em relação às instituições democráticas se generalizou. De acordo com a pesquisa da Fondapol, somente 45% dos eleitores nos países membros da UE achavam positivo o desempenho do Parlamento europeu. Não que o índice de confiança nas autoridades nacionais fosse maior: somente 40% acreditavam na eficácia dos parlamentos e 34% na dos governos nacionais. O que estava em jogo não era somente a fórmula da UE, como também o próprio funcionamento do modelo democrático na Sociedade da Informação [Democracias sob tensão, Fondapol, 2019].

Os europeus preocupavam-se mais com a manutenção do euro do que com a da própria União Europeia. Por causa das necessidades, que trazem o imediatismo, davam mais importância à entrega de resultados econômico-sociais do que a princípios e valores – os elementos sem os quais não se alcançam esses resultados. Na crise, o argumento da liberdade perde importância, pois liberdade parece pouco adiantar diante da falta de recursos.

As dificuldades do sistema representativo de tomar decisões eficazes na era digital colocaram em dúvida as virtudes da democracia, como o regime voltado para a liberdade e a igualdade, de forma a permitir a realização individual, tanto quanto a cooperação para o progresso coletivo. A concentração de renda e a exclusão social, que no final frustraram os avanços obtidos na era da liberdade, tornaram-se desafios urgentes, para não dizer desesperadores. Diante da falta de solução, corria-se o risco de um retrocesso no mundo democrático, sem que o mundo autoritário tivesse obtido qualquer resultado melhor.

*

A insatisfação crescente com o funcionamento da democracia nos países desenvolvidos atingiu igualmente os países da América Latina, onde o sistema mais parecia perpetuar privilégios e proteger a concentração de renda do que proporcionar a renovação política e criar um progresso harmônico.

No Brasil, com sua extensão continental e a contínua migração interna dos estados mais pobres, sobretudo das terras do agreste nordestino para as metrópoles do Sudeste, criou-se o mesmo efeito de disputa interna e intolerância que nas nações europeias. Os programas sociais que beneficiaram os mais pobres, especialmente após o governo Lula, geraram também a reação da classe média urbana dos estados mais desenvolvidos, excluída das políticas públicas: aqueles que sentiam pagar por esses benefícios, num momento em que se encontravam também estrangulados pelo afunilamento do emprego e da renda na economia digital.

A falta de soluções reais criou na América Latina uma era de turbulência generalizada. Na Bolívia, Evo Morales viu esgotarem-se as manobras espúrias que o mantinham no poder, como o patrocínio de uma nova Constituição, em 2009, que lhe deu, após dois mandatos, o suposto direito de começar de novo e disputar outros dois. Em 10 de novembro de 2019, diante da revolta popular e já sem apoio das Forças Armadas, Morales renunciou, após 13 anos no poder.

De saída, ainda reclamou ser vítima de um golpe. "Meu pecado é ser indígena, dirigente sindical, cocaleiro", disse ele, antes de refugiar-se no México e depois exilar-se na Argentina. "O mais importante agora é prevenir um agravamento e adotar todas as medidas para criar condições de eleições pacíficas, críveis, transparentes e inclusivas, assim que possível", afirmou o porta-voz do secretário-geral das Nações Unidas, o português António Guterres, sobre a saída de Morales.

Na Venezuela, Nicolás Maduro, que assumiu o governo em março de 2013, com a morte de Hugo Chávez – no poder desde 1999 graças a uma série de golpes –, deu continuidade ao projeto chavista. Destituiu o Parlamento, eleito em 2015, formado na maioria por políticos da oposição. No lugar, convocou uma Assembleia Constituinte, de maioria chavista, que adiou as eleições presidenciais. Reeleito, teve contestado o resultado do pleito, que contou com menos da metade dos eleitores. Por 19 votos a 6, em 2019, a Organização dos Estados Americanos pediu a "realização de novas eleições presidenciais com todas as garantias necessárias para um processo livre, justo, transparente e legítimo" no país.

O regime se manteve pela opressão. De acordo com levantamento da ONU, entre 2015 e 2019, cerca de 2,3 milhões de pessoas abandonaram a Venezuela para fugir da miséria e da perseguição política. De acordo com a ONG Foro Penal Venezolano, 15.045 pessoas foram detidas por motivos políticos, grande parte em manifestações públicas, entre janeiro de 2014 e maio de 2019.

O Alto Parlamento europeu da ONU para Direitos Humanos denunciou o regime de Maduro por "milhares" de execuções sumárias e outras violações dos direitos fundamentais. O relatório foi coordenado por uma socialista, a alta-comissária da ONU para os Direitos Humanos Michelle Bachelet, ex-presidente do Chile por dois mandatos consecutivos. Como consultora da ONU, Bachelet viajou até Caracas, entrevistou 558 vítimas e testemunhas e constatou a prática corriqueira na Venezuela de "detenções arbitrárias, maus-tratos e tortura de pessoas críticas ao governo, assim como de seus familiares; violência sexual e de gênero na detenção e durante as visitas; e uso excessivo da força durante as manifestações".

O relatório de Bachelet apontou ainda que em 31 de maio de 2019 havia na Venezuela "793 pessoas arbitrariamente privadas de liberdade, incluindo 58 mulheres". Entre os presos, encontravam-se 22 deputados da Assembleia Nacional, incluindo seu presidente, "privados de sua imunidade parlamentar". "Na maioria dos casos, mulheres e homens foram submetidos a uma ou mais formas de tortura, punição ou tratamento cruel, desumano ou degradante – incluindo choques elétricos, asfixia, espancamentos, violência sexual, privação de água e alimentos, posições de estresse e exposição a temperaturas extremas", apontou o relatório.

O trabalho da ONU denunciou ainda a manipulação de programas sociais para atender somente aliados do governo venezuelano, a militarização do Estado e o emprego de grupos paramilitares, chamados pela sigla de FAES, ou "coletivos" – grupos civis armados pelo governo que faziam um "controle social" paralelo, inclusive na repressão a manifestações. De acordo com os entrevistados pelo Parlamento europeu da ONU, essas milícias endossadas pelo Estado operavam em nome do regime como "esquadrões da morte" ou "grupos de extermínio", responsáveis por "centenas de assassinatos". "As forças de segurança e os serviços de informações recorrem regularmente a tais práticas para extrair informações", denunciou o relatório.

Em 2019, manifestações no 1º de maio, Dia do Trabalho, foram duramente reprimidas. A ONU contabilizou 2 mortos e 239 feridos em dois dias, 18 dos quais atingidos por disparos de armas de fogo. Pelo menos cinco jornalistas foram baleados. Um dia depois, Maduro participou de uma parada militar com 4.500 soldados, ao lado de oficiais, para mostrar que ainda estava firme no Palácio Miraflores. "Sim, estamos em combate, moral máximo nessa luta para desarmar qualquer traidor, qualquer golpista", disse ele durante o ato, transmitido pela TV.

*

O populismo de esquerda, que não encontrava os meios de obter a paz social, provocou o ressurgimento do seu reverso: o populismo de direita. Sem soluções efetivas de crescimento econômico, o populismo apenas virava de lado ideológico, como uma tentativa da população antes prejudicada de colocar a seu favor os recursos do Estado. As mudanças políticas davam ilusão de movimento, mas permanecia a incapacidade de lidar com os males do neocapitalismo digital, sobretudo o crescimento da miséria, da criminalidade e da corrupção.

No Brasil, o PT resistiu até o fim para permanecer no poder. Mesmo na cadeia, preso após a condenação em segunda instância por corrupção pela justiça brasileira, Lula anunciou sua candidatura à presidência em 2018. Só foi retirado da disputa no meio da campanha, com o fim dos recursos jurídicos impetrados pela banca do ex-presidente, conforme determinado pelo Supremo Tribunal Federal.

Mais tarde, veio à tona uma série de conversas gravadas entre a promotoria e o juiz da Lava Jato, Sergio Moro, que mostraram uma ação mais política que técnico-jurídica para a prisão do ex-presidente. Para devolver o poder a alguma oposição, colocava-se em prática o célebre "jeitinho brasileiro", a expressão que definia o recurso, vindo da era colonial, de encontrar uma solução improvisada para tudo, o que incluía adaptar a lei conforme a conveniência do momento.

Surfando a onda anti-Lula, emergiu o então deputado federal Jair Bolsonaro, que tem Messias como nome do meio e é ex-militar paraquedista, defenestrado das Forças Armadas após o envolvimento com um plano de explodir bombas em quartéis, de modo a forçar um aumento no soldo. Bolsonaro passou 28 anos no Congresso defendendo as memórias da extinta ditadura militar e a linha dura da polícia contra o crime. E de repente caiu como luva nas circunstâncias da campanha para a presidência do Brasil em 2018.

Assessorado nos Estados Unidos por Steve Bannon, o estrategista da campanha digital de Trump, Bolsonaro passou de antiga minoria absoluta a antídoto contra Lula e novo salvador da pátria. Um incidente lhe foi cruel e ao mesmo tempo providencial: ao levar uma facada durante a campanha, quando era carregado nos ombros em uma passeata na cidade de Juiz de Fora, escapou da morte e ganhou a aura mística que lhe faltava. Foi eleito convalescendo do religamento dos intestinos por meio cirúrgico, sem sequer levantar-se da cama do hospital.

Bolsonaro colocou no governo o juiz da Lava Jato, Sergio Moro, que deixou a toga e assumiu a pasta da Justiça, desfecho que deu mais crédito a quem viu na prisão de Lula uma trama pouco republicana. O financista

Paulo Guedes, sócio do Pactual, um dos mais bem-sucedidos bancos de negócios do país, foi nomeado ministro da Economia como garantia de uma reversão no rumo dessa área. Além de carregar consigo na vice-presidência um general, Hamilton Mourão, Bolsonaro pintou o governo de verde-oliva, enchendo seu gabinete e os ministérios com oficiais da ativa e da reserva. Os militares voltavam ao poder no Brasil, desta vez por meio de uma eleição democrática, e por designação daquele a que tinham afastado da instituição por indisciplina.

No poder, Bolsonaro seguiu o receituário de Trump nos Estados Unidos. Em vez de fortalecer alianças de governo, passou a mimetizar tudo o que fazia o presidente americano, Donald Trump, a começar pela política do confronto. Elegendo os Estados Unidos e Israel como parceiros políticos e econômicos preferenciais, deu início a um fechamento do país ao mercado externo. Atacou a China e prometeu tirar o Brasil do Mercosul, acordo econômico e tarifário entre países latino-americanos, criado nos moldes da UE. No fim, o Brasil não entrou na OCDE, como Bolsonaro preferia, nem deixou o Mercosul, nem mesmo recebeu alguma preferência da parte de Trump. Porém, aprofundou-se o ambiente de discórdia, com a ajuda das milícias digitais acionadas pela máquina de propaganda digital do presidente, comandada por seu filho Carlos.

Outro filho de Bolsonaro, Flávio, senador pelo Rio de Janeiro, passou a enfrentar uma investigação sobre depósitos em dinheiro vivo, administrados por Fabrício Queiroz, seu ex-chefe de gabinete quando deputado estadual, velho companheiro de farda do próprio presidente. Num discurso em São Bernardo do Campo, após sair da cadeia, o ex-presidente Lula afirmou que o ponto mais importante da agenda brasileira naquele momento era não deixar que organizações de policiais criminosos, como aqueles próximos de Queiroz e da família Bolsonaro, se apoderassem do aparelho do Estado.

"As milícias são a maior ameaça à democracia brasileira", disse. "Precisamos de uma ampla frente democrática para apresentar soluções que enfrentem esse perigo já tão evidente; que apresentem soluções para a falta de segurança nas cidades e para o enfrentamento do crime organizado."

Embora a credibilidade de Lula tivesse sido minada pelo próprio abuso de poder pelo PT, o ex-presidente tomava novamente a voz da oposição. Mantinha-se um estado de hostilidade permanente, que polarizava a política brasileira, enquanto a economia permanecia na estagnação e os indicadores sociais iam de mal a pior.

*

O governo Bolsonaro apostou no modelo ultraliberal de Guedes, como uma forma de fazer o país recuar no tempo, depois de quatro mandatos de cunho socializante e estatizante, interrompidos nos dois anos finais pelo *impeachment* da petista Dilma Rousseff. Porém, os países que já tinham feito esse caminho, voltando do populismo socializante para o neoliberalismo, só tinham aprofundado a crise, em vez de resolvê-la.

Na tentativa de retornar a um Estado mais liberal, em 2019 o presidente do Equador, Lenín Moreno, foi obrigado a recuar do corte de subsídios a combustíveis, que existiam havia quarenta anos. O modelo liberal também fazia água na Argentina e no Chile, que não tinham obtido o progresso esperado, depois de jogarem fora o entulho das políticas populistas de esquerda, como Bolsonaro ainda pretendia fazer.

Na Argentina, o governo de Maurício Macri tinha sido uma reversão brutal de expectativas em relação aos governos de Néstor Kirchner, falecido em 2010, e depois de sua mulher, Cristina, eleita presidente por dois mandatos consecutivos. O liberalismo de Macri, reduzindo a intervenção estatal, não fez a economia crescer. Ao contrário, a pobreza na Argentina atingiu o nível mais alto da década. Em 2018, greves eclodiram e disseminou-se o clima de instabilidade com a queda das Bolsas, a desvalorização do peso, a aceleração da inflação e, sobretudo, o desemprego maciço. Em Buenos Aires, a capital do país, estavam desempregados cerca de um terço dos seus 2,9 milhões de habitantes.

Ao final de 2019, Macri perdeu a eleição para Alberto Fernández, que começou a carreira como conservador e passou a apoiar o kirchnerismo, tornando-se chefe de gabinete de Néstor e depois de Cristina Kirchner – presente na chapa, agora como vice-presidente. O eleitorado argentino não via alternativas novas, dentro de uma democracia que girava no mesmo lugar, enquanto os problemas apenas se agravavam. "Ajude a reconstruir das cinzas o nosso país", disse Fernández a Macri, no discurso de vitória, diante de uma multidão de simpatizantes, no quartel-general da coligação Frente de Todos, no bairro de Chacarita, em Buenos Aires.

As medidas econômicas de Fernández, para a maioria dos argentinos, tinham algo de *déjà vu* – ou de fracasso anunciado. Ele prometia coisas como o congelamento de preços públicos, já feito sem sucesso no passado – paliativo desastroso, como toda tentativa artificial de resolver um problema sem atacar suas causas reais. Em vez de encontrar soluções, a volta ao passado reproduzia um círculo vicioso ao qual todos estavam presos.

Da mesma forma, no Chile o populismo de esquerda alternava-se com o liberalismo conservador, sem resultados efetivos de nenhum lado. Com Michelle Bachelet, em seus dois mandatos (2006 a 2010 e 2014 a 2018), os chilenos tiveram uma maior participação do Estado na economia. Com Sebastián Piñera, de centro-direita, que também já havia estado no poder entre 2010 e 2014, o Chile usou a fórmula liberal. Passou por anos de esforços para melhorar a qualidade de vida dos chilenos, com reformas constitucionais, educacionais, tributárias, de saúde e previdenciária, que deixaram o salário mínimo duas vezes maior que o do Brasil. Porém, tanto a economia quanto a popularidade de Piñera refluíram, diante da força centrífuga do capitalismo tecnológico global.

Com o poder de organização social que a tecnologia facilitou, a mobilização popular no Chile se transformou em rebelião. Em 25 de outubro de 2019, a partir de um protesto de estudantes secundaristas, mais de 1 milhão de pessoas foram para as ruas em Santiago protestar após um aumento de centavos na tarifa do metrô. Sacudiam em cartazes a imagem de Piñera, símbolo de um sistema escorchante.

Reclamavam do custo de vida e do privatismo, que jogou para os cidadãos todas as despesas antes feitas pelo Estado, além de reduzir benefícios trabalhistas e as aposentadorias, cuja administração passou a ser feita por um grupo de cinco bancos privados. As manifestações se estenderam para outras cidades, como Valparaíso, San Antonio e Concepción, deixando um rastro de destruição pelas ruas e um certo espanto, sobretudo para os que consideravam o Chile um modelo de democracia, com uma bem-sucedida reforma liberal.

Mudavam presidentes e primeiros-ministros, governos, mudava o Congresso, enquanto o desemprego, a miséria e a violência cresciam. O entendimento geral de que a democracia não estava cumprindo sua função chegava ao ponto de explosão. Porém, ninguém sabia ainda o que fazer ou para onde ir.

9

A democracia ameaçada

No final da segunda década do século XXI, a desconfiança em torno da democracia estava tanto no sistema quanto nas pessoas para quem ele servia. Somente 16% dos entrevistados da pesquisa sobre democracia realizada pela Fondapol em 2018 acreditavam que, nos países democráticos, o poder era exercido pela população. Grande parte dela (66%) acreditava que o poder estava na mão dos políticos, entendidos não como representantes públicos do eleitorado, e sim como uma casta autônoma que agia por interesse próprio.

As instituições democráticas também contavam com pouca credibilidade: 77% das pessoas não confiavam nos partidos, 64% não confiavam no governo e 59% não acreditavam no Parlamento. Países em desenvolvimento, onde a crise econômica se mesclava à corrupção sistêmica, apresentavam índices ainda piores. No Brasil, a desconfiança em relação ao Congresso era de 90%. Com o Executivo, chegava a 93%.

Um contingente de 82% das pessoas acreditava que a democracia representativa era importante, mas 72% prefeririam participar das decisões diretamente, sem intermediários. Os dados da Fondapol indicavam o descrédito na alternância política: não havia mudanças visíveis que justificassem o voto. Questionava-se até mesmo a universalidade do sufrágio: 38% dos entrevistados prefeririam uma divisão entre quem poderia ou não votar, excluindo da base eleitoral a fatia da população de baixa escolaridade.

Tratava-se de um índice alto, uma vez considerado que o sufrágio universal é um dos valores mais caros para a legitimação das decisões dentro da democracia plena. Permanecia alta somente a confiança nas instituições mantenedoras da ordem, como a polícia (70%) e as Forças Armadas (71%), ou que prestavam serviço à comunidade, como hospitais (81%) e escolas (75%). Esse ambiente fortalecia o surgimento de *outsiders* – gente que poderia significar uma mudança real, supostamente por vir de fora do sistema, ou por não ter vínculo com a elite que se adonava do poder.

As pessoas queriam soluções, mas não o fim da liberdade. Apesar da queda de prestígio da democracia, somente 21% dos entrevistados gostariam que seu país fosse dirigido por militares, e 31%, por algum tipo de liderança autoritária. No Reino Unido, mesmo diante da necessidade de resolver o impasse e as desavenças em torno do Brexit, a chegada de um "homem forte" ao poder era rejeitada por 72% dos entrevistados.

O que fazia esse radar virar para o outro lado era a corrupção. No Brasil, em 2019, 80% dos entrevistados desejavam um líder com mão de ferro, de acordo com a pesquisa da Fondapol.

"Teremos de conviver com um período longo sob tensão", afirmou o ex-presidente brasileiro Fernando Henrique Cardoso, em 13 de dezembro de 2019. "Sentimos hoje um mal-estar, um fenômeno generalizado. Ele se encontra até nos Estados Unidos, o país da democracia e da liberdade, e no Chile, onde a democracia entregou resultados. Neste momento, há uma descrença grande na democracia. Quando não há um atendimento das expectativas, as pessoas procuram as instituições autoritárias, que pelo menos impõem a ordem."[51]

Ocorre que a confusão entre autoridade e autoritarismo costuma ter resultados funestos. Autoritarismo não é autoridade, podendo um existir sem o outro. Quando a sociedade apela a figuras autoritaristas como forma de restabelecer a capacidade de ação do Estado, o resultado acaba sendo o oposto do esperado, já que o líder autoritarista, de maneira geral, se impõe sem a legitimidade proporcionada na democracia e contraria gente demais para ter apoio prolongado. Perde a autoridade e por isso acaba apelando para doses cada vez maiores de autoritarismo, que levam à arbitrariedade, quando não à violência, de forma a controlar a sociedade e defender sua posição.

Uma das ilusões a respeito do autoritarismo é de que somente um regime mais duro pode adotar medidas mais amargas. Nesse ponto, porém, todo regime enfrenta as mesmas dificuldades. Líderes populistas tendem a fazer promessas irrealizáveis em campanha, que geram frustração quando passam pelo exame prático. Líderes democráticos tendem a recear a execução de políticas impopulares, mesmo quando necessário, para não perder apoio popular. E líderes autoritários e ditadores enfrentam o desgaste em longo prazo: na primeira crise, as pessoas se lembram da liberdade como um bem inalienável.

---

[51] Fernando Henrique Cardoso, em palestra sobre o estudo "Democracias sob tensão", no Instituto FHC, em 13 de dezembro de 2019.

Na Sociedade da Informação, a opção por regimes autoritaristas se tornava ainda mais difícil. A participação ativa da população em todos os assuntos de governo, organizando-se e fazendo pressão direta sobre os representantes, tornava as antigas ditaduras tão anacrônicas quanto ir a uma festa de fraque e cartola.

Na Sociedade da Informação, o autoritarismo encontrou outro caminho. Infiltrou-se na democracia, vestindo a sua roupa, multiplicando os inimigos. No tempo de George W. Bush, a justificativa para medidas de exceção pelo governo americano foram o terrorismo e o inimigo externo. Para Trump, havia muitos inimigos externos, como a China, os imigrantes e os organismos internacionais. Porém, havia também os internos – a "esquerda radical", entendida como qualquer um que não concordasse com ele, a ciência médica e, sobretudo, a imprensa.

Trump passava por cima de todos os controles contra exorbitâncias presidenciais. Em 6 de fevereiro de 2020, graças à maioria do Partido Republicano, o Senado negou o *impeachment* do presidente, contra o relatório aprovado na Câmara. Foram 52 votos a 48 para a extinção da acusação de abuso de poder e 53 votos a 47 contra a acusação de obstrução do processo dentro do Congresso.

Para bloquear o *impeachment* de Trump, os senadores republicanos alegaram a defesa do sistema presidencialista. "O que os membros da Casa [a Câmara dos Deputados] propuseram foi basicamente destruir a presidência, como a conhecemos", disse o senador Lindsey Graham, da Carolina do Sul. "No caso de Donald Trump, estão querendo destruir a instituição a pretexto de pegar o homem."

Para a oposição, não se tratava de discutir o presidencialismo, e sim o atropelamento do sistema democrático, no qual o presidente não pode tudo. "Os senadores republicanos acabam de pavimentar a estrada para o autoritarismo nos Estados Unidos", escreveu Brian Klaas, professor de política global da University College London, no jornal *The Washington Post*. "Se ele [Trump] abusar de novo do poder, fica a cargo de seus camaradas no Senado julgar suas responsabilidades num processo de *impeachment* — e eles acabam de falhar espetacularmente nessa tarefa, apesar de ele ter cometido o mais notório abuso de poder da história recente dos Estados Unidos."[52]

---

[52] KLAAS, Brian. Senate Republicans just paved the road to American authoritarianism. *The Washington Post*, Feb 3, 2020.

Segundo um levantamento do jornal *The Washington Post*, os senadores que votaram a favor do impedimento representavam 68 milhões de votos, 12 milhões a mais que os senadores que votaram contra. Como o voto de cada senador tem o mesmo peso, porém, Trump ganhou, novamente, contra a maioria numérica do eleitorado no país, assim como ocorrera na sua eleição. Mais uma razão para a discussão sobre a legitimidade e a representatividade do sistema no país que sempre ostentou sua democracia com orgulho.

*

Com valores antes indiscutíveis sob ataque direto, o discurso autoritário se expandiu, mesmo nos países de mais profunda tradição democrática. "O retorno a modelos autoritários começou a se tornar possível mesmo em países como a França", afirmou Dominique Reynié, diretor da Fondapol. Por meio da intolerância, o radicalismo autoritário não somente impunha a defesa de interesses na economia, como também se expandia para a religião, a cultura e o comportamento, as outras peças no conjunto do controle social.

Nos países da Europa, a simples disputa por melhores condições de vida deixava de ser o tema central do debate. Atacava-se o oponente por razões contra as quais não havia argumento, próprias da intolerância, de modo a quebrar o princípio da igualdade e impor uma vontade sobre a outra, fora das regras democráticas.

Mesmo que não fossem maioria, os radicais de esquerda ou direita polarizavam a sociedade, criando uma política plebiscitária, como observou no Reino Unido o jornal *The Guardian*, em outubro de 2019, sobre a disputa em torno do Brexit. "Ambos os partidos [Trabalhista e Conservador] estão oferecendo apostas heréticas contra os princípios do pensamento geral", escreveu o jornal, tradicionalmente apoiador do Partido Trabalhista. "Ambos são menos pluralistas e mais sectários."

Com 8,45 milhões de pessoas entre 16 e 64 anos desempregadas na Grã-Bretanha, os imigrantes foram o primeiro alvo das manifestações discriminatórias e das políticas do novo governo. Eleito para desentocar o Brexit, o governo do primeiro-ministro Boris Johnson baixou um sistema de pontuação para a permanência de estrangeiros, a contar a partir de janeiro de 2021. Só poderia trabalhar no Reino Unido quem atingisse ao menos 70 de 100 pontos possíveis, como num vestibular. Para ficar no país, o estrangeiro precisava ganhar no mínimo 25.600 libras anuais, ter habilidades específicas e falar inglês de forma fluente. O departamento do Tesouro estimava que, daquela forma, 70% dos trabalhadores oriundos de países da União Europeia seriam excluídos do Reino Unido[53].

Depois do Brexit, os britânicos davam outro gigantesco passo para trás. O Reino Unido já não era a nação que, em 2004, foi a primeira a abrir o mercado de trabalho para imigrantes das antigas nações comunistas que ingressavam na União Europeia, ainda barrados em países como a Alemanha e a França. Em 2019, autoridades britânicas se gabavam de fazer o caminho contrário. "Este é um momento histórico para todo o Reino Unido", anunciou em 19 de fevereiro de 2020 a secretária do Interior, Priti Patel, cuja pasta abrangia a política de imigração, ao anunciar pelo Twitter a adoção da pontuação que selecionava estrangeiros no país. "Estamos acabando com a movimentação livre, retomando o controle das fronteiras e atendendo às prioridades ao introduzir um sistema de imigração baseado em pontos, que deve puxar para baixo os números gerais da imigração."

Em 2019, o Reino Unido abrigava 3 milhões de imigrantes da União Europeia. O que o governo esperava com seu processo seletivo, na realidade, era reter – e mesmo atrair – profissionais qualificados, como pedia o novo mercado da economia digital. Enquanto isso, atividades que empregavam mão de obra barata – como o *catering*, a construção civil e a assistência a idosos – estavam em apuros. "Em alguns setores, as empresas ficarão se perguntando como vão recrutar pessoas para tocar seus negócios", afirmou Carolyn Fairbairn, diretora-geral da Confederação da Indústria Britânica.

Escolher quem pertencia ou não ao país, depois de décadas de globalismo, não era tão simples, mesmo fora da UE. De acordo com levantamento da consultoria McKinsey, havia em 2015 cerca de 247 milhões de pessoas no mundo fora de seus países de origem, três vezes mais do que nos anos 1950. Desse contingente, 90% saiu voluntariamente e metade migrou de países em desenvolvimento para países desenvolvidos. "No Canadá, Espanha, Reino Unido e Estados Unidos, a migração fez crescer em 40% a força de trabalho entre os anos 2000 e 2014", afirmou a McKinsey.

No momento em que a liberdade passou de solução a problema, a tolerância e a inclusão foram substituídas pelo seu contrário. A repulsão econômica passava a se transformar em discriminação, perseguição e

---

[53] CASTLE, Stephen. U.K.'s new immigration rules will restrict low-skilled workers. *The New York Times*, Feb 19, 2020.

conflito, sob qualquer pretexto rotulável: nacionalidade, raça, identidade sexual, religião ou condição social. O inimigo podia ser definido arbitrariamente: a rigor, qualquer um podia ser considerado um estorvo.

*

Essencialmente, regimes autoritários são aqueles que acomodam as diferenças entre as pessoas de alguma forma coercitiva. Embora para muita gente nascida no Ocidente no século XXI isso pudesse parecer estranho, mais da metade da população mundial ainda se encontrava, em 2020, sob a égide de regimes autoritários, segundo o levantamento anual do nível de democracia no mundo, realizado pela revista britânica *The Economist*, por meio do Democracy Index. Enquanto isso, os países democráticos se tornavam cada vez menos democráticos, inclusivos ou igualitaristas.

Em 2019, o Democracy Index recuou dos 5,48 pontos de 2018 para 5,44 pontos. Essa diferença centesimal parece pequena, mas foi o pior resultado em uma década – e o segundo pior desde a criação desse índice, em 2006.

Os critérios pelos quais a publicação media o desempenho da democracia das nações envolviam a legitimidade do processo eleitoral, o pluralismo, o funcionamento do governo, a participação política, a cultura política e as liberdades civis. Dos 76 países considerados democráticos em 2019, somente 22 estavam no topo da lista, com mais de 8 pontos no Index, patamar das democracias plenas. Os Estados Unidos tinham 7,96 pontos. O Brasil, que tinha 7,12 pontos em 2010, caiu para 6,86 pontos, na faixa das democracias moderadas. A Rússia (3,11 pontos) e a China (2,26) se encontravam na lista dos países autoritários. A maior ditadura do mundo, para os avaliadores da *The Economist*, era a Coreia do Norte, com 1,08 ponto.

Em janeiro de 2020, a Universidade de Cambridge divulgou uma pesquisa com base em uma amostra de 4 milhões de pessoas em 154 países, que revelou um cenário também preocupante para a democracia. O percentual de pessoas insatisfeitas com o sistema democrático, que era de 48% em 1995, quando a pesquisa foi realizada pela primeira vez, atingiu em 2019 a marca de 58% – um recorde. "A democracia sofre de mal-estar em todo o mundo", disse o coordenador da pesquisa do Centro para o Futuro da Democracia em Cambridge, Roberto Foa.

O estudo de Cambridge apontava um apoio cada vez mais forte a lideranças autoritaristas ou populistas nos países do mundo livre, ao mesmo tempo que crescia o descrédito no sistema democrático. Os mesmos estudos, porém, mostravam igualmente uma crise dos regimes autoritários, que não iam melhor nem eram mais bem-vistos pela população. Isso aparecia na pesquisa realizada pela *The Economist* dentro da categoria "participação política" – que poderia indicar liberdade de manifestação, mas significava, mesmo, "protestos". Eles aumentaram bastante, tanto em países democráticos quanto nos autoritários: o índice saltou de 4,59 pontos em 2018, na média, para 5,28 pontos em 2020.

"Com exceção da América do Norte, todas as regiões registraram um aumento na categoria de participação política", apontou o relatório. Em 2019, houve grandes protestos em países democráticos, como o Chile, assim como em países sob regimes autoritários, caso da Rússia, da Venezuela e da China.

Nos países democráticos, ocorria um clamor por mais autoridade. Nos países autoritários, crescia o clamor por liberdade. Porém, ambos buscavam soluções diante das mesmas dificuldades impostas pelo capitalismo tecnológico em todo o mundo. Como resultado, a intolerância se espalhava em toda parte, minando lideranças e sistemas políticos, que tentavam resolver problemas do presente com soluções e mentalidade do passado.

10

A via autoritária

Apesar de aderirem ao livre mercado internacional, no final do século XX, os maiores regimes autoritários do planeta frustraram as expectativas de um futuro com mais liberdade política. A arrancada econômica acabou por amortecer em larga medida os apelos por liberdade. Quando as coisas passam a dar certo, surge o receio de mudar. A Rússia recuperou sua condição de potência mundial. A China também. A queda das barreiras que mantinham o mundo comunista atrás da Cortina de Ferro permitiu aos chineses avançar sobre o resto do mundo, assimilando a lógica do capitalismo liberal pelo lado que lhes favorecia.

A força dessa retomada impressionou os países do Ocidente, que esperavam aproveitar oportunidades de negócios naquele pedaço do planeta em reconstrução, mas não imaginavam o impacto do caminho inverso dessa "rota da seda" contemporânea. A China, com a Índia em segundo lugar, passou a tomar os mercados graças à sua mão de obra eficiente, barata e acostumada a trabalhar sem sindicatos ou outra forma de organização reivindicatória. Com taxas de crescimento acima de 10% por mais de uma década, os chineses mostraram que sua cultura de cinco milênios e o passado comunista nada tinham de incompatível com o capitalismo global e, depois, o digital.

Diferentemente de outros países democráticos inseridos na economia global, chineses e russos não perdiam muito tempo com o minueto democrático. Enquanto os países livres enredavam-se no processo decisório do sistema representativo, no qual interesses conflituosos retardam decisões e dificultam medidas impopulares, Rússia e China partiram mais rápido, de forma planejada e efetiva, para o cenário que surgia.

Dessa forma, especialmente no caso da China, atraíram a indústria do mundo inteiro, pela comunicação elementar do capitalismo, que faz o dinheiro fluir na direção de onde se gasta menos e ganha-se mais – inclusive entre países, na economia global. Ao mesmo tempo, em razão do descompromisso com a liberdade de informação, China e Rússia foram os principais países a controlar a entrada das empresas digitais no país, criando uma reserva de mercado para a evolução de *startups* nacionais, enquanto limitavam a ação das empresas de tecnologia americanas.

Com isso, o mundo democrático acabou sendo atingido por dois *tsunamis* sequenciais: a migração do emprego menos qualificado para o Oriente e a otimização do que restou por meio da tecnologia, que também influiu na redução da oferta de emprego e do tipo de trabalho ofertado. Ainda assim, havia a consciência, estimulada pela própria tecnologia de infinito acesso à informação, de que era preciso encontrar soluções dentro do ambiente democrático, o único em que se cria a sustentabilidade no longo prazo.

"Existe apoio à globalização e ao pluralismo, e não estamos ainda num mundo que rejeita os valores democráticos", afirmou Dominique Reynié, da Fondapol. "Mas essa concorrência da democracia com regimes autoritários reforça a urgência da democracia em reencontrar o caminho da prosperidade. E os valores do progresso social e do humanismo precisam ser fortalecidos."

Após o colapso da União Soviética, a Rússia começou a tomar o rumo democrático, mas o sucesso da economia pesou para a consolidação de uma nova autocracia, que manteve a rédea econômica, mas atrasou o avanço das liberdades. Isso ocorreu, em boa parte, graças a traços culturais. Tradicionalmente, os russos gostam de lideranças fortes; para eles, a fonte de um país capaz, coeso e disciplinado, no qual o indivíduo não está acima da coletividade.

Ao contrário, a ideia de que o bem coletivo depende do sacrifício individual – como se viu com os mineiros que se voluntariaram para enterrar o lixo atômico vazado da usina nuclear em Chernobyl – está na base de um estoicismo que remonta às priscas eras do velho czarismo. Assim como os chineses, os russos aprendem desde cedo a trabalhar duro – e a não reclamar de nada. "Se alguém vive com amargura e raiva, não ama a mãe pátria", já escrevia, em 1865, o poeta e ficcionista russo Nikolay Alexeyevich Nekrasov, na *Gazetnaya*.

Aqueles que viam a liberdade individual e a democracia como consequências naturais do liberalismo econômico enganaram-se sobre o *corpus* da nação russa. "A saída natural da Rússia era vista como a adoção dos valores liberais e democráticos, integrando a liga de Estados com instituições que serviam como modelo do desenvolvimento progressivo", escreveu Elena Chebankova, conferencista sênior de política e relações internacionais da Universidade de Lincoln. "A chegada de [Vladimir] Putin subverteu esse paradigma. A natureza da 'ideologia' russa e o caráter específico da sociedade russa tornaram-se os pontos centrais do escrutínio acadêmico e público."[54]

Na saída do comunismo, os russos encontraram um líder ambicioso o suficiente para retomar seus sonhos de grandeza na era contemporânea. Ele testemunhou da primeira fila o impacto do fim da influência russa no mundo, quando caiu o Muro de Berlim, em 1989. Tinha 36 anos de idade e servia em Dresden como agente secreto da KGB, o serviço de espionagem do governo russo, no qual construiu sua carreira. Via a si mesmo como um predestinado, para o qual não havia empecilhos.

Em seu livro de memórias, *First Person* ("Primeira Pessoa"), publicado em 2000, relatou sua experiência na Alemanha oriental e o medo do colapso da União Soviética. Sua preocupação central era a recuperação do orgulho nacional russo. Sintomática foi sua posição, já no governo, quando surgiu o debate em torno do fechamento do mausoléu de Lênin, a tumba de mármore ao lado do Kremlin que guarda a múmia do líder bolchevique num caixão aberto, iluminada como uma joia humana. De acordo com as pesquisas de opinião, a maioria dos russos achava que Lênin tinha de ser enterrado de uma vez por todas. Putin, porém, foi contrário. Defendeu a posição de que enterrar Lênin seria renegar o passado, o que a Rússia não podia fazer. Admitir um erro histórico seria sinal de fraqueza. Para ele, o comunismo era apenas uma etapa da construção da Rússia: nada havia de que se arrepender.

Putin criou sua própria fórmula de autoritarismo travestido de democracia, apostando no caráter russo e nas ideias de Vladislav Surkin, um ideólogo adequado às suas pretensões. Com a justificativa de que a mentira é válida quando tem boas intenções, Surkin aplicava na sociedade digital a velha ideia maquiavélica de dividir para governar, de forma a manter a sociedade mobilizada por uma causa. Fundamentou o conceito de "soberania democrática", ou "soberania do povo". Partia do princípio de que, se o povo é soberano, nada deve impedir o "triunfo de sua vontade". Caberia a um intérprete do povo exercê-la diretamente, em vez de representantes que, como mostravam as dificuldades das democracias

---

[54] CHEBANKOVA, Elena. Book Review of *new trends in russian political mentality: Putin 3.0*, Elena Shestopal, ed. *Slavic Review* 77:1, Spring 2018.

ocidentais, sequestravam o poder para si, em vez de utilizá-lo para o bem comum.

A internet colaborava para a sintonia direta com as pessoas, e Putin cabia bem no papel de seu intérprete, com a ajuda do banco de dados que o meio digital proporcionava, o que faria dele o pioneiro de uma geração de demagogos digitais. Como antigo homem do serviço de inteligência, isto é, de informação, no governo ele podia não somente censurar a internet, como também utilizar a base de dados oferecida pelas redes sociais de forma a avaliar o perfil, os interesses e as demandas dos cidadãos. E utilizava a conexão direta com os eleitores na via digital para fazer o que, desde sempre, soube ser fundamental nos regimes autoritários: a manipulação da opinião pública para o controle social.

Enquanto nos países democráticos se discutia a proteção da privacidade e o controle do uso dos dados, especialmente com vistas a influir nos resultados eleitorais, Putin navegava livremente no universo dos metadados – as informações, inclusive privadas, que estão por trás de tudo o que se publica no ambiente virtual. Sem empecilhos para invadir a privacidade alheia, o governo russo não perdia muito tempo dando satisfações sobre abuso de direitos, e tampouco ficava paralisado em conflitos éticos ou ideológico-partidários. Putin podia reeditar, em pleno século XXI, a máxima de Goebbels, segundo a qual uma verdade é uma mentira repetida mil vezes. Só que agora podia turbiná-la aos milhões com a internet.

Empenhado na recolocação da Rússia como potência mundial, além do reaparelhamento militar, Putin criou o que pretendia ser uma "terceira via": um autoritarismo contemporâneo, alternativo à democracia ocidental. Segundo essa visão, os populistas seriam os verdadeiros democratas. E os mecanismos democráticos sobre os quais Putin passava como um rolo compressor eram o que impedia o "intérprete popular" de fazer todas as suas vontades como se fossem do público. O autoritarismo em boas mãos garantiria o bom funcionamento das instituições, com a função de deter negociatas e abusos, incluindo os da imprensa e da justiça.

Do Kremlin, o castelo de tijolos vermelhos onde se encontram as tumbas dos czares e ditadores comunistas, Putin passou a controlar tudo: a mídia, o sistema eleitoral, o Parlamento (incluindo seus quatro maiores partidos), os maiores bancos, as empresas de energia, o sistema judiciário e a polícia. O estoicismo russo, que muitos poderiam confundir com resignação, tolerou o regime de liberdade vigiada em nome da construção de uma economia mais dinâmica. Essa obstinação colaborou para restabelecer o país como liderança do conglomerado de nações vizinhas da Federação Russa, que ficaram sob a influência do país central mesmo após o fim da União Soviética, funcionando como uma espécie de mercado comum e conservando antigos laços.

Dessa forma, Putin conseguiu o que mais precisava: reerguer a economia. Em 1999, quando chegou ao governo pela primeira vez, como primeiro-ministro, a renda média do russo era de 6 mil dólares ao ano. Em 2019, era o dobro: 12 mil dólares. Na Moscou da segunda década do século XXI, não se via a mesma pobreza que avançava nas metrópoles dos países em desenvolvimento. A terceira via de Putin entregava aos russos as promessas sociais que já tinham feito a águia de duas cabeças do czarismo serem substituídas por estrelas vermelhas nas torres do Kremlin.

O progresso russo se mostrava até na limpeza impecável de ruas e calçadas e do metrô. Apesar da censura, a internet funcionava, assim como o cartão de crédito e outros serviços inexistentes na era soviética. O GUM, em frente à Praça Vermelha, em Moscou, criado pela czarina Catarina e transformado, no período soviético, num armazém de distribuição de alimentos, tornou-se um dos shoppings mais caros do mundo, com tudo que ofereciam as grifes ocidentais.

A recuperação econômica, entretanto, devia-se menos ao dirigismo político, ou a outras supostas virtudes dos regimes autoritários, e mais a condições econômicas favoráveis. A liberdade econômica, na qual floresceu uma geração de capitalistas locais, recebeu um impulso extra em razão da alta do preço do petróleo, que favorecia os grandes produtores. Era o caso da própria Rússia e da Venezuela, da qual os russos compravam a maior parte da produção para revenda, dado o bloqueio econômico imposto pelos Estados Unidos ao governo venezuelano.

Com tudo isso, numa população de 140 milhões de habitantes, ainda havia um contingente de 20 milhões abaixo da linha da pobreza. Assim como na China, a suposta evolução econômica despertava um desejo crescente de liberdade, até mesmo para aproveitar plenamente o progresso. Os métodos de Putin passaram a ser contestados, a começar por sua aliança com a elite russa, que lhe garantia o poder. Governadores, líderes partidários e a nata empresarial faziam parte de uma engrenagem de colaboração por meio da qual, em troca de apoio político, recebiam a garantia de lucros e influência. A partir de 2012, Putin passou a enfrentar denúncias de que esse acordo se transformara em máquina de corrupção.

Manteve-se no poder criando factoides e fabricando inimigos, como tática diversionista. Descobriu que podia investir na onda crescente da intolerância no meio digital, para dividir ainda mais a sociedade e apresentar-se como o seu salvador. Lançou campanhas contra gays, imigrantes, o Ocidente e grupos feministas, como o Pussy Riot. Obteve pontos favoráveis em pesquisas de opinião. Não dispensou também a guerra: sua popularidade cresceu após a anexação da Crimeia e a invasão da Ucrânia, em 2014, efetuada depois que o presidente ucraniano, Viktor Yanukovych, seu aliado, abandonou o país após uma manifestação pacífica de protesto contra o governo.

Afeito aos métodos da KGB, Putin ordenou, permitiu ou tolerou o crime como política de Estado. Ficou claro para as autoridades britânicas a conivência, no mínimo, do governo de Putin na tentativa de matar o agente russo Sergei Skripal e sua filha Yulia, envenenados com *novichok*, uma substância neurotóxica, em um shopping de Salisbury, no Reino Unido, em 4 de março de 2018. O governo russo negou sua participação no atentado, mas o governo britânico foi o primeiro de 30 países a expulsar 300 diplomatas russos, acusados de pertencerem a uma rede de espionagem, desvelada em meio a esse episódio. Pai e filha sobreviveram, após ficarem em coma por um mês. Em agosto do mesmo ano, ao saber que tinham escapado da morte, durante um fórum de energia em Moscou, Putin manifestou o que pensava. "Ele [Sergei] era simplesmente um espião, um traidor da pátria-mãe", disse. "Existe esse conceito – traidor da pátria-mãe. Ele é simplesmente um canalha, só isso."

Putin sempre esteve do lado contrário ao dos Estados Unidos em todas as questões da política internacional. Fez oposição à queda de Saddam Hussein no Iraque, de Hosni Mubarak no Egito e Muammar Kadafi na Líbia. Com apoio militar, ajudou a sustentar o regime de Bashar al-Assad na guerra civil da Síria, opondo-se aos interesses americanos. Por fim, aproximou-se da China. Decidido a mudar o capítulo da história segundo o qual os americanos saíram da Guerra Fria vitoriosos, buscava novamente polarizar o mundo. Com a diferença de que essa polarização não corria separada por muros ou cortinas políticas: estava dentro da sociedade planetária, no dia a dia, em que o germe da intolerância se disseminava.

A polarização servia para manter o público sempre com o receio de uma ameaça maior do que a realidade da economia, cujo ciclo entrava na fase do declínio. Com o tempo, os países autoritários passaram a não funcionar tão bem, vitimados pelas mesmas transformações do capitalismo que afetavam o resto do mundo. A diferença era somente que, se nas democracias ainda havia liberdade do sistema para criticar a si mesmo, corrigir erros e melhorar, nos regimes autoritários a crise virava razão para um aperto maior sobre a sociedade, especialmente quando se denunciava a corrupção e outras teratologias dos sistemas dirigistas.

Em sua segunda eleição como presidente, em 2018, Putin recebeu 77% dos votos, mas sua taxa de aprovação caiu. No final de 2019, as pesquisas oficiais indicavam que somente 32% dos russos confiavam nele. O Kremlin mandou mudar a metodologia das pesquisas, e seu índice de aprovação subiu magicamente para a casa dos 60%. Ainda assim, muito abaixo dos 90% que havia alcançado ao tomar a Crimeia.

O líder russo resistia a uma abertura política, mas os russos nunca haviam estado tão conectados com o mundo, no qual se transmitia o espírito de liberdade. Na Copa do Mundo de 2018, organizada para mostrar ao planeta a nova Rússia, os jovens universitários colocados para fazer o atendimento aos turistas vindos do mundo inteiro já tinham nascido na era digital. Ao contrário das antigas gerações de russos monoglotas, falavam inglês fluentemente. E coloriam Moscou e outras grandes cidades com concertos de rock nas praças e eventos culturais que poderiam figurar em qualquer metrópole americana ou europeia.

Criadas dentro de uma sociedade de consumo e com uma liberdade incompatível com um Estado autoritário, as novas gerações russas passaram a cobrar a liberdade, ao mesmo tempo que a qualidade de vida refluía. A partir de 2015, quando a guerra na Crimeia já era coisa do passado e a economia entrou em estagnação, começaram os protestos políticos de forma regular. Líderes de oposição, como Alexei Navalny, um advogado sem partido, surgiram à frente de um movimento contra a corrupção, impulsionado pelas redes digitais.

Em julho e agosto de 2019, multidões foram às ruas em Moscou manifestar-se contra tudo: do sistema eleitoral à crise ambiental. O movimento deu aos partidos de oposição uma força maior e instaurou um clima de confronto, que resultou em cerca de 2.500 prisões. Os protestos foram controlados, mas desgastaram a imagem de Putin dentro do país e ao redor do mundo. Imagens de manifestantes feridos e o processo judicial contra os encarcerados sinalizavam que as manifestações não seriam toleradas, num endurecimento do neoautoritarismo russo, o que aumentou o apoio internacional à oposição.

"Putin tem estado menos no controle do que parece", afirmou John R. Haines, codiretor do Eurasia Program e diretor executivo do Princeton

Committee. "E a ideia dominante de que as coisas não mudam politicamente – uma mensagem que tem sido martelada dentro do país nos últimos vinte anos – pode estar começando a se enfraquecer junto ao público."[55]

Com duas décadas no posto mais alto do Executivo, o que fazia dele em 2018, aos 66 anos, o líder russo há mais tempo no poder desde Joseph Stalin, Putin declarou ao *Financial Times* ser um admirador do czar Pedro, o Grande, e dava sinais de que não estava com pressa de sair. Baixinho, com 1,68 m, registrados oficialmente como 1,70 m, subia um degrau para tirar fotos com líderes mais altos que ele. E não queria descer também na escada do poder.

Em seu discurso anual, em 15 de janeiro de 2020, Putin afirmou que gostaria de implementar uma mudança na Constituição, para dar à Duma, a Câmara baixa do Parlamento, o poder de escolher o premiê e outros cargos. "Isso aumentaria o papel e o significado do Parlamento do país, dos partidos parlamentares, além da independência e responsabilidade do primeiro-ministro", alegou. Impossibilitado de concorrer à presidência por mais de dois mandatos consecutivos, o que encerrava seu termo em 2024, Putin, na prática, instalava um mecanismo para continuar governando.

Pretendia devolver poder ao posto do primeiro-ministro da mesma forma que ele inventara o presidencialismo, quando estava no termo de seu governo como primeiro-ministro. Com essa nova reviravolta, sabia que o novo cargo já o esperava. E apresentava os motivos de sempre para continuar no poder. "A Rússia não tem tempo a perder", disse no início de seu discurso, perante a Assembleia Federal, em Moscou. Fez promessas sociais, destinadas sobretudo a aumentar a taxa de natalidade, em declínio no país.

Como a encarnação do patriotismo, pressupunha que a Duma sempre decidiria a seu favor. Para garantir, propôs que futuros candidatos tivessem de cumprir certos requisitos, como ser russo nato e viver na Rússia há pelo menos 25 anos – o que excluiria da concorrência políticos de oposição que se encontravam no exílio, como o magnata do petróleo Mikhail Khodorkovsky, considerado o homem mais rico do país. Khodorkovsky ousou sonhar com a presidência e acabou preso por fraude e sonegação fiscal. Anistiado por Putin em 2013, depois de dez anos na cadeia, exilou-se na Suíça e radicou-se depois em Londres.

A nova manobra de Putin para a perpetuação no poder encontrou uma resistência maior. Incontinente, o primeiro-ministro em exercício, Dmitri Medvedev, renunciou, junto com todo o gabinete. Segundo as agências de informação russas, que estavam sob o controle de Putin, Medvedev garantiu

---

[55] HAINES, John. Russia's illusory "third road". Foreign Policy Research Institute, May 21, 2018.

que sua saída era para ajudá-lo. "Nós, enquanto governo da Federação da Rússia, devemos dar ao presidente do nosso país os meios de tomar todas as medidas que se impõem", disse. "É por esse motivo que o governo, em conjunto, entrega sua demissão."

Assim, o governo de Putin rumava menos para uma democracia verdadeira do que para uma ditadura sem retoques. "[A Rússia hoje é] uma forma extrema de plutocracia que requer o autoritarismo para persistir", afirmou o economista Anders Aslund[56]. A luta por permanecer no poder tornou-se mais importante do que a racionalidade na diplomacia e na política econômica – o princípio do fim de qualquer regime.

Putin continuou se livrando da oposição, de qualquer forma. Em agosto de 2020, Alexei Navalny, que desde junho chamava a reforma constitucional de "golpe" e "violação da Constituição", passou mal durante um voo e o avião fez um pouso de emergência em Omsk. Foi internado inconsciente e, graças a esforços diplomáticos internacionais, transferido a salvo para o hospital Charité, em Berlim, na Alemanha.

"Alexei foi envenenado", afirmou pelo Twitter Kira Yarmysh, secretária de imprensa da Fundação Anticorrupção, fundada por Navalny em 2011. "Suspeitamos que foi algo misturado ao chá, a única coisa que tomou. Os médicos estão dizendo que o agente tóxico é absorvido mais rapidamente em líquido quente." O Charité emitiu um comunicado, dizendo que "o desfecho da doença permanece incerto e, nesta etapa, não podemos descartar sequelas no longo prazo, em particular no sistema nervoso".

Não havia nenhuma prova concreta de que se tratava de um crime de Estado, mas, se não havia ali o dedo de Putin, era o que parecia. Para a oposição, o homem que estava a nove anos de bater o recorde de Stalin no poder servia somente como a mão de ferro que protegia a elite oligopolista, vampirizadora do Estado. O que antes resultava em progresso, criava agora o atraso.

E os russos não estavam sozinhos.

*

Quando a China promulgou o fim do comunismo, ainda que sob o comando do Partido Comunista, única legenda permitida no país, acreditava-se que o liberalismo levaria à liberdade política. Pensava-se ainda que a China, por seu isolamento durante o regime comunista e a

---

[56] ASLUND, Anders. *Russia's crony capitalism*. Yale University Press, 2019.

barreira da língua, teria dificuldades para se adaptar ao globalismo. Nada disso aconteceu. O Partido Comunista permaneceu firme no poder. E poucos se adaptaram ao globalismo e à Sociedade da Informação como os chineses.

Primeiro, a China dominava uma tecnologia que se tornou essencial: o governo de uma superpopulação. Com 1,4 bilhão de habitantes em 2017, segundo o Banco Mundial, as empresas chinesas já surgiam com a escala de companhias multinacionais, dado o imenso mercado interno. Segundo, a sociedade chinesa carregava traços culturais, educacionais e religiosos que faziam dos chineses trabalhadores altamente eficientes e, ao mesmo tempo, dispostos a trabalhar por pouco, sem reclamar – a mão de obra ideal para um mercado de consumo de massa voltado para a produção de bens pelo valor mais baixo possível.

Assim, a China atraiu negócios do mundo inteiro, no início, porque as empresas sonhavam disputar o gigantesco mercado chinês, mas depois porque se tornou difícil competir no mercado mundial sem as condições que só existiam dentro daquele país. Os resultados vieram. A partir da reforma de 1978, segundo o Escritório Nacional de Estatísticas da China, órgão governamental compilador de dados econométricos, cerca de 300 milhões de chineses – o que significava um quarto da população – passaram a ser considerados de classe média, uma categoria antes inexistente. Era um contingente maior do que toda a população dos Estados Unidos. Entre 2012 e 2017, o número de chineses considerados na miséria, com uma renda inferior a 1 dólar por dia, caiu de 100 para 43 milhões de pessoas, de acordo com o Banco Mundial. Como os americanos, os empreendedores chineses aproveitaram a geração de capital excedente para investir em outros países, de modo a ganhar mais posições no mercado global.

Apesar do seu gigantesco potencial, a China passou, com o tempo, a sofrer os mesmos problemas de outros países. A concentração da renda, como no resto do mundo, tornou-se crítica. Apesar de todo o grande crescimento contínuo por longo período, o Banco Mundial estimava, em 2017, que meio bilhão de chineses, ou 40% da população, ainda se encontrava na faixa da pobreza – isto é, com uma renda diária menor do que 5 dólares. O capitalismo tecnológico começou a encolher o emprego, a renda e o mercado. As taxas de crescimento passaram a ser menores.

Em 2019, de acordo com o Escritório Nacional, o crescimento da economia chinesa foi de 6,1%, menos que em 2018, quando alcançou

6,8% – pior resultado em 28 anos. Para muitos países, seria um grande resultado. Para os chineses, que ainda tinham centenas de milhões de pessoas para tirar da pobreza, estava longe de ser bom. "A desaceleração na China tornou-se bastante significativa", afirmou em setembro de 2019 o economista Tommy Wu, especialista em Ásia da Oxford Economics. "O enfraquecimento da economia doméstica e a deterioração do ambiente externo, incluindo a redução global e as tensões nas relações de comércio exterior, tiveram um papel importante nisso."

Os protestos cresceram, mostrando que mesmo os chineses, com sua paciência proverbial, acabam se cansando da falta de liberdade, especialmente quando o autoritarismo não está mais promovendo progresso na medida desejada. Entre setembro e outubro de 2014, começou em Hong Kong a Revolução dos Guarda-Chuvas, referência ao recurso caseiro ao qual recorriam os manifestantes para se proteger das bombas de gás lacrimogêneo. Ex-colônia britânica, considerada legalmente uma "região administrativa especial" da China, com relativa autonomia, Hong Kong rebelou-se contra a aprovação, pelo Congresso Nacional do Povo, de uma proposta de reforma eleitoral, segundo a qual uma lista tríplice de candidatos teria de passar por um "comitê de nomeação" chinês antes da eleição. Para ser oficialmente empossado, o presidente precisaria passar pela aprovação do governo central da China.

Contra o avanço do regime chinês sobre a administração local, os manifestantes reivindicavam a democratização no país, como se esperava desde o massacre de Tiananmen, a Praça da Paz Celestial. Assunto mantido como tabu pelas autoridades chinesas, porém rememorado em Hong Kong com protestos anuais, o massacre aconteceu após uma série de protestos dos estudantes. Com a dissolução da União Soviética, queriam a liberalização da economia chinesa, com mais empregos e a redução da inflação. E pediam pela reforma do regime comunista chinês, a começar pelo fim da censura e o combate à corrupção.

Em 13 de maio de 1989, cerca de 5 mil estudantes ocuparam a Praça da Paz Celestial, dando início a uma greve de fome que contou com o apoio maciço da população. O Politburo Central do Partido Comunista da China, com apoio dos seus "anciãos" – membros já aposentados do governo e da atividade partidária, consultados em situações de crise –, decidiu dissolver o movimento pela força. Em 20 de maio, o governo declarou a lei marcial, uma autorização formal para a violência. Na noite de 3 de junho, mandou a tropa dispersar os manifestantes.

No confronto, dia 4, teriam morrido 2.600 pessoas, segundo a Cruz Vermelha chinesa. Porém, nunca houve um número preciso. Os mortos foram estimados entre 3 e 5 mil pelos repórteres estrangeiros, que se encontravam em Pequim para cobrir uma visita do então presidente russo Mikhail Gorbatchev. Não foi só o número de manifestantes que impressionou, como as cenas da resistência, cheias de força simbólica.

No dia 5 de junho, um jovem chinês, a caminho de casa depois de fazer compras, ao atravessar a praça, solitário e desarmado, encontrou uma coluna de tanques avançando. E parou-a, simplesmente colocando-se à sua frente, falando palavras que ninguém jamais soube quais foram e brandindo a sacola do supermercado na mão, a mandar que fossem para casa.

O cinegrafista Jeff Widener, da agência de notícias Associated Press, capturou o momento, à distância. A repercussão foi mundial. A identidade e o paradeiro do jovem da Praça da Paz Celestial permaneceram desconhecidos. No entanto, a imagem do cidadão anônimo, colocado casualmente diante da coluna de tanques, e sua decisão de enfrentá-la, como Davi detendo Golias, entrou para a história da humanidade como uma de suas imagens mais poderosas.

Assim como ocorreu na Rússia, onde o colapso da usina de Chernobyl expôs interna e externamente a ruína do poder burocrático soviético, o massacre na Praça da Paz Celestial provocou a repulsa mundial. O governo chinês prendeu manifestantes, expulsou a imprensa estrangeira e assumiu o controle das informações, mas já era tarde. Os Estados Unidos e a União Europeia anunciaram restrições comerciais e suspenderam a venda de armas aos chineses. A pressão forçou o governo chinês a aprovar uma série de medidas de distensão, não sem antes ter um espasmo reacionário.

Nos dias seguintes ao massacre, a ala conservadora do Partido Comunista tentou remover algumas das reformas de liberalização do mercado, restabelecendo controles administrativos sobre a economia. A iniciativa parou na resistência dos governantes das províncias e foi abandonada de vez no princípio da década de 1990, com o fim da União Soviética e a visita de Deng Xiaoping, em 1993, à região onde tinham sido realizadas as reformas econômicas mais ambiciosas.

Na sua célebre "viagem ao sul", o líder chinês constatou a eficácia das mudanças, o que permitiu convencer os membros mais conservadores do aparato de governo. A expansão da liberalização econômica para toda a China promoveu o grande crescimento na década de 1990 e devolveu ao Partido Comunista boa parte do apoio perdido em 1989. Em uma manobra maquiavélica, os dirigentes chineses, incluindo o futuro primeiro-ministro Wen Jiabao – auxiliar de Zhao Ziyang em suas negociações com os manifestantes –, transferiram para o conselho de anciãos toda a responsabilidade pelo massacre da Praça Celestial.

A prosperidade e o resgate da influência internacional da China fizeram efeito, embora continuassem os protestos contra a corrupção. A Praça Celestial passou a ser patrulhada todo dia 4 de junho, data de aniversário do massacre, para impedir manifestações. Em outubro de 2004, o presidente Hu Jintao visitou a França e ofereceu a interpretação de que a ação do governo teria "acalmado a confusão política em 1989, o que permitiu à China desfrutar de um desenvolvimento estável".

Para o Comitê Central do Partido Comunista, o regime chinês se transformou numa combinação de portas economicamente abertas com uma política protetora. As restrições da liberdade se estendiam ao funcionamento de empresas estrangeiras de tecnologia, de forma a permitir o desenvolvimento interno de *startups* que logo se tornaram gigantes – como o site de vendas Alibaba, versão chinesa da Amazon.

Por causa de seu conteúdo sobre as manifestações na Praça da Paz Celestial, a Wikipedia foi bloqueada. Somente em janeiro de 2006 o governo chinês assinou um contrato com o Google para permitir que fosse ao ar sua página chinesa, o Google.cn, com limitações locais às buscas de informação. Ainda assim, estavam proibidas notícias sobre o massacre da Praça da Paz Celestial e outros assuntos, como o "independentismo" tibetano, as relações chinesas com Taiwan e a Falun Gong – prática religiosa que prega a frugalidade e a meditação.

A China reivindicou o fim do embargo da União Europeia e dos Estados Unidos no comércio de armas, mas, sem liberdade política, não obteve sucesso. O último preso nas manifestações de 1989 a ser liberado foi Miao Deshun, que só saiu da penitenciária Yanqing, em Pequim, no dia 15 de outubro de 2016, aos 51 anos de idade, após quase trinta anos de detenção.

Apesar das restrições, os chineses avançaram de muitas formas. Os projetos de governo ganharam ambição com a nomeação de Xi Jinping em 2013 para a presidência, cargo que ele passou a acumular com a secretaria-geral do Partido Comunista. Jinping vislumbrou a transformação do planeta capitalista em um planeta igualmente capitalista, porém sob a influência política do comunismo chinês. E começou a colocar sua visão em prática.

Filho de um alto funcionário do governo de Mao Tsé-Tung que caiu em desgraça, Jinping dedicou sua vida a limpar a honra da família e levar a China aonde Mao nem sequer sonhara. Não escondia pretensões imperialistas, que iam do mar ao espaço. O especialista em defesa e tecnologia naval e consultor de segurança nacional de Trump, Robert C. O'Brien, já alertava em 2015 que os chineses procuravam criar um "colar de pérolas" no Atlântico. Tratava-se de uma série de bases navais em portos da costa oeste africana, estabelecendo uma "rota da seda marítima" – parte de seu plano estratégico de expansão comercial no século XXI[57].

Em 2017, os chineses anunciaram ter começado a extrair do fundo do mar da China meridional uma reserva de hidrato de metano – o "gelo combustível" que cientistas consideravam ser a energia do futuro. Um dos últimos países a se estabelecer na Antártida, entre 1980 e 2020, a China construiu cinco bases científicas no continente em tempo recorde. Último continente economicamente inexplorado, dada sua importância no equilíbrio do ecossistema planetário, a Antártida poderia abastecer 70% do planeta com água potável e riquezas minerais, como petróleo, gás, cobre e urânio. Com bases científicas, as grandes potências marcavam lugar na lista de espera por pedaços do seu território, cuja demarcação deveria ser discutida ao final do acordo internacional de preservação ambiental, em 2040.

A China lançou ainda um ambicioso programa espacial. Depois de Rússia e Estados Unidos, foi o terceiro país a realizar uma missão espacial tripulada, em 2003. Em 2007, inaugurou seu programa Chang'e, com o lançamento de uma sonda orbital e duas estações espaciais. Em janeiro de 2019, a sonda espacial Chang'e-4 pousou na cratera Von Karman, no lado oculto da Lua – missão tentada sem sucesso pelos americanos em 1962. Segundo a Administração Nacional Espacial da China, o objetivo da Chang'e-4 foi estudar a composição mineral, o terreno, o relevo e a manta – camada abaixo da superfície lunar. O projeto Chang'e ainda previa colocar um *rover* para a exploração de Marte.

Jinping avançava, mas seu projeto de ver um mundo sob a influência da China comunista esbarrou na reação dos Estados Unidos, onde Trump fez dos chineses o grande espantalho da economia mundial. Teve de lidar também com outras rebeliões, a começar por Taiwan – país insular com 23 milhões de habitantes, governo e Forças Armadas próprias, que estava

---

[57] O'BRIEN, Robert C. China's next move: a naval base in the South Atlantic? Real Clear Defense, March 25, 2015.

para a China como Cuba para os Estados Unidos. Com a diferença de que, em vez de ser um pequeno país comunista contra um gigante capitalista, como no caso cubano, Taiwan era o contrário: um pequeno regime democrático que encarava o gigante comunista na sua porta.

Em janeiro de 2020, a líder do Partido Democrático Progressista, Tsai Ing-wen, foi reeleita em cima da plataforma de resistência contra a subordinação à China. Desde a Guerra Fria, Taiwan foi protegida pelo Ocidente, em especial os Estados Unidos, contra as tentações imperialistas dos chineses. Porém, depois que a China se incorporou ao mundo capitalista, a posição de Taiwan se tornou mais vulnerável. Em janeiro de 2019, Jinping chegou a declarar a unificação do Estreito de Taiwan como "a grande tendência da história", aumentando a pressão econômica e as ameaças de invasão.

Tsai temeu ser abandonada por Trump, que já tinha problemas demais com a China, e bem poderia sacrificar o apoio a Taiwan, como uma peça do xadrez geopolítico jogado entre os dois gigantes. Seu oponente na política interna, o candidato nacionalista Han Kuo-yu, pretendia convencer o eleitorado de que uma aproximação com a China seria uma garantia da sua soberania, e não o contrário. "Taiwan só tem uma escolha: engajar-se com a China, porque não podemos nos esconder", disse, ao participar de um encontro com estudantes na Universidade de Stanford, em janeiro de 2020[58].

Ao mesmo tempo que surgia a "onda Han", a popularidade de Tsai diminuiu, em função de divisões partidárias, de uma reforma das aposentadorias que caiu mal junto ao eleitorado, e da reação a um escândalo patrocinado por seguranças do governo, flagrados contrabandeando cigarros. A onda reacionarista ganhou mais força depois que Tsai legalizou a igualdade de direitos no casamento – um avanço ocidentalizador ousado para uma sociedade com tanta influência da machista tradição chinesa. Aos 63 anos, sem jamais ter se casado, Tsai afirmou que a legislação deveria refletir o fato de que "Taiwan é uma sociedade aberta e inclusiva, além de uma democracia madura".

A resposta veio nas eleições: ela venceu com um recorde de 8,2 milhões de votos, 57% do total. "Taiwan está mostrando ao mundo o quanto prezamos nosso estilo de vida democrático e nossa nação", disse ela.

---

[58] Taiwan is the last free place in the chinese-speaking world. Can president Tsai Ing-wen preserve its democracy? *Time*, Jan 10, 2020.

"Paz significa que a China deve abandonar suas ameaças de força contra Taiwan."[59]

Assim como o jovem diante dos tanques na Praça da Paz Celestial, Taiwan se punha contra o avanço do imperialismo chinês. Mais do que influir politicamente, Jinping pretendia conquistar o mundo com dinheiro, aumentando sua influência econômica global, por meio do comércio e dos investimentos. Percebia a aceitação cada vez maior do autoritarismo, diante do enfraquecimento dos Estados democráticos.

A sombra da China tornou-se uma influência importante, vista como ameaça para todo o Ocidente democrático. Já não seria pouco, se não houvesse ainda a infiltração de outras forças, de outra natureza, internas, insidiosas e mais difíceis de lidar, e que assim representavam um dilema igual, se não maior, para a manutenção e o progresso da democracia.

---

[59] Taiwan election: Tsai Ing-wen wins second presidential term. BBC, Jan 11, 2020.

11
A política da fé

Não foi só o autoritarismo que ganhou força com a multiplicação e o empobrecimento da população mundial. Ocorreu uma larga expansão do messianismo político-religioso, fenômeno social supostamente arcaico, que paradoxalmente atrelou-se ao desenvolvimento da tecnologia para crescer. Em vez de confrontar o poder, o fundamentalismo espalhou-se em meio à sociedade, ganhou representatividade política e passou a penetrar nos estamentos do Estado, quando não chegava a tomá-lo.

O mutualismo entre religião e poder ressuscitou em plena era tecnológica um padrão cujo apogeu histórico foi no reinado de Filipe II, no século XVII. No império intercontinental dos Reis Católicos espanhóis, a conquista dos territórios do Novo Mundo e do Oriente Próximo era abençoada como uma cruzada divina contra o paganismo – fosse o império árabe muçulmano, fossem os países nos quais despontava o protestantismo. A missão sagrada da Igreja católica legitimava os projetos de conquista e a prevalência dos interesses comerciais espanhóis. Para escapar a esse controle hegemônico, adversários como a Inglaterra e os Países Baixos protegiam os judeus perseguidos, que traziam consigo seus recursos, e acolhiam o protestantismo como religião, munida de uma ética e um discurso em defesa do seu próprio projeto de expansão e prosperidade.

Na era contemporânea, o sextante e a balestra foram substituídos pelo GPS e o fuzil AR-15, mas a influência da religião na política cresceu pelas mesmas razões do passado remoto. Nos países de maioria islâmica, o processo de secularização do Estado ocorrido no século XX foi revertido com a reentronização de partidos fundamentalistas no poder. Estes preconizavam a prevalência religiosa com mandato divino para legitimar ditaduras. Enquanto a concentração de renda seguia sua marcha, produzindo a miséria e a exclusão social, os líderes messiânicos propunham à população uma vida menos materialista e o apego a costumes tradicionalistas, cuja frugalidade se adequava ao cenário de escassez.

A pretexto de combater o fundamentalismo, a intervenção militar americana no Oriente Médio provocou justamente o contrário, enfraquecendo velhos ditadores, que impunham um Estado mais personalista, mas garantia a secularização do poder. Sem a mão de ferro com a qual se controlavam as revoltas populares, abriram-se as portas para a capitalização da pobreza pela fé.

Em vez do Estado democrático dos sonhos da Primavera Árabe, foi o fundamentalismo que avançou sobre os aparelhos de poder, mesclado a movimentos por autonomia nacional. Instaurou-se uma guerra permanente no Iraque pós-Saddam Hussein, na Síria e em países vizinhos de forte influência muçulmana. Base da igualdade para todos, a despeito de cor, raça e credo, o Estado laico retrocedeu até mesmo na Turquia, melhor exemplo de país democrático com maioria muçulmana e, na época, forte aspirante à entrada na União Europeia.

Em 2003, ao chegar ao poder, o líder do partido islamista AKP, Recep Tayyip Erdogan, colocou fim a um engenhoso arranjo para separar Igreja e Estado, empreendido por Mustafa Kemal Atatürk, fundador e primeiro presidente da República turca. Devoto do Iluminismo, Atatürk morreu em 1938, deixando por legado a modernização do Estado. Como símbolo de uma reforma política, econômica e cultural, em 1931, ele salomonicamente dessacralizou a Aya Sofia – basílica em Istambul que virou mesquita em 1453, com a ocupação otomana. Transformou-a em museu e monumento histórico, que podia ser visitado por turistas pelo preço do ingresso. Assim, desarmou disputas entre cristãos e muçulmanos sobre sua posse.

A progressiva falta de perspectivas dentro do Estado laico, porém, levou à direção na qual se depositam as últimas esperanças – fortalecendo os seus arautos. Prefeito de Istambul de 1994 a 1998, Erdogan foi preso por dez meses em 1999, após ler publicamente um poema islâmico em uma praça de Istambul. Dessa forma, galvanizou o apoio da população muçulmana, lançando-se ao plano nacional. Entrou para o AKP (Partido da Justiça e Desenvolvimento, de ideário islamita) e, em 2014, com o fim do parlamentarismo, tornou-se o primeiro presidente eleito da República Turca pelo voto direto, passando a despachar no Ak Sary (Palácio Branco), em Ancara, capital política do país.

No início, Erdogan promoveu o neoliberalismo, para atrair investimentos e promover o desenvolvimento econômico. Sofrendo pressão dos Estados

Unidos, da União Europeia e da Rússia para lutar contra os fundamentalistas e poupar os curdos, que procuravam autonomia, Erdogan viu a Turquia também sofrer com atentados do Estado Islâmico. Em julho de 2016, abafou um golpe militar para tirá-lo do poder, escapando de um sequestro.

O episódio serviu de motivo para a instauração do estado de emergência. Desde então, Erdogan governou por decreto. Servidores públicos e militares perderam cargos. A oposição denunciou a demissão de 33 mil professores por perseguição político-ideológica. Mais de 50 mil pessoas foram presas, aguardando julgamento. A Plataforma para o Jornalismo Independente, organização turca em defesa da liberdade de imprensa, denunciou a detenção de 150 jornalistas.

Em 2017, Erdogan completou a transformação da Turquia para um regime de cunho fundamentalista, graças a um referendo público que, com apertados 51,4% dos votos, permitiu-lhe dissolver o Parlamento, controlar as Forças Armadas e disputar novamente o cargo em 2023, após dois mandatos, aumentando potencialmente sua gestão até 2029.

Mudanças no sistema educacional permitiram a doutrinação da jihad muçulmana por meio do material escolar e eliminaram conteúdo científico – como a teoria da evolução, no ensino da biologia. "Ao incorporar uma educação de valores jihadistas, eles tentam encher a cabeça das nossas crianças pequenas com o mesmo tipo de pensamento que transforma o Oriente Médio em um banho de sangue", protestou Bülent Tezcan, do partido de oposição CHP.

O caso da Turquia denunciava um agravamento significativo da crise econômica e da ameaça às liberdades democráticas. Não se tratava mais de um pequeno país conflagrado no Oriente Médio, e sim de uma das vinte maiores economias do mundo. No jogo geopolítico, a Turquia sempre foi peça-chave, como vizinha da Síria e do Iraque, ligação territorial da Europa com o Oriente Médio e segunda potência militar dos países-membros da Organização do Tratado do Atlântico Norte (OTAN). O naufrágio da tolerância política e religiosa na Turquia, como influenciadora de todo o mundo muçulmano, tinha consequências muito além de suas fronteiras.

Com o poder agora à sua feição, Erdogan afastou-se do plano de colocar a Turquia na União Europeia e acusou o sistema bancário de emprestar dinheiro com juros, o que seria pecado, segundo a sua versão do dogmatismo islâmico. Deu início à distribuição de mais de 50 bilhões de dólares em empréstimos sem juros a pequenas empresas, o que contribuiu para levar o país ao desequilíbrio monetário e fiscal. A crise econômica aumentou com o boicote comercial promovido pelos Estados Unidos, cujo pretexto foi a prisão pelos turcos, em outubro de 2016, do americano Andrew Brunson, pastor presbiteriano e morador da Turquia desde 1993.

Acusado pelo governo turco de fazer parte da "rede" de Fethullah Gülen – homem apontado como o cérebro do frustrado golpe contra Erdogan em 2016 –, Brunson virou a arma de Donald Trump para obter apoio dos evangélicos na sua primeira campanha eleitoral, em 2016. Prometeu que se empenharia em libertá-lo, quando presidente, usando todos os meios disponíveis. Em junho de 2018, já eleito, anunciou uma taxação sobre importações de aço e alumínio da Turquia e, logo depois, em 10 de agosto, duplicou as mesmas tarifas. Erdogan respondeu, elevando impostos sobre produtos americanos, que foram de 5% para 120%, no caso dos veículos, e de 40% a 140% para bebidas alcoólicas.

Seguia a escalada da intolerância político-religiosa, associada a retaliações econômicas protecionistas. Em outubro de 2019, Trump repetiu suas ameaças à Turquia, após uma ofensiva das tropas turcas contra os curdos, ex-aliados de Erdogan e dos americanos em sua guerra contra o Estado Islâmico. "Como já afirmei fortemente antes, e apenas para reiterar, se a Turquia fizer algo que eu, em minha grande e inquestionável sabedoria, considero estar fora dos limites, destruirei e obliterarei totalmente a economia da Turquia (já fiz isso antes!)", escreveu Trump no Twitter. "Os Estados Unidos fizeram muito mais do que se poderia esperar, incluindo a captura de 100% do califado do ISIS. Agora é hora de outros da região, alguns de grande riqueza, protegerem seu próprio território."

O boicote americano apenas contribuiu para piorar a situação econômica na Turquia e, assim, aumentar a escalada fundamentalista e autoritária no país. O endividamento das empresas turcas atingiu 170% do PIB. O governo tentou solucionar o grande endividamento do Estado, mas medidas ortodoxas, como a contenção de gastos e a desvalorização da moeda, não fizeram efeito. A inflação cresceu, e o desemprego chegou a 14,3% da população, em julho de 2019.

Uma pesquisa do J.P. Morgan apontou que 80% dos investidores não confiavam mais na capacidade do governo de reverter a situação do país. A inadimplência turca ameaçava a saúde financeira de conglomerados credores, como o BBVA, da Espanha, o PNB Paribas, da França, e o Unicredit, da Itália. A incerteza aumentou diante da necessidade de um ajuste, cedo ou tarde.

O governo neoliberal e progressista de Erdogan resultou numa reversão geral de expectativas. A crise na Turquia somou-se à guerra na Síria e ao descontrole do Iraque e do Irã. E esvaziou uma influência democrática importante no Oriente Médio, ao mesmo tempo que outras formas de fundamentalismo se infiltraram no aparelho do poder no Ocidente, sem conflitos, mortos, nem grande alarde.

*

A intolerância religiosa não se manifestou no início do século XXI apenas como contraponto ao capitalismo ou combate ao materialismo ocidental. A marcha da exclusão social na Sociedade da Informação deu terreno para a prosperidade das igrejas que não confrontavam o Estado capitalista. Ao contrário, aproveitavam-se da crise para se aproximar da população mais carente – especialmente do jovem sem perspectivas de vida –, fortalecer-se e eventualmente instalar-se no poder oficial, em que os critérios laicos podiam ser substituídos por outros de maneira informal.

No vácuo do Estado, as igrejas ofereciam tudo aquilo que os sistemas políticos prometiam, mas não entregavam – identidade coletiva, perspectiva de trabalho e amparo social. O cenário para esse fenômeno começou a tomar forma ainda nos anos 1990, quando as igrejas evangélicas experimentaram um grande impulso. Enquanto a Igreja católica ainda pregava as virtudes da pobreza, como no tempo dos senhores feudais, e moldava sua abordagem da crise social por meio de correntes como a Teologia da Libertação, que pregava a tomada dos meios de produção com apoio dos sindicatos e a promoção da reforma agrária, as seitas evangélicas adotavam outra posição. Prometiam o sonho de sucesso capitalista individual ainda no plano terreno e ofereciam o apoio da comunidade para alcançá-lo.

O crescimento dessas igrejas associou-se ao progresso dos meios de comunicação, moldando-se às transformações do capitalismo tecnológico, da mesma forma que o protestantismo serviu ao início do capitalismo industrial. A história desse evangelismo se confunde com a da própria evolução das mídias de massa, fenômeno iniciado na década de 1980 com os primeiros "pastores eletrônicos", de grande poder comunicativo. O precursor e maior expoente dessa primeira onda evangélica foi o pastor americano Jimmy Swaggart, que realizava seus cultos em transmissões pela TV.

Os evangélicos televisivos utilizavam como base de sua pregação a Bíblia cristã, mas se afastaram do discurso igualitarista e socializante da Igreja católica, propondo em seu lugar a conquista terrena e o sucesso. Segundo essa visão, embora Jesus diga nos Evangelhos ser mais fácil um camelo passar pelo buraco de uma agulha do que um rico entrar no reino dos céus, ganhar dinheiro não ofenderia a Deus. Isso dava melhores esperanças para muita gente, especialmente os crentes fervorosos no sonho americano.

Swaggart afastou-se da igreja em 21 de fevereiro de 1988, flagrado num motel na Louisiana com uma prostituta, Debra Murphree, logo após ter criticado Jim Bakker, seu rival no televangelismo, por cometer adultério com a secretária, Jessica Hahn. Porém, seu modelo de evangelização inspirou uma geração de pastores comunicadores que se valeram para construir impérios da fé com a massificação da TV e a crescente dificuldade de mobilidade social para o trabalhador de renda mais baixa.

Os pastores eletrônicos americanos fizeram escola mundo afora, explorando um mercado religioso com um produto que mesclava a doutrina evangélica com a marcha célere do capitalismo neoliberal. O mais bem-sucedido dessa segunda onda de pastores comunicadores foi Edir Macedo, fundador no Brasil da Igreja Universal do Reino de Deus. Católico por formação, desde a infância Edir sofreu *bullying* por causa de uma malformação congênita nas mãos, diminutas e com polegares escamosos e frágeis. Levado ao desespero pelo nascimento de uma filha com lábio leporino, Edir afirmou não ter encontrado respostas para suas angústias no catolicismo, em cujas reuniões "mais consolava do que era consolado", de acordo com uma rara entrevista concedida à imprensa, para a revista *VIP Exame*, em julho de 1992[60].

Edir passou a subir os morros cariocas pregando por conta própria, até alugar o galpão de uma antiga funerária, primeira sede da Igreja Universal. Conhecia bem as pessoas comuns, que tinham trabalho, mas eram espezinhadas cotidianamente e não tinham a menor perspectiva de melhorar de vida, por uma simples razão: era uma delas. Pela religião, legitimava o enriquecimento mais hedonista, a começar pelo próprio. Surgiu num vídeo sobre o treinamento de seus pastores, num churrasco regado a cerveja, em que ensinava como tirar dinheiro dos prosélitos. Colocava em seu nome bens comprados pela igreja e dizia não haver

---

[60] GUARACY, Thales. O pregador capitalista. *VIP Exame*, julho de 1992.

contradição entre o materialismo e a fé. "Não tenho nada contra a riqueza", afirmava[61].

Com a promessa de ajudar quem ajudasse a igreja, ele atraiu a atenção de um juiz, por ironia, de nome bíblico, Carlos Henrique Abraão. Em 1992, Abraão enviou o autointitulado "bispo" da Universal para a cadeia do 91º Distrito Policial, no bairro de Vila Leopoldina, em São Paulo, sob a acusação de "charlatanismo, curandeirismo e estelionato". "Convenço-me sobre os nefastos e malsinados efeitos que redundam na eventual liberdade do agente, propagando-se a doutrina e contando com a colaboração de massas enfileiradas de pessoas incautas e incultas, com o propósito notadamente mercantilista", escreveu o juiz, no mandado de prisão.

Graças ao direito de livre associação, assim como à liberdade de escolha religiosa, Edir saiu da cadeia após 11 dias. O juiz Abraão encarou o seu próprio purgatório – e o resultado oposto ao que esperava. Repudiada por políticos e personalidades públicas, a prisão de Edir foi usada pela máquina de propaganda da Universal como o seu martírio santificador. Em seu livro de memórias *Nada a perder*, responsabilizou por tudo isso a Igreja católica, como se tivesse passado pela Inquisição.

Capaz de clonar pastores à sua imagem e semelhança, não apenas no discurso como até no tom de voz, Edir ampliou seu raio de ação. A Universal multiplicou-se. Seus cultos enchiam estádios de futebol. O dinheiro das contribuições, retirado em sacos, era levado embora dentro de caminhões. Como Swaggart, Edir apostou na televisão, tão logo foi possível. Seu primeiro negócio oficial foi a compra da TV Record, tradicional emissora paulista, em dificuldades financeiras, que ele passou a sustentar com o dinheiro da igreja.

Registrada em seu próprio nome, sob a alegação de que veículos de comunicação precisavam ter um dono individual perante a lei brasileira, a Record passou a ser plataforma para a difusão dos cultos nos horários menos nobres. Ampliou o público dos templos, que eram em boa parte montados nas salas de cinema fechadas dos bairros. Nesses cultos, Edir chamava ao palco pessoas para extrair-lhes o demônio, aos brados, como quem enxota um aluno malcomportado. E prometia progresso a quem consertasse a própria vida e contribuísse para a igreja, depositando dinheiro vivo nos cestos que corriam pela plateia.

Edir não apostava na conversão dos miseráveis, centro das preocupações da Igreja católica. Tinha em vista o cidadão comum, de classe média baixa,

---

[61] GUARACY, Thales. O pregador capitalista. *VIP Exame*, julho de 1992.

que tinha um emprego, mas pouca ou nenhuma perspectiva de melhorar de vida, numa sociedade de economia estagnada, em que havia pouca oportunidade de mobilidade social. "Dizem que somos os miseráveis", afirmou Edir. "Se fosse assim, não teríamos igreja, não teríamos TV, não teríamos nada."

Eficientes na forma de adquirir prosélitos e cobrar o dízimo, as igrejas evangélicas ganhavam quando seus seguidores ganhavam, e vice-versa – e assim fortaleceu-se uma rede de solidariedade, interesses e negócios. O dízimo permitiu às igrejas comprar empresas, oferecer emprego e financiar campanhas eleitorais cujos candidatos, uma vez eleitos, instalavam-se no aparelho de Estado, retribuindo o apoio na forma de proteção, vantagens, emprego e mais dinheiro.

Ao mesmo tempo que diminuía a confiança na capacidade do poder público de promover uma vida melhor, as igrejas ganhavam adeptos. Em 2016, um levantamento do Centro Global de Estudos da Cristandade do Vaticano mostrou que o número de católicos aumentava 1,28% ao ano, mais do que a média da população mundial, que crescia 1,21%. A população evangélica subia quase o dobro: 2,12%. Os evangélicos pentecostais, que se diferenciavam pela crença na realização de profecias, na prática da imposição de mãos, no confronto espiritual contra forças malignas e no exorcismo, aumentavam ainda mais: 2,20% ao ano. Na Ásia, as religiões orientalistas, como o budismo, alcançavam uma taxa de crescimento anual de 2,94%. Já o número de não religiosos diminuía relativamente em todo o planeta, com um crescimento inferior ao da população, de 0,31% ao ano[62].

Com sua rede de solidariedade em prol do progresso na vida terrena, as igrejas evangélicas ganharam terreno do catolicismo. No Brasil, maior país católico do planeta, 93,1% da população em 1960 era formada por católicos, de acordo com o Instituto Brasileiro de Geografia e Estatística (IBGE), realizador dos censos oficiais. Somente 4% eram evangélicos. A percentagem de católicos caiu a 73,6% do total da população no ano 2000 e a 64,6% em 2010. Enquanto isso, os evangélicos passaram a 15,4% da população em 2000 e a 22,2% em 2010 – nesse ano, somavam 42,3 milhões de adeptos, abrigados em dezenas de igrejas independentes, entre as quais se destacavam a Assembleia de Deus e a Universal do Reino de Deus[63].

Os dados do Censo de 2010 mostravam que as religiões evangélicas de origem pentecostal eram as que tinham seguidores de menor renda:

---

[62] Deixam de ser católicos 9 milhões, afirma Datafolha. *Folha de S. Paulo*, 24 dez. 2016.

[63] População de baixa renda é maioria entre evangélicos. *Folha de S. Paulo*, 29 jun. 2012.

63,7% do total ganhava menos de um salário mínimo. Em seguida, vinha a Igreja católica, com 59,2% de fiéis com renda abaixo desse patamar. A Teologia da Prosperidade ganhava mais adeptos entre os mais pobres do que a Teologia da Libertação, em razão da rede de interesses solidários, no que não diferiam da comunidade judaica, que favorece negócios entre seus integrantes, como uma extensão familiar – uma das razões da intolerância contra os judeus no mundo, acusados de segregação. Essa rede de proteção de interesses prosperava devido à sua eficácia. "A Igreja começou com poucas pessoas, e se estão conosco até hoje é porque têm sido beneficiadas", afirmou Edir Macedo. "Somos acusados de exploração da boa-fé por puro preconceito."[64]

O sucesso das igrejas evangélicas se deveu muito ao progresso econômico da democracia liberal, com o qual se mimetiza. O que se dava a Deus no domingo retornava na segunda-feira – e a religião ocupava o espaço do Estado laico, transbordando da função espiritual para a promoção do emprego e do bem-estar. Essa proteção de interesses, no entanto, excluía os "não iniciados", ou adeptos de outras religiões. Entrava cada vez mais no terreno da política, de forma a assegurar direitos, posições e – por que não? – alguns privilégios. E, como toda fonte de discriminação, provocava a intolerância.

*

A promessa do paraíso terrestre fez a Universal crescer rápido também fora do Brasil. Em 2007, a Universal havia espalhado templos em 172 países, incluindo os Estados Unidos. Somente no Brasil, possuía 4.748 templos, com 9.660 pastores, de acordo com *O Bispo – A história revelada de Edir Macedo*, livro lançado naquele ano com uma tiragem inicial de 700 mil exemplares. Edir fez construir no centro de São Paulo o "Templo de Salomão", réplica do templo destruído por Nabucodonosor II em 586 a.C., com pedras importadas de Jerusalém, numa área de 80 mil metros quadrados. Inaugurado em julho de 2014, o templo recebeu, somente nesse ano, mais de 2 milhões de visitantes.

Ao mesmo tempo, a Universal penetrou na máquina do poder público. Com seus fiéis, fez eleger seus "bispos" para cargos públicos, como Marcos Pereira, ministro da Indústria e Comércio no governo de Michel Temer, e Marcelo Crivella, primeiro senador evangélico do Brasil, eleito com

---

[64] GUARACY, Thales. O pregador capitalista. *VIP Exame*, julho de 1992.

3,2 milhões de votos em 2002. Crivella foi reeleito em 2010, passou pelo cargo de ministro da Pesca e Aquicultura entre 2012 e 2014 e elegeu-se prefeito do Rio de Janeiro em 2017.

Tomou corpo no Congresso brasileiro a "bancada evangélica", formada por deputados e senadores de diferentes partidos e igrejas, que se uniam em votações de interesse comum, sobretudo relacionadas a questões como o aborto, a família, o suicídio, as drogas e a automutilação. Em 2019, a Frente Parlamentar Evangélica contava 199 do total de 513 deputados da Câmara Federal brasileira, além de 4 dos 81 senadores. A Assembleia de Deus tinha a maior bancada, com 33 parlamentares eleitos. Em seguida, aparecia a Universal, com 18 deputados[65].

Religiosos entravam para a política com o mesmo discurso moralista dos políticos conservadores – não apenas contra os maus servidores públicos, como também contra o que seriam os maus costumes, especialmente dos ricos e da elite em geral, causadores da maldição que se abatia sobre os mais pobres. Apresentavam-se como restauradores da ordem, infensos à corrupção e aos pecadilhos humanos – o que supostamente lhes dava o direito de impor seus dogmas em todos os campos, arvorando-se como salvadores diante do apocalipse.

"As igrejas evangélicas parecem ter exercido um papel que nem o Estado nem a Igreja católica conseguiram", afirmou o economista Rodrigo Soares, professor da Universidade Columbia. "A dificuldade vem de saber se o aumento de eleitores pentecostais atraiu políticos ou se políticos e a mídia que dominam têm um efeito de persuasão que aumenta a fatia de pentecostais."[66]

A ligação da religião com a política e o conservadorismo não se restringia ao Brasil. Trump elegeu-se em 2016 com apoio evangélico, tanto quanto Bolsonaro, que ignorou o princípio constitucional do laicismo e adotou para seu governo o *slogan* "Brasil acima de tudo, Deus acima de todos". Ambos propugnavam políticas liberais radicais defendidas pelos evangélicos, enquanto a Igreja católica alinhava-se em grande parte com o distributivismo do socialismo cristão.

No Brasil, a vitória de Bolsonaro e dos evangélicos no seu entorno foi interpretada como um amplo triunfo: político, econômico, ideológico e teológico. "Esse é um exemplo da varrida que a gente fez na esquerda",

---

[65] Renovada, bancada evangélica chega com mais força no próximo Congresso. Congresso em Foco, 17 out. 2018.

[66] Crises econômicas elevam o número de fiéis evangélicos. *Folha de S. Paulo*, 17 dez. 2019.

afirmou Silas Malafaia, após a eleição pelo Rio de Janeiro de dois senadores evangélicos eleitos pelo Estado: Arolde de Oliveira (PSD) e Flávio Bolsonaro (PSL), filho do presidente eleito. "Falam que o Rio de Janeiro é terra de esquerda, mas nós tiramos tudo e colocamos dois evangélicos."

Além do liberalismo, a extensa plataforma de costumes propugnada pelos evangélicos configurou uma reação à distensão do comportamento trazida com a liberdade geral do final do século XX. Grupos que conquistaram avanços na busca por mais igualdade econômica e social, como as frentes feministas e LGBT, viram o puritanismo ganhar o poder em 2016. A intolerância cresceu, de parte a parte. No Brasil, políticos evangélicos defendiam o endurecimento da legislação antidrogas, a circunscrição do conceito de família à união de homem e mulher, a retirada na legislação da criminalização da homofobia e uma educação que não apenas terminava com a "doutrinação de esquerda" e a "ideologia de gênero" nas escolas, como impunha uma doutrinação oposta, de cunho moralista e ultraconservador.

"Mesmo em Estados democráticos laicos, como o Brasil, esses choques econômicos abrem espaço para o florescimento de grupos religiosos partidários que podem levar ao retrocesso dos mesmos valores democráticos que possibilitaram sua ascensão", afirmou Rudi Rocha, professor da Escola de Administração de Empresas de São Paulo da Fundação Getúlio Vargas[67].

A proximidade entre as igrejas evangélicas e o poder do Estado propiciava mútuos benefícios. A TV Record, pertencente a Edir Macedo, bispo da Igreja Universal, deu passe livre para entrevistas do presidente e foi a emissora que mais recebeu volume de verba publicitária do governo federal (46%, de acordo com relatório do Tribunal de Contas da União) no primeiro trimestre de 2020, embora não tivesse metade da audiência da emissora líder, a TV Globo.

Bolsonaro incumbiu-se de renegociar as dívidas das igrejas com o erário brasileiro. Em 2019, um levantamento realizado pela Agência Pública, por meio da Lei de Acesso à Informação, revelou que 1.283 organizações religiosas diferentes deviam 460 milhões de reais à Receita Federal do Brasil. Desse total, 23 igrejas possuíam dívidas de mais de 1 milhão de reais cada uma, a maior parte das quais relativa à falta de recolhimento de contribuições previdenciárias de seus funcionários, incluindo os pastores.

A Igreja Internacional da Graça de Deus, do pastor pentecostal Romildo Ribeiro Soares, era a maior devedora previdenciária do governo federal, com um passivo de 127 milhões de reais. Soares foi recebido ao menos

---

[67] Crises econômicas elevam o número de fiéis evangélicos. Folha/UOL, 17 dez. 2019.

duas vezes por Bolsonaro, em agosto e novembro, de acordo com a agenda oficial da presidência da República. Depois disso, o presidente defendeu simplificar a prestação de contas de entidades religiosas de forma a "fazer justiça para os pastores"[68].

Com a dificuldade dentro do próprio governo de executar a ordem de Bolsonaro, em 15 de julho de 2020, o Congresso Nacional aprovou um perdão ainda mais amplo para as igrejas. Com 345 votos a favor e 125 contra na Câmara, mais uma votação simbólica no Senado, passou um pacote que, além das pendências previdenciárias, eliminava dívidas e multas tributárias com a Receita Federal. Com isso, o valor do indulto subiu para cerca de 1 bilhão de reais. A proposta, inserida num projeto de lei sobre litígios da União, surgiu pelas mãos do deputado federal David Soares, filho de Romildo.

O pacote foi parcialmente aprovado por Bolsonaro em 11 de setembro: o presidente manteve o perdão da dívida previdenciária e vetou a parte da anistia que se referia aos impostos, para não infringir a lei de responsabilidade fiscal, segundo suas palavras. Porém, no Twitter, sugeriu que os congressistas derrubassem seu próprio veto. "Confesso, caso fosse deputado ou senador, por ocasião da análise do veto que deve ocorrer até outubro: votaria pela sua derrubada."

*

As igrejas pentecostais tinham mais em comum com outras atividades que prosperavam com ajuda do poder. Em 2019, um grupo com 300 bispos da Igreja Universal em Angola acusou a instituição de sonegação fiscal e outras fraudes. Em junho de 2020, os remanescentes romperam com Edir Macedo e declararam a independência de cerca de 80 templos no país, algo comum no Brasil, onde muitas igrejas evangélicas surgiam da dissidência de igrejas maiores.

A procuradoria-geral de Angola abriu um processo penal contra a Universal, que resultou no fechamento de sete templos na capital do país, Luanda, em 14 de agosto de 2020. "Essa medida foi adotada porque nos autos há indícios suficientes da prática de delitos, como associação criminosa, fraude fiscal, exportação ilícita de capitais, abuso

---

[68] Congresso perdoa R$ 1 bi em dívidas de igrejas; Bolsonaro precisa sancionar. *Estadão*, 7 set. 2020.

de confiança e outros atos ilegais", afirmou o procurador Álvaro da Silva João, em comunicado[69].

Apesar do discurso moralizador, os pastores evangélicos não estavam livres dos pecadilhos humanos. Em vez de impor padrões éticos, religiosos eleitos sobre o discurso do evangelismo conservador mostravam-se iguais a outros políticos dos quais a população se encontrava farta. No Brasil, o pastor Everaldo, da Assembleia de Deus, presidente do PSC, foi preso em 28 de agosto de 2020 na mesma operação que afastou do cargo o governador do Rio de Janeiro, Wilson Witzel, eleito com apoio de Bolsonaro e um discurso moralizador da política no Rio de Janeiro.

Segundo delação do ex-secretário de Saúde do estado, Edmar Santos, também preso, Everaldo seria o chefe do esquema de corrupção que levou à compra superfaturada de respiradores para hospitais, que expôs o governo de Witzel, afastado do cargo por medida judicial para investigações, pouco mais de um ano após a posse. O caso do prefeito do Rio de Janeiro, Marcelo Crivella, também mostrava que ser um antigo bispo da Igreja Universal não o deixava acima de suspeitas. Em 10 de agosto de 2020, sua casa, a Prefeitura do Rio e o Palácio da Cidade, de onde ele despachava, foram objeto de batida policial.

Além do governador, a Operação Hades investigava as atividades do empresário Rafael Alves, acusado de ser intermediário na concessão de vantagens indevidas em contratos e pagamentos de dívidas com o município[70].

Havia casos ainda mais assustadores. A deputada Flordelis (PSD-RJ), fundadora de sua própria igreja, o Ministério Flordelis, foi acusada de matar o marido – o também pastor Anderson do Carmo –, depois de seis tentativas de envenenamento com arsênico e cianureto. Em junho de 2019, Anderson foi assassinado na porta de casa, com trinta tiros.

As investigações da Polícia Civil e do Ministério Público Estadual do Rio de Janeiro levaram à prisão, em agosto de 2020, seis filhos e uma neta do casal. Flordelis somente se encontrava em liberdade porque, como parlamentar, só podia ser encarcerada depois de afastada do cargo por decisão da Justiça ou da Câmara Federal.

A combinação de poder, dinheiro e fé criava, na realidade, um ambiente ainda mais propício para o atropelamento da lei. A onda conservadora,

---

[69] Justiça angolana apreende templos da Universal após denúncias de bispos. UOL, 15 ago. 2020.
[70] Crivella é alvo de buscas e tem celular apreendido em investigação sobre suposto "QG da Propina" na Prefeitura do Rio. *O Globo*, 10 ago. 2020.

moralista e autoritária servia como um meio de intimidação, de forma a fazer as regras do jogo funcionarem a seu favor. O avanço da religião sobre a política não sanava as bases sistêmicas da crise, que levavam à corrupção e ao sentimento de desagregação social. Ao contrário, eram seu subproduto e seu aprofundamento.

*

A associação entre movimentos evangélicos, as correntes neoliberais e os conservadores na era contemporânea foi antevista por um economista e filósofo alemão, Franz Hinkelammert, no Chile, ainda na década de 1970. Apoiador do governo de Salvador Allende, Hinkelammert ouvia pelo rádio as celebrações e os discursos ufanistas de líderes religiosos, como os do padre ultraconservador Raúl Hasbún, um dia após o golpe militar que derrubou Allende e instalou no poder o general Augusto Pinochet, em 1973. Em um país majoritariamente católico, Hinkelammert percebeu como a disputa teológica era campo também de uma guerra ideológica, na qual o discurso religioso justificava tanto o golpe militar como a legitimação das reformas neoliberais.

Próximo dos teólogos da libertação, que conheceu nos movimentos sociais, Hinkelammert defendeu o estudo de uma "ideologia da economia". Apontava o papel ideológico da religião como forma de legitimação da violência e controle do tecido social, que assumia uma nova versão na era contemporânea.

Assim como nas "afinidades eletivas" identificadas por Max Weber entre o capitalismo e o protestantismo, no seu início a aproximação entre evangélicos e neoliberais nos Estados Unidos e na América Latina não era necessariamente proposital. Porém, não podia ser considerada mera coincidência[71].

Hinkelammert viu, na combinação de religião, autoritarismo político e neoliberalismo, uma forma de mutualismo histórico. Previu que esse quadro se agravaria no contexto da globalização, com a instauração de uma "lei do mercado total". Defensor da Teologia da Libertação, acreditava que a Teologia da Prosperidade das correntes evangélicas, no ambiente do "totalitarismo do mercado", dar-se-ia em detrimento dos direitos humanos, legitimando a exclusão da população que já não cabia no sistema econômico nem na sociedade ultracompetitiva.

---

[71] WEBER, Max. *A ética protestante e o espírito do capitalismo*. São Paulo: Martin Claret, 2013.

O ciclo neoliberal do Chile foi duradouro – Pinochet ficou no poder por 16 anos, de 1973 até o restabelecimento das eleições presidenciais livres, em 1989. Na redemocratização, o país permaneceu como exemplo de neoliberalismo sólido e persistente na América Latina. Hinkelammert só não imaginou que, no início do século XXI, a indústria digital exponencializaria o "totalitarismo do mercado" ao limite, associado a forças conservadoras políticas e religiosas.

Os excluídos pelo sistema não ficaram calados. Na onda de protestos e vandalismos que correu o Chile no final de 2019, ficou evidente que havia algo de errado no liberalismo andino. Na exaurida sociedade chilena, tudo foi privatizado. Entre os revoltosos estavam os aposentados, de quem tinha sido subtraída a aposentadoria pública. E muitos da classe média urbana, que tinham de pagar por tudo, da escola particular para os filhos a planos de previdência privados, ao mesmo tempo que diminuíam o emprego e a renda.

Nem mesmo o discurso conservador, fincado na retomada de antigos valores éticos no poder público, mudava o estado de coisas. Ao contrário, apenas servia à defesa de novos interesses instalados no poder, enquanto crescia o mal que eles se propunham a combater. Não seriam os líderes populistas de direita e esquerda, as igrejas e nem mesmo os Estados nacionais que resolveriam a crise sozinhos.

Havia competidores demais pelos recursos existentes e pelo poder – assim como gente demais a esperar por suas migalhas. Dessa forma, cresceu o fator que sempre emerge da sociedade, quando ela não consegue resolver seus dilemas dentro do império da lei.

12

O crime e o autoritarismo

No início do século XXI, o Rio de Janeiro se transformou no maior laboratório do mundo, no qual se provou que forças políticas extremistas, de natureza religiosa ou ideológica, dependiam da continuidade e mesmo do progresso do mal para poderem continuar se apresentando como solução salvadora. Assim, o crime continuou a crescer, competindo com a religião para o surgimento de um Estado paralelo, posteriormente capaz de contaminar e, ao fim, dominar o próprio Estado constituído.

Jovens sem educação, sem possibilidade de inserção no mercado de trabalho e sem perspectiva de vida passaram a ser disputados tanto por igrejas quanto pelo crime organizado, que surgiu como alternativa de "carreira" e como um grupo com o qual eles pudessem ter identidade. No vácuo do Estado, facções criminosas substituíram a um só tempo as empresas, os sindicatos e o governo, oferecendo salário, carreira e outros benefícios, incluindo proteção.

Da mesma forma que as igrejas, essas organizações criminosas, cujas maiores fontes de renda eram o tráfico de drogas e a extorsão, passaram a penetrar nos estamentos do Estado, elegendo políticos nos poderes Executivo e Legislativo, além de infiltrar-se no poder público. No Brasil, espantosamente, cresceram a partir das penitenciárias, onde as facções, como se chamavam as organizações criminosas, ameaçavam a vida dos presos, para depois assegurar-lhes segurança e trabalho, mediante o juramento de fidelidade.

Assim cresceram dezenas de organizações, das quais as maiores eram o Comando Vermelho (CV) e o Primeiro Comando da Capital (PCC), que, entre as décadas de 1980 e 2020, alastraram-se por todo o país e ramificaram-se nos países vizinhos: Bolívia, Colômbia e Paraguai.

Teratologia do sistema Judiciário, que deveria neutralizar o crime, e não cevá-lo, as penitenciárias brasileiras serviam às organizações criminosas como um campo de recrutamento e treinamento. "A razão pela qual o crime organizado cresce é que o Estado não tem condições de garantir a segurança do preso na cadeia", afirmou Raul Jungmann, ex-ministro do governo de Michel Temer, em uma palestra na Fundação Fernando Henrique Cardoso, em São Paulo, em 19 de maio de 2019. "Por isso, quando entra, o preso é obrigado a fazer o juramento a uma das setenta facções que existem no país."

Com 727 mil presos em 2019, o Brasil tinha a terceira maior população carcerária do mundo em números absolutos, atrás apenas da China, com 1,6 milhão de presos, e dos Estados Unidos, com 2 milhões. Existiam 586 mil mandados de prisão em aberto. Isso significava que, se a polícia prendesse todos os que deveria, a população carcerária quase dobraria. Não havia lugar para tanta gente.

"O sistema não é sustentável, tanto orçamentária quanto fisicamente", afirmou Jungmann. Em 2018, ele foi encarregado por Temer de comandar o ministério extraordinário que promoveu uma intervenção federal no Rio de Janeiro, de forma a restaurar o controle do Estado nas favelas tomadas pelo crime, combinando forças da polícia militar estadual e das Forças Armadas. Por um ano, tanques e tropas do Exército subiram os morros cariocas, recolocando policiais nas antigas Unidades de Polícia Pacificadora – UPPs –, delegacias instaladas nas favelas para manter a presença policial durante a preparação para os Jogos Olímpicos de 2016, aos poucos abandonadas após o evento esportivo.

Assim como toda a administração pública no Rio de Janeiro, o sistema Judiciário foi possuído por distorções sistêmicas. "Historicamente, o Brasil prende muito, mas prende mal", definia o ministro do Supremo Tribunal Federal, Alexandre de Moraes, em 2016. Em 2019, a fotografia do sistema penal mostrava um total de 292 mil presos que estavam na cadeia, mas não tinham sido condenados – 40% do total. Eram, em grande parte, jovens detidos em flagrante, presos por um furto qualquer. "São enviados à prisão apenas com o testemunho dos policiais", afirmava Jungmann. "E, dentro da cadeia, acabam sendo cooptados pelo crime organizado."

No Brasil, dada a demora nos julgamentos, 37% dos presos eram absolvidos depois de já terem cumprido a pena completa. O perfil do preso brasileiro refletia a discriminação racial e a exclusão social. A maior parte dos encarcerados era formada por jovens, negros e pobres. Dos que entravam na cadeia, 85% eram desempregados e 80% não tinham advogado. Mais da metade (51%) não tinha completado o primeiro grau e 6% eram analfabetos. Havia um índice de 40% a 47% de reincidência – isto é, a cada dois presos que cumpriam pena, um voltava, mais tarde, por novos crimes.

"O sistema é falido em ressocialização", afirmava o ex-ministro. "O jovem sai da cadeia com estigma e sem ter sido qualificado." Assim, o crime, como as igrejas, tornava-se carreira. As facções que dominavam as cadeias cobravam um dízimo dos presos e, quando eles saíam, colocava-os na indústria da droga, maior causa de prisões no país. Havia em 2010, no Brasil, 188 mil presos por tráfico de drogas, embora esse número fosse exagerado pelo fato de que, graças à confusão da lei, muitos usuários acabavam condenados como traficantes. O índice de prisão por tráfico era o mesmo dos roubos (26% do total), duas vezes maior do que o de furtos (12%) e quase três vezes maior que o de homicídios (11%).

As facções impunham a ordem e disputavam o poder na cadeia, o que frequentemente resultava em chacinas. O Estado brasileiro passou a criar presídios exclusivos para as facções maiores, de modo a separá-las e evitar guerras internas nas penitenciárias. No final, o sistema correcional não diminuía a violência nem a percepção de violência. Ao contrário, realçava a incapacidade do Estado de prover segurança pública e era o sintoma extremo das disfunções da sociedade contemporânea.

O medo da violência alimentava os discursos de políticos de extrema direita, como Jair Bolsonaro, que defendia o porte de arma e o enfrentamento direto dos bandidos, ao mesmo tempo que justificava o uso da violência pela polícia como necessidade. Nenhum estudo comprovou que o armamento da população inibisse o crime de alguma forma, mas não importava. O discurso em favor da violência ganhava corpo, depois da falência dos esforços do Estado social, em benefício dos grupos que mesclavam a defesa da ação violenta e o autoritarismo, alguns deles vinculados a organizações criminosas formadas por policiais que tomavam o espaço e os negócios das facções do crime.

O avanço das organizações criminosas em geral, que se estendiam ao próprio aparelho de Estado, especialmente no Rio de Janeiro, mostrava como a crise do capitalismo global digital fugia ao controle, não somente do Estado, como dos limites da civilidade. "Há 1,6 milhão de pessoas no Rio de Janeiro que vivem sob o domínio do crime", dizia Jungmann. "Com o domínio do território, o crime controla o voto." Num sistema em que o Legislativo se ligava ao Executivo por meio da distribuição de cargos a aliados, o crime podia eleger representantes na Assembleia

Legislativa dos estados e depois usar essa força para escolher dentro do Executivo delegados, comissários, comandantes e outros funcionários de alto escalão do poder público. "A coalização no Rio entre políticos corruptos e o crime organizado criou uma metástase que hoje atinge todas as esferas do poder público", afirmou Jungmann.

Quando ele estava no governo, o Ministério da Segurança estimou em 30 mil o número de integrantes de facções criminosas no país e nas suas ramificações, em países como o Peru e a Venezuela. "Elas geram um excedente, que permite investir em redes de farmácias, empresas de mineração, transportes", disse. Essas organizações recrutavam jovens advogados ainda nas universidades – os "gravatas" –, alguns dos quais também acabavam presos.

Tornavam-se urgentes mudanças no sistema Judiciário, tanto quanto investimentos na educação e a criação de empregos. A prioridade desses investimentos eram as áreas de maior concentração urbana e pobreza, onde se encontrava a reserva de mão de obra das facções criminosas. Metade dos homicídios ocorridos no Brasil concentrava-se na periferia de 125 grandes cidades. Era preciso, ainda, um "programa para egressos", de forma a recuperar os presos pelo Estado, em vez de alimentar o recrutamento das facções. "Hoje quem tenta fazer isso são as igrejas", dizia Jungmann. "Precisamos de uma política para a juventude."

*

O Brasil sofria dos mesmos problemas que outros países nos quais o cidadão clamava por segurança e prosperidade. Com a insuficiência da política social, apresentava-se o sistema punitivo, que somente trazia mais opressão. Os Estados Unidos tinham a maior população carcerária do mundo, tanto em números absolutos quanto proporcionalmente à população – 897 presos para cada 100 mil americanos, de acordo com o World Prison Brief, levantamento do Institute for Criminal Policy Research, da Universidade de Londres. Porém, era difícil afirmar que tinham os menores índices de violência.

Durante coibida, quando surgia, a violência irrompia também de forma dura e explosiva, do tipo que leva um cidadão a invadir uma lanchonete de metralhadora na mão, descontando em inocentes a frustração de uma vida inteira, na qual não encontrava mais valor. A sociedade da competição por fama e fortuna deixava o indivíduo sem ter a quem recorrer, no caso de fracasso: sucumbia diante de um Estado pouco tolerante com os mais fracos, especialmente quem não conseguia arcar com suas pesadas incumbências, a começar pelos impostos.

Os números mostravam uma sociedade preparada para o confronto e prestes a explodir. Segundo pesquisa do Instituto de Pós-Graduação em Estudos Internacionais e de Desenvolvimento de Genebra, na Suíça, os Estados Unidos tinham em 2017 uma população de 326,5 milhões de habitantes e 393,3 milhões de armas de fogo em poder de civis – mais de uma por habitante. Surgia na disputa político-ideológica um clima de guerra civil. "Os dois extremos, direita e esquerda, estão armados", afirmou Patricia Acerbi, historiadora e professora da Universidade George Washington. "Não há precedentes na história americana em termos de número de armas como agora."

Os países onde as disparidades cresciam mais eram justamente aqueles em que os presidentes defendiam o armamento da população e a repressão policial. "Trump dá voz e oportunidade para que grupos armados de direita se expressem de forma mais confortável", afirma Acerbi. No caso brasileiro, essas forças da direita tinham Jair Bolsonaro como porta-voz desde seus tempos de deputado federal. Ele difundia a ideia de que "violência se combate com violência", ou, no bordão repetido em sua carreira como deputado, de que "bandido bom é bandido morto"[72].

Ao justificar a repressão policial, Bolsonaro colocou-se ao lado do núcleo dos policiais que ganhavam baixos salários, moravam nos mesmos lugares que os traficantes e trataram de assumir o poder local, numa situação em que era matar ou morrer. Eles se organizaram em milícias, organizações paramilitares que passaram também a oprimir a população mais pobre. Ganhavam com a venda de proteção, em bairros onde eles mesmos eram a ameaça. Pela coação, cobravam pedágio para a manutenção de redes piratas de eletricidade, ou forçavam a venda de imóveis a preços subfaturados, para revendê-los a preço de mercado.

A base eleitoral de Bolsonaro, formada no Rio de Janeiro em seus 28 anos como deputado federal, cresceu associada ao discurso da legitimidade da violência contra a violência que acobertava as milícias. Bolsonaro e seus filhos apresentaram para condecoração como "heróis comunitários", na Assembleia Legislativa, policiais como Adriano Magalhães da Nóbrega, o capitão Adriano, considerado pelos investigadores um dos chefes

---

[72] PUTTI, Alexandre. 10 afirmações de Bolsonaro que vão contra o que a Páscoa representa. *Carta Capital*, 21 maio 2019.

do grupo de milicianos conhecido como "Escritório do Crime". Um dos acusados de matar a vereadora do PSOL Marielle Franco, numa emboscada no Rio de Janeiro em março de 2018, Adriano serviu na Polícia Militar com Fabrício Queiroz, amigo pessoal de Bolsonaro desde a juventude, e chefe do gabinete de seu filho, o então deputado estadual Flávio Bolsonaro.

Com a eleição, em 2018, Bolsonaro virou presidente, Flávio senador e Queiroz, um problema. Foragido em razão da morte de Marielle, Adriano foi encontrado em um sítio na Bahia, em janeiro de 2020, e morto ao ser preso pela polícia, supostamente após ter resistido. Investigações conduzidas pela polícia civil, por iniciativa do Ministério Público do Rio de Janeiro, indicaram mais tarde que Adriano era um dos contribuintes das operações no gabinete de Flávio[73].

A associação de policiais com o crime só aumentou o medo da violência, a começar pela população mais pobre, que vivia em um regime de terror. Espalhava-se pela classe média e pela elite, vítimas da escalada da violência urbana e da desconfiança até mesmo nos agentes da lei. Havia ainda os que apoiavam a imposição dessa nova ordem. Apresentando a falência do Estado e a incapacidade do poder público de combater o crime, instalavam esse poder policial paralelo como solução para a substituição do Estado, movimento que ganhou tal força a ponto de poder tomar de fato também o poder constituído.

Surgiu assim o "bolsonarismo", apoiado tanto na ala mais conservadora dos militares quanto no milicianismo. Prometia a instauração da ordem e a salvação contra a miséria, a corrupção e a desagregação social, em oposição aos governos de cunho social-democrata do PT. A crise, porém, não se devia somente à má gestão da etapa final do lulopetismo. Após o primeiro ano de gestão de Bolsonaro, no início de 2020, a economia brasileira apontava para o crescimento de 1%, de acordo com a previsão do próprio governo. Pouco mudou para os cerca de 13 milhões de desempregados do país. O mecanismo da economia global mostrava o esgotamento das soluções convencionais e também do mercado, reduzido por décadas a fio de *downsizing* nas empresas e concentração de negócios. Com a competição internacional e as mudanças tecnológicas, as indústrias fechavam no mundo inteiro: tinham se transferido para a China ou encontravam-se em crise.

---

[73] COSTA, Flávio. Capitão Adriano transferiu R$ 400 mil para conta de Queiroz, estima MP-RJ. *Folha de S. Paulo-UOL*, 19 jun. 2020.

Ocorria um processo maciço de informalização da economia. O documento do Global Economic Prospects indicava, já em janeiro de 2019, que 70% do emprego nos países em desenvolvimento estava nos mercados informais – nestes, os ganhos eram em média 19% menores do que no mercado formal. "Metade da receita informal do mundo e 95% do emprego informal estão em mercados emergentes e economias em desenvolvimento", alertava o documento[74].

A dificuldade dos Estados nacionais de resolverem as dificuldades econômicas, a informalização da economia e a miséria crescente, que levam ao clima de fragmentação, insegurança e desagregação, não podiam ser resolvidas com a simples truculência das autoridades, à revelia mesmo da lei, como sugeria a tomada do poder pelo milicianismo. No limite, vislumbrava-se somente a anomia – o conceito sociológico que define um mundo tomado pela falta ou pela incerteza sobre as regras, em que cada um age por conta própria.

O medo dessa dissolução legal, política e moral estava associado, em grande parte, à crise progressiva da era da liberdade econômica, com a perda de controle dos Estados nacionais e a insuficiência nas políticas públicas para deter os efeitos colaterais do capitalismo global digital. Diminuía a crença da sociedade na capacidade de governar a si mesma, não somente dentro do processo democrático, como de qualquer sistema.

Apelava-se para o autoritarismo, costumeiramente confundido com autoridade. Um sistema político pode ser autoritarista, no sentido de tolher as liberdades para o controle social, e ainda assim não ter autoridade, que é a capacidade de tomar decisões que sejam legítimas e torná-las efetivas. Apesar disso, a sociedade apela para o autoritarismo quando o Estado fica enfraquecido, pela incapacidade de gestão ou por causa da corrupção, como reação instintiva contra crises econômicas agudas, quando a sobrevivência passa a importar mais do que a própria liberdade.

Não era só no Brasil que ocorria esse fenômeno. A marcha da concentração de renda e da exclusão social, criadas pelo capitalismo tecnológico global, minava todos os regimes democráticos, pela crítica de que falhavam na sua promessa básica de entregar uma vida melhor para todos. Era o que mostrava em 2020 o Democracy Matrix (DeMaX), estudo sistemático da Universidade de Würzburg, na Alemanha, que avalia desde 1900 a situação de 179 países segundo mais de duzentos critérios de liberdade política, igualdade e controle legal.

---

[74] YU, Shu; OHNSORGE, Franziska. The challenges of informality. Banco Mundial, Oct 18, 2019.

De acordo com o índice, houve uma substancial queda no número de países democráticos ao final da segunda década do século XXI. A Índia, que com 1,366 bilhão de habitantes era o país democrático de maior população do mundo, passou, em 2019, a ser considerada um regime "híbrido", em razão do fim da liberdade religiosa, repressão a protestos, violação dos direitos humanos e da incerteza jurídica, que favorecia violações e arbitrariedades.

Outros doze países caíram com a Índia no *ranking* democrático – entre eles o Brasil, a Hungria, a Turquia e a Sérvia. De acordo com o DeMaX, mesmo nos regimes considerados ainda democráticos, 107 países perderam "qualidade" na democracia, com restrições a liberdades, especialmente a de imprensa, controles sobre o poder público e falhas nos sistemas representativo e eleitoral. Somente três autocracias foram democratizadas: Maldivas, República Centro-Africana e República Dominicana.

O processo de democratização iniciado no final do século XX reverteu-se, mas isso não significou um renascimento das ditaduras. A descrença no sistema político ocorria em todos os regimes, incluindo os autoritários, como o da Rússia. A insatisfação tornou-se também um fenômeno global. Onde havia liberdade, pedia-se por autoridade. Onde havia autoritarismo, pedia-se por liberdade.

No caso dos países democráticos, o DeMaX apontava não uma conversão em ditaduras, e sim um endurecimento dos regimes democráticos, com a manutenção de eleições livres, porém governos de estilo autocrático, na esperança de recuperar o Estado. Prova disso é que caminhavam para regimes democráticos "híbridos", tanto os treze países que deixaram de ser democráticos quanto os três que saíram da autocracia. Em 2019, 41 países foram considerados pelo DeMaX como regimes "híbridos" – 23% do total. Essa se tornou a segunda maior categoria do *ranking* elaborado pela instituição. As democracias incompletas, isto é, ainda democracias, porém com uma redução expressiva das liberdades democráticas, eram 46 (26% do total).

Incapaz de lidar com a crise econômica global, o Estado nacional passava a ser questionado no seu funcionamento institucional. Porém, a crise não era de um país ou de um regime. Era uma crise do Estado capitalista, fosse ele democrático, fosse autoritarista. Não se tratava de mudar governos ou ideologias, ou mesmo o aparelho de governo, tanto nas democracias quanto nos regimes autoritários. Tratava-se de reformar o Estado, que precisava funcionar de acordo com outra lógica.

Assim como as empresas, que faziam reengenharia para sobreviver dentro da era tecnológica global, o Estado – isto é, o poder público e sua máquina – precisava se reinventar.

Sem essa solução mais profunda, não funcionavam também os regimes híbridos, apenas uma mescla de tudo que já não funcionava: democracias com pinceladas de autoritarismo, regimes autoritários com pinceladas de democracia e regimes populistas, que tinham todos os problemas da democracia e do autoritarismo, sem nenhuma das suas vantagens.

"Houve uma crescente complexidade e incontrolabilidade do mundo, que impulsionou o populismo e aprofundou as divisões sociais", afirmou ao jornal *Folha de S. Paulo* o diretor do DeMaX, Hans-Joachim Lauth, professor da Universidade de Würzburg (Alemanha)[75]. Segundo ele, "a má governança nas democracias, especialmente nas deficientes, como o Brasil, também contribuiu para a perda de confiança da população nos atores políticos, o que foi explorado por tendências autoritárias."

O avanço dos regimes híbridos para ditaduras mais radicais foi detido, em boa parte, pela exposição internacional. Com o meio digital, o trânsito de informação, mesmo com a censura, dificultava esconder a realidade – sobretudo quando esta tratava de medidas autoritárias em regimes de exceção. Não havia condições de instalar ditaduras que escondiam o que ocorria em velhos porões, como no passado. "Uma recaída abrangente na direção de autocracias viola os padrões que estão estabelecidos no mundo atual", afirmou Lauth.

Na esperança de que o Estado voltasse a ser efetivo, e de forma a acomodar as aparências, apelava-se a sistemas e lideranças populistas, com pendores autoritários. No lugar da censura das antigas ditaduras do século XX, os governos autoritaristas passaram a manipular a informação no meio digital, imprimindo uma grande carga de conteúdo nas redes sociais, de forma a falsear os fatos, confundir o público, intimidar e constranger opiniões divergentes, de forma a criar uma hegemonia do discurso de acordo com seus interesses.

Dentro da estratégia de substituir o cerceamento da informação por uma ocupação do espaço informativo, vitaminada pelos fartos recursos do Estado, os líderes autoritaristas atacavam a imprensa profissional, com o objetivo de tirar-lhe a credibilidade, destruir a noção de fato e realidade e impor um discurso único. "As tentativas de muitos governos de impedir e

---

[75] PINTO, Ana Estela de Sousa. Mundo vive onda de desdemocratização, diz estudo. *Folha de S. Paulo*, 12 set. 2020.

regular a imprensa contribuíram significativamente para a diminuição da qualidade da democracia", disse Lauth. A crise conjuntural da imprensa, afetada pela queda de arrecadação com a troca do papel pelo meio digital e o fim do oligopólio dos meios de distribuição da informação, também colaborou para o enfraquecimento das empresas de mídia e do jornalismo independente – um dos pilares da democracia e da sociedade livre.

Porém, nem mesmo os governos autoritários que procuravam vencer os impasses das sociedades democráticas e recuperar a capacidade de ação do poder público viam bons resultados. Lideranças populistas e autoritárias podiam se apoderar do sistema, mas não foram feitas para mudá-lo. Sem inventar nada de novo, ou subverter o sistema, como requeria a mudança do capitalismo, procuravam somente defender o antigo, de forma a manter o poder nas mãos do grupo de interesses que representavam.

O populismo nacionalista, que capitalizava a insatisfação popular, com ajuda da máquina de propaganda alimentadora da intolerância, servia apenas para atacar a democracia e a igualdade. Destruindo a igualdade, ou colocando uns acima de outros, fosse pela religião (o direito divino), fosse pela ideologia (minha ideia é melhor do que a sua), a intolerância justificava e legitimava a desigualdade. Na disputa pelos recursos cada vez mais escassos do Estado, ao proteger interesses dos grupos abrigados pelo poder, os líderes populistas e autoritários agiam em detrimento de outros e, no geral, da coletividade. Em vez de resolver os problemas deixados pela democracia, o autoritarismo os aprofundava.

Políticas de cunho nacionalista, que tendiam ao isolacionismo, davam as costas para a realidade da globalização digital. Lançavam mão cada vez mais da mentira e da manipulação, com ajuda das redes sociais, na tentativa de se manter, mas acabavam sendo vencidas por um processo inexorável. A mentira, o autoritarismo e a força não consertam nada, muito menos substituem a democracia. As soluções nacionalistas e xenófobas – como o fechamento de fronteiras, a discriminação do imigrante e a exclusão social – não eram apenas antigas e ineficazes. No mundo em que tudo se via e tudo se sabia, eram inaceitáveis. E não há força que submeta a liberdade para sempre, nem ilusão criada entre a população que dure muito tempo.

Poucos pensavam ainda em como sair do círculo vicioso de políticas associadas a receitas econômicas praticadas no capitalismo industrial, fossem associadas à esquerda, de cunho mais socialista, como à direita, mais liberalizante. No mundo interconectado, o isolamento pretendido pelas políticas conservadoras e nacionalistas trazia apenas mais conflitos, sem resolver as causas do desemprego galopante, cuja solução dependia da coordenação de um esforço mundial.

A conexão digital em tempo real lançava sobre o mundo a era da verdade total, em que todas as barreiras são fictícias, expondo a realidade, que é uma só. Pouco adiantava o protecionismo contra a China, num mundo em que não havia mais a distância da Rota da Seda nem as muralhas do comunismo. No mundo interconectado pela tecnologia, último estágio da economia transnacional, os problemas da China eram de todos, assim como os problemas de todos eram da China. E só desapareceriam se fossem resolvidos, já que não havia como escondê-los atrás de uma fronteira – física ou imaginária.

Só restava reformar a democracia. Ela se encontrava em crise, assumidamente, primeiro por ser o único regime que se permite a autocrítica: é o que garante a liberdade e também o que a faz sempre melhorar. Único sistema político que não é governado pelo medo, a democracia tende a trazer a nu a realidade, em que ninguém pode ficar esquecido ou relegado a segundo plano. Surgia o império da igualdade, tanto de indivíduos como de povos e nações. Não uma igualdade imposta por regimes totalitários, como o antigo regime soviético, e sim uma igualdade da liberdade, em que todos enxergam a todos, sem refúgios ou reservas, obrigados a elevar o patamar do bem-estar coletivo. Mais do que nunca, resolver o problema de um é resolver o problema de todos, e vice-versa.

Dessa forma, o capitalismo tecnológico, criado pela liberdade democrática, colocava a democracia mais do que nunca na sua hora da verdade – a da necessidade de estender a todos o bem-estar. E, bem nessa hora, como que para provar que ninguém estava sozinho na crise, num mundo se movendo em ondas globais, aconteceu a pandemia do coronavírus – ser microscópico que ignorou os apelos de isolamento de toda e qualquer natureza, produziu um novo *crash* econômico planetário e expôs com clareza solar que nenhum país era uma ilha, acelerando o futuro de maneira vertiginosa, para o bem e para o mal.

13

O planeta solapado

Quando a concentração de renda e a exclusão social entravam no ponto de fervura, um incidente agravou a economia mundial, já abalada e envolvida pelas tensas relações internacionais, no início de 2020. Originado, segundo se acreditava, em Wuhan, capital da província central chinesa, onde o tradicional mercado vivo misturava animais domésticos e silvestres – um laboratório involuntário de mutações virais –, o coronavírus contaminou o ser humano e espalhou-se rapidamente da China para o mundo. Transmitido como a gripe comum, pelo ar ou por contato com material infectado, quando levado aos olhos ou ao nariz, permanece incubado por um período entre 6 e 14 dias, de maneira que uma pessoa pode estar contaminada sem saber e passar o vírus adiante, inadvertidamente. Essa foi a razão para a adoção, pela maioria dos governos, de medidas de isolamento social, mesmo para quem não apresentava sintomas, a fim de deter a escalada da doença.

Consumindo oxigênio na sua transmissão para o sangue, o coronavírus causa complicações sistêmicas que matam mais idosos, de constituição mais frágil. Porém, atinge também jovens, especialmente os que têm dificuldades cardiovasculares e respiratórias, além de diabetes. Há ainda complicações pouco explicadas em pacientes que parecem ter boa resistência, tornando a contaminação pelo vírus uma loteria da morte, o que causou pânico mundial.

A escalada do contágio e a demora na recuperação dos pacientes em estado grave, que dependem de suporte respiratório, lotou as UTIs dos hospitais, aumentando a mortalidade por falta de atendimento adequado. Nos seis primeiros meses da pandemia, para 6% dos infectados, na média mundial, a covid-19 era mortal.

De forma a evitar o colapso do atendimento de terapia intensiva, a Organização Mundial da Saúde, no seu papel de orientar políticas mundiais, passou a recomendar a adoção do *lockdown* – o isolamento domiciliar.

Durante o primeiro semestre de 2020, começando pela própria China, depois os países europeus e, por fim, a África e as Américas, o medo generalizou-se e mudou a vida de todos.

Em países europeus, como a Itália e a Espanha, onde as UTIs não davam conta do atendimento, foram adotadas medidas mais drásticas: ficaram proibidos todos os deslocamentos, sob pena de multa. Locais de aglomeração pública foram lacrados. Suspenderam-se os eventos públicos, dos shows aos espetáculos esportivos – dos campeonatos de futebol em todo o planeta às Olimpíadas, previstas para ocorrer em julho de 2020, no Japão. Foi a quarta vez em que o maior congraçamento esportivo do mundo foi cancelado – e a única em que o motivo não foi uma guerra mundial.

Aviões comerciais ficaram estacionados no solo, com a proibição de viagens nacionais e internacionais. Por algum tempo, a economia planetária parou quase completamente. Foram improvisados acampamentos para isolar pacientes nas cidades em que os hospitais superlotaram. A maior parte dos profissionais da saúde que tratavam dos pacientes se contaminava, mesmo com máscaras e outros equipamentos de proteção. A falta de respiradores suficientes nas UTIs dos hospitais para entubar os pacientes mais graves, que sofriam com dores e sensação de sufocamento, levou governos a fazerem um esforço de guerra para produzir respiradores adicionais.

Na TV e nas redes digitais, circulavam cenas macabras de hospitais abarrotados em cidades italianas, mortos colocados em caminhões por empilhadeiras em Nova York e covas abertas por tratores em São Paulo, para dar conta dos óbitos em série. Quem vai para o hospital não sabe se voltará a ver os entes queridos, e vice-versa, já que foram proibidas as visitas de familiares e amigos nos hospitais. A notícia da morte chega sem que se possa ir a velórios ou enterros, que passaram a ser feitos virtualmente, com câmeras instaladas nos cemitérios. Os corpos são enterrados em caixões lacrados, para evitar a contaminação no transporte. A contagem diária dos mortos aumenta o placar nas cidades, nos estados, nos países e no mundo.

A hecatombe da civilização contrastou com os benefícios que a paralisação da atividade econômica trouxe ao meio ambiente. Nas grandes metrópoles, a poluição ambiental diminuiu radicalmente, com a redução das partículas suspensas, e o céu ficou mais azul. Em Veneza, na Itália, apareceram peixes, patos e cisnes nos canais antes poluídos e revirados pelas hélices das embarcações. Animais silvestres tomaram as ruas asfaltadas de cidades em que desapareceu o tráfego de veículos. Com as pessoas recolhidas em casa, uma breve trégua predatória, a natureza se regenerava, reclamando a volta de seu espaço.

Os defensores do fechamento político e econômico das nações ganharam um motivo de força maior para o seu propósito. Com exceção de alguns países, como o Japão, que investia na descontaminação dos operários e na disciplina da higiene sanitária para não paralisar a atividade econômica, a maior parte do mundo encarou os prejuízos do fechamento das fronteiras, do comércio e de boa parte da indústria. Aprofundaram-se o desemprego e a corrosão do poder aquisitivo, principais fatores depressivos da economia. A pobreza tornou-se um risco de vida iminente, sobretudo para aqueles que não tinham reservas, de modo a permanecer em inatividade, ainda que temporária. Os mais pobres foram os mais forçados a se arriscar no trabalho, muitas vezes burlando restrições oficiais.

Quando os primeiros doentes foram registrados no território americano, Trump reagiu com o fechamento de aeroportos a voos internacionais, ao passo que se esperavam providências de auxílio aos mais necessitados e medidas de saúde pública; porém, surgiu o velho patrão capitalista sob o paletó do presidente. Enquanto os governadores acatavam a recomendação da Organização Mundial da Saúde para o isolamento, Trump defendeu a volta rápida ao trabalho, a pretexto de evitar ou minorar uma catástrofe econômica, que na realidade já tinha acontecido. "Não podemos deixar que o remédio seja pior que a doença", tuitou o presidente americano na segunda-feira, 23 de março, depois de conceder entrevistas à imprensa com o mesmo sentido.

Embora tenha declarado "emergência nacional", desde o início Trump procurou desarmar a política de isolamento, mesmo que essa fosse a solução apontada com base nas experiências conhecidas da China e dos países europeus, por onde o vírus se alastrou primeiro – em especial a Itália e a Espanha. Antes de estudos científicos mais aprofundados, anunciou resultados supostamente auspiciosos contra o vírus com a prescrição de hidroxicloroquina, remédio usado no tratamento de malária e lúpus. Não passou despercebido do eleitorado americano o fato de o jornal *New York Times* ter descoberto que o presidente americano tinha um "pequeno interesse financeiro pessoal" na Sanofi, empresa francesa que produzia Plaquinol, nome comercial da substância[76].

---

[76] BAKER, Peter; ROGERS, Katie; ENRICH, David, and HABERMAN, Maggie. Trump's aggressive advocacy of malaria drug for treating coronavirus divides medical community. *The New York Times*, April 6, 2020.

Sem vacina ou outras soluções definitivas em curto ou médio prazo, a crise da saúde pública virou um cabo de guerra econômico e ideológico. Em 18 de março, Trump passou a referir-se ao SARS-CoV-2, o novo coronavírus, como o "vírus chinês" – sugerindo que tivesse sido lançado sobre o mundo propositalmente, como uma bomba biológica. Rebateu com indiferença as críticas de discriminação e disseminação de acusações infundadas. "[Chamar o vírus de chinês] não é racista, de forma alguma", sustentou ele, diante das críticas. "Vem da China, essa é a razão."

Trump negava o sentido do que dizia, mas sabia que estimulava nas redes digitais a viralização de teorias conspiratórias, entre as quais a de que os chineses teriam espalhado o vírus propositalmente para enfraquecer os mercados concorrentes e comprar ações baratas nas Bolsas de Valores, derrubadas vertiginosamente pela paralisação econômica. A pandemia entrava para o repertório da narrativa autoritária e armava-se mais uma onda intencional de desinformação para confundir o público e provocar reações de ódio.

Duas bases de dados, o Coronavirus Facts Alliance e o Corona Verificado, registraram ao menos 145 diferentes boatos espalhados em 38 países, entre janeiro e julho de 2020, somente referentes ao dono da Microsoft, Bill Gates. Atuante na Fundação Bill & Melinda Gates, defensora da universalização da imunização nos países pobres, em abril Bill Gates anunciou financiamento para uma das 139 vacinas em teste contra a covid-19: a INO-4800, da empresa farmacêutica Inovio.

Dali em diante, as *fake news* se multiplicaram. Antes mesmo de a vacina financiada por Gates ser testada em humanos, circularam boatos de que ela seria letal. Outra das mentiras viralizadas foi a de que ele havia espalhado a doença para vender a patente de uma versão atenuada do coronavírus que já possuía. Circulou, ainda, o boato de que a vacina de Gates seria um adesivo colocado na pele junto com um microchip, que serviria para monitorar a população. Na Geórgia, na Itália e em Portugal, publicou-se que a INO-4800 causaria infertilidade em homens. Em maio, uma montagem mostrava Gates preso por "terrorismo biológico". Surgiu uma carta aberta supostamente escrita por ele, publicada pelo tabloide britânico *The Sun*, na qual o empresário dizia que a pandemia tinha um propósito "espiritual": viera corrigir "os erros da sociedade". Mais tarde, a publicação retirou a "carta" do ar.

Por trás dessa corrente podiam estar tanto interesses comerciais de produtores de vacinas quanto de políticos, que se alimentavam da desagregação para fomentar a intolerância e se apresentar como os restauradores da ordem. "O uso desse termo ['vírus chinês'] não apenas é corrosivo diante da audiência global, como alimenta a narrativa na China de uma América que teme e odeia tanto o partido Comunista Chinês quanto a própria China e os chineses de maneira geral", afirmou o consultor Scott Kennedy, especialista em negócios chineses do Centro de Estratégia e Estudos Internacionais[77].

A conexão entre indivíduo e sociedade, integrados e interagindo de forma orgânica pela rede digital, difundia a intolerância como um veneno social. Inseminava-se no cotidiano com o crescimento da xenofobia contra os chineses e a segregação dos americanos de origem asiática nos Estados Unidos, que denunciaram ofensas e abusos físicos. No início da pandemia, os chineses eram os únicos a circular de máscara por lugares públicos, não só por profilaxia, como também para evitar serem abordados por gente capaz de reações extremas.

A reação irracional e irrealista à pandemia, tanto de governantes quanto de governados, foi maior nos países de administrações mais frágeis, que, sem recursos nem interesse de agir conforme pedia a realidade, apelavam para a negação do fato. No poder desde 1994 na Bielorrússia, o presidente Alexander Lukashenko chamou a pandemia de "psicose" e decretou que ninguém morreria de covid-19. Contra o vírus, recomendou à população que fizesse sauna e tomasse 50 mililitros de vodca por dia.

Não estava sozinho. Na Nicarágua de Daniel Ortega, para quem a pandemia era "sinal de Deus", as escolas prosseguiram funcionando, assim como o campeonato nacional de futebol. Lá o número de casos positivos no país não crescia, pois não havia testes nem estatísticas. O ditador do Turcomenistão, Gurbanguly Berdimuhamedow, cuja oposição se encontrava no exílio, proibiu o uso da palavra covid-19, como se deixar de falar no assunto eliminasse por si a pandemia. Determinou ainda a aspiração da fumaça de "harmala", uma erva estimulante utilizada no Oriente como antidepressivo, para supostamente matar os "vírus invisíveis aos olhos".

Na Turquia, o presidente Erdogan resistiu inicialmente a decretar o isolamento. Com seu partido derrotado nas eleições municipais de 2019 tanto em Istambul quanto em Ancara, as cidades mais importantes do país, usou a pandemia para confrontar as lideranças políticas locais,

---

[77] Trump defends using 'chinese virus' label, ignoring growing criticism. *The New York Times*, March 18, 2020.

em especial Ekrem Imamoglu, líder da oposição, jogando sobre elas a responsabilidade pela paralisia econômica.

Quando a doença se alastrou, Erdogan logo teve de adotar o confinamento em todo o território turco, o que produziu resultado oposto ao desejado. Ao saberem do decreto do isolamento na última hora, imaginando que seria longo, os turcos se aglomeraram nos supermercados, acelerando ainda mais o contágio. O ministro do Interior, Suleyman Soylu, pediu demissão. Erdogan recusou-se a aceitá-la. "Essa epidemia nos lembrou de que nosso destino [da humanidade] é comum, apesar de nossas religiões serem diferentes", disse.

Para jogar a insatisfação com a crise debaixo do tapete, o presidente turco lançou 150 ataques à bomba e invadiu bases do movimento separatista PKK, ao norte do Iraque, no início de junho – as operações Garras de Tigre e Garras de Águia. "Nossos comandos de heróis estão na região de Haftanin", anunciou o Ministério da Defesa Nacional. Mais dinamite para o relacionamento internacional, e outra conta a ser paga pelas exauridas finanças turcas, em plena pandemia.

Para completar, Erdogan levou adiante seu plano de reconverter a Aya Sofia em mesquita. Em 9 de julho de 2020, a justiça turca revogou o *status* de museu da antiga basílica. Deu oportunidade para que o presidente a sacralizasse novamente, reabrindo uma disputa milenar. "Oponentes dizem que seu esforço de fazer essa mudança visa o acirramento da sua base nacionalista e religiosa, por meio da glorificação da história otomana, num retrocesso de quase cem anos na devoção ao secularismo", escreveu o jornal *The New York Times*[78].

*

Rejeição do conhecimento, a começar pelo científico, o negacionismo não era apenas a inversão da realidade. Procurava invalidar a própria razão, base do humanismo, com o fim de atacar seu mais valioso produto: o princípio da igualdade entre os homens, fundador dos sistemas democráticos. Em vez de atacar a democracia, o conservadorismo atacava sua raiz: a própria lógica. Instalava a irracionalidade, associada à intolerância, como legitimação da prevalência de um grupo sobre outros. Dessa forma,

---

[78] Turkish court clears way for Hagia Sophia to de used as a mosque again. *The New York Times*, Jul 10, 2020.

justificava a preferência de uns sobre outros na distribuição dos recursos – especialmente os do Estado – em tempos de escassez.

Nos regimes democráticos, o combate à lógica partiu de presidentes e lideranças locais que apostavam na desestruturação da democracia, como meio para aumentar ou perpetuar seu poder. Trump nos Estados Unidos e Bolsonaro no Brasil, confrontaram governadores e prefeitos que seguiam as orientações da comunidade médica e científica, explorando as reações emocionais derivadas do medo durante a pandemia. Procuravam ganhar posições, rompendo suas limitações de poder, inclusive as republicanas, que dividiam as funções entre o Executivo federal e os estados e municípios na área da saúde pública.

A politização da epidemia tornou-se um risco de morte em larga escala. E gerou mais confronto. "Se Trump ordenasse a reabertura [econômica] de uma maneira que colocasse em perigo a saúde das pessoas do meu estado, eu me recusaria a fazê-lo", disse à CNN o governador do estado de Nova York, Mario Cuomo, em 14 de abril de 2020. "Temos o presidente Trump, e não o rei Trump."

A campanha presidencial contra o isolamento colaborou para transformar os Estados Unidos no país mais atingido pela pandemia, com meio milhão de infectados no início de abril de 2020. O estado de Nova York, em especial a capital, polo de trânsito internacional, com uma população de 8,4 milhões de habitantes, era o maior foco de conflagração do vírus em território americano. Segundo o site de estatísticas Worldometer, em 5 de junho, o mundo somava 6,7 milhões de pessoas contaminadas e 394 mil mortes pela covid-19. Entre elas, 1,9 milhão – quase um terço do total – eram americanos, com 110 mil mortes. Em segundo lugar estava o Brasil, com 618 mil casos e 34 mil mortes, seguido da Rússia (449 mil casos e 5,5 mil mortes).

O sistema público de saúde, que Barack Obama tentou com dificuldade implantar nos Estados Unidos em seu mandato anterior, mostrou sua utilidade no momento da pandemia. A morte de pessoas sem atendimento médico elementar no país mais rico do planeta dava um retrato macabro da filosofia privatista americana, que deixava grande parte da população ao desamparo, instalando um clima de "salve-se quem puder", mesmo entre os mais ricos.

Por mais que se quisesse retornar à vida normal, com ou sem isolamento, como pediam os líderes negacionistas, o dano estava feito. Não havia como retornar a uma normalidade que já não existia. Mesmo que as lojas reabrissem, o movimento não voltaria, pelo receio da contaminação. Não havia segurança sobre a imunização, mesmo de quem já havia contraído o vírus, enquanto a produção e distribuição em série de uma vacina confiável não começava.

"Não estamos falando das próximas duas ou três semanas, estamos falando de meses, uma reabertura em fases", disse Cuomo, em 14 de abril. Em vez de apoiar o esforço coletivo de isolamento, Trump passou a fuzilar a OMS, da qual os Estados Unidos faziam parte desde 1948, sendo o país o maior financiador. Alegando que suas recomendações tinham caráter ideológico e que a entidade estava "a serviço da China", em 7 de julho de 2020 o presidente fez o Departamento de Estado americano mandar à ONU o aviso de retirada dos Estados Unidos da OMS, para vigorar dali a um ano, a partir de 6 de julho de 2021.

Logo na sequência, em 15 de julho, Trump quis remover o médico Anthony Fauci da diretoria do Instituto Nacional de Alergia e Doenças Infecciosas dos Estados Unidos, principal consultor do governo em assuntos de saúde pública, cargo que ocupava havia 36 anos. "Ok, vamos acabar com esse *nonsense*", disse Fauci. "Não vou a lugar algum."[79]

Nos países europeus, que inicialmente também subestimaram o vírus, a lição foi dura, mas aprendida, e resultou numa mudança drástica de atitude. No Reino Unido, também sob a regência dos conservadores, o governo inicialmente orientou a população a continuar trabalhando, uma aposta na contaminação rápida, para uma saída também mais rápida da pandemia – a "imunidade de rebanho", conceito baseado na pecuária.

Depois, o primeiro-ministro Boris Johnson foi obrigado a voltar atrás, assim que o Imperial College, de Londres, apresentou um modelo matemático no qual se estimava a morte de mais de 250 mil pessoas, além do colapso do NHS, o sistema público de saúde do Reino Unido. O mesmo modelo apontava entre 1,2 e 2,2 milhões de mortos potenciais nos Estados Unidos, caso não fossem levadas a cabo medidas de contenção.

"Pode ser que a gente viva em um mundo muito diferente do que conhecemos durante um ano ou mais", afirmou Neil Ferguson, chefe do programa de modelos matemáticos do Imperial College de Londres, ao jornal *Financial Times*. O primeiro-ministro britânico então trocou o regime de "mitigação" pelo de "supressão", como a maioria dos países que seguiam a experiência da China. Ele próprio foi contaminado pelo coronavírus

---

[79] NICHOLAS, Peter; YONG, Ed. Fauci: 'Bizarre' White House behavior only hurts the president. *The Atlantic*, July 15, 2020.

em maio e passou um período isolado em casa e outro, preventivamente, no hospital. "As pessoas devem estar pensando em sair de casa e quebrar as regras", disse Johnson, numa gravação caseira, na qual explicou estar trabalhando de casa. "Não façam isso, mantenham a orientação."[80]

Países que adotaram o *lockdown* depois da explosão inicial da pandemia, como Espanha e Itália, viram as estatísticas de contaminação e morte apontarem para baixo no final de maio e começaram a sair novamente às ruas. Na China, onde o ciclo começou primeiro, já se tomavam medidas de precaução contra a possibilidade de uma "segunda onda". Enquanto isso, nos Estados Unidos, a contaminação e as mortes continuaram em elevação, assim como nos países latino-americanos, sobretudo no Brasil, com a maior população.

Passados seis meses desde o seu início, a pandemia deixava um grande estrago na economia mundial. Nos Estados Unidos, a taxa de desemprego, que antes da pandemia se encontrava em 3%, menor patamar da história, saltou para 14% no final de maio – a mais alta desde a Grande Depressão, em 1929. No dia 27 de maio, a Organização Internacional do Trabalho mostrou um levantamento segundo o qual um a cada seis jovens tinha perdido o trabalho desde o início da pandemia. Quem permaneceu no emprego teve, em média, uma redução de 23% em sua jornada de trabalho.

Um estudo do grupo apartidário Families U.S.A. apontou em julho de 2020 que 40% dos desempregados do país tinham perdido seu plano de saúde junto com o trabalho. Eram 5,4 milhões de americanos que ficaram, ao mesmo tempo, sem renda e sem proteção, 40% a mais do que na recessão de 2008, quando o mesmo aconteceu com 3,9 milhões de pessoas[81].

Os organismos internacionais apontaram que o novo epicentro da pandemia passava a ser a América Latina – em especial o Brasil. Depois do impacto inicial nos países europeus, as nações em desenvolvimento, com maior desigualdade social, acabavam por sofrer mais. "Há um bom motivo para estar preocupado, tanto com a trajetória da pandemia quanto com a capacidade de implementar medidas para reagir a ela", afirmou em Genebra o diretor-geral da Organização Internacional do Trabalho

---

[80] UK's Johnson is still sick, tells others to stay inside. Bloomberg, April 3, 2020. [https://www.bloomberg.com/news/videos/2020-04-03/u-k-s-johnson-is-still-sick-tells-others-to-stay-inside-video]

[81] A record 5.4 million americans have lost health insurance, study finds. *The New York Times*, July 13, 2020.

(OIT), Guy Ryder, no dia 27 de maio. "Existem preocupações sobre como a pandemia está afetando de forma mais dura os países em desenvolvimento, não só diante da capacidade desses países em implementar as medidas corretas para conter o vírus, como também de ter respostas no mundo do trabalho."[82]

A OIT observou que países em que a população realizava mais testes retornavam à atividade econômica mais rápido, pelo nível de segurança que isso trazia em relação ao controle da pandemia. A perda de horas trabalhadas tinha sido de 7% em países que fizeram mais testes, e de 14% em países com menos testes. O Brasil era o terceiro país com mais casos de covid-19 e um dos que menos realizavam testes, proporcionalmente, com cerca de 1 milhão de exames até o final de maio – menos de 1% da população.

A divulgação dos dados oficiais, atrasada pelo governo para o final de maio, indicou que, entre janeiro e abril, 763.232 brasileiros tinham perdido o emprego, pior resultado desde que a pesquisa começou a ser feita, em 2010. Outros 4,4 milhões de trabalhadores tiveram o contrato suspenso. Somente em abril, foram cortados no Brasil 860.503 trabalhadores, o que anulou a criação de 337.973 vagas criadas em janeiro e fevereiro.

Essas contas não consideravam o trabalho informal, situação em que se encontrava boa parte da população, não só do Brasil. De acordo com a estimativa da OIT, considerado o setor informal, até o final de maio mais de 3 milhões de pessoas tinham perdido sua renda por causa da covid-19 na América do Sul. "Claramente, o continente americano, onde a informalidade é enorme, e onde o diálogo social não está sendo efetivo em muitos países, tem desafios", disse Ryder.

A pandemia expunha e aprofundava a metamorfose do capitalismo. "Problemas como o aquecimento global, a concentração de renda e as relações com a China já existiam antes do coronavírus", afirmou num colóquio virtual em 25 de junho de 2020 o cientista político americano Joseph Nye, ex-reitor da Universidade de Harvard e autor de livros, como *The future of power* e *Soft power*. "A pandemia apenas acentuou tendências preexistentes."

A disseminação do coronavírus ampliou a massa de marginalizados econômico-sociais, o receio do desemprego e as dúvidas sobre o futuro em todo o mundo. O estresse aumentou com o longo período de isolamento social, a perda de parentes e pessoas queridas e as preocupações financeiras.

---

[82] Américas sofrerão maior perda de empregos por causa da covid. UOL/Reuters, 5 jul. 2020.

Se havia uma certeza, era a de que a intolerância e os conflitos iriam aumentar.

*

Apesar do fechamento das fronteiras e da reação defensiva das lideranças conservadoras, as bases da sociedade tecnológica global estavam plantadas – e em funcionamento, tanto para o bem quanto para o mal.

O coronavírus testou a capacidade da sociedade conectada de reagir a uma ameaça que precisava ser combatida tanto local quanto globalmente – o próprio espírito da rede criada pela tecnologia digital. Nunca o mundo respondeu a uma ameaça planetária de forma tão rápida, ampla, cooperativa e eficaz. A rede virtual contribuiu para a conscientização pública e permitiu a convivência e a continuidade de muitas atividades econômicas durante o período de isolamento social. Permitiu ainda o trabalho colaborativo de cientistas no mundo inteiro, avançando com a troca de experiências, a coordenação de testes e a pesquisa de vacinas em lugares diferentes do mundo.

Na China, o aplicativo WeChat foi utilizado para rastrear por onde tinham passado as pessoas que testaram positivo para o coronavírus e alertar outras com quem pudessem ter tido contato. Assim, os chineses identificavam quem precisava ser isolado e faziam um controle mais rápido, preciso e sofisticado do contágio. O mesmo princípio dos aplicativos de aparelhos móveis passou a ser empregado na vigilância sanitária.

Antes mesmo da pandemia, a economia já se movimentava, em grande parte, por conexões virtuais, o que reduziu o impacto econômico do isolamento social. As empresas usaram ainda mais os meios digitais para comprar e vender. Serviços e negócios pela via virtual ganharam mercado, enquanto o comércio tradicional era obrigado a fechar as portas. A generalização do trabalho remoto, que já era uma tendência, com colaboradores trabalhando em *home office*, mostrou-se efetiva na redução de custos e riscos.

Por outro lado, agravaram-se os fatores preexistentes de desequilíbrio econômico. Empresas que já estavam fragilizadas fecharam. Outras tiveram de acelerar sua adaptação para sobreviver. Ao transferir as compras para os aplicativos digitais e prejudicar ainda mais os negócios que utilizavam mão de obra extensiva, a pandemia ampliou a vala do desemprego e as disparidades sociais. O futuro foi acelerado.

Faltava apenas o estopim para uma revolta social. Uma faísca se acendeu com a morte de George Floyd, ex-segurança negro de 46 anos que, no final de maio de 2020, foi assassinado por um policial branco em Minneapolis, no estado americano de Minnesota. O oficial Derek Chauvin apertou o pescoço de Floyd com o joelho dobrado, quando ele já se encontrava dominado, no chão. Durante dez minutos, ouviu do homem que se encontrava sob sua custódia por onze vezes a mesma frase: "Não consigo respirar". Até que Floyd apagou.

Segurança do restaurante Conga Latin Bistro, Floyd tinha sido abordado pela polícia por tentar fazer uma compra com uma cédula supostamente falsa de 20 dólares. De acordo com a agência Associated Press, em 19 anos de carreira, o policial que o matou já tinha sido alvo de duas dezenas de queixas formais de cidadãos que o haviam denunciado por abuso de força. Em 2006, Chauvin foi um dos seis policiais a disparar contra Wayne Reyes, descendente de indígenas americanos que lhes teria apontado uma escopeta de cano serrado, depois de esfaquear duas pessoas. Dois anos depois, ele atirou duas vezes contra um negro, Ira Latrell Toles, ao atender a uma denúncia de violência doméstica. Os policiais afirmaram que Toles tentou pegar a arma de Chauvin. Toles, que sobreviveu, disse ao site Daily Beast que foi agredido por Chauvin, mesmo sem ter reagido à ação policial.

Apesar desses episódios, até a morte de Floyd, o policial havia recebido apenas duas cartas de reprimenda, o que indicava a complacência do sistema. Na ocasião, Chauvin encontrava-se acompanhado por um colega de patrulha, Tou Thao, que, em vez de interferir, tratou de obstruir a visão das pessoas ao redor. Thao também já havia sido alvo de queixas por atos violentos. Em 2014, um negro, Lamar Ferguson, denunciou Thao e outro oficial de polícia por uma agressão sem motivo, quando caminhava em direção à casa de sua namorada. O caso foi resolvido três anos depois, com um acordo judicial pelo qual Thao pagou US$ 25 mil de indenização a Ferguson, para se livrar de penas mais duras.

Gravado pelo *smartphone* de um passante, o vídeo da morte de Floyd circulou nas redes digitais e gerou uma onda de revolta que correu o mundo. O caso lembrava o assassinato de Eric Garner, negro de 43 anos que morreu ao ser detido em Nova York em 2014, sob suspeita de vender cigarros ilegalmente. Um policial apertou seu pescoço, segurando-o por trás – golpe conhecido como "gravata" –, o que o sufocou até a morte. O episódio serviu na época para o surgimento do movimento Black Lives

Matter ("vidas negras importam"), *slogan* incorporado aos protestos pela morte de Floyd.

Logo após o crime, uma multidão seguiu para a delegacia de Minneapolis, onde Chauvin e Thao trabalhavam. A polícia formou uma barricada humana para evitar a invasão e dispersou a multidão com bombas de gás lacrimogêneo. Os manifestantes se reagruparam pela cidade, incendiaram uma revendedora de autopeças e saquearam lojas nas proximidades, deixando um rastro de destruição.

A passagem da intolerância para a violência ativou o aparato repressor. Pelo Twitter, Trump publicou uma mensagem sugerindo que a polícia deveria tratar os manifestantes com tiros – e que essa seria sua política dali em diante, ainda que a responsabilidade pela segurança civil fosse dos estados e municípios. "Esses bandidos estão desonrando a memória de George Floyd e eu não deixarei que isso aconteça", escreveu. "Acabei de conversar com o governador [do estado do Minnesota] Tim Walz, e disse que o Exército está com ele até o fim. A qualquer dificuldade, nós assumimos o controle, mas, quando começam os saques, começam os tiros."

Mesmo com o risco iminente de contaminação pela covid-19 por causa das aglomerações, o *slogan* "I can't breathe" foi levado às ruas de todo o mundo, de Lisboa (Portugal) a Sidney (Austrália). Traduzia a revolta geral contra um sistema que também estrangulava. Em Estocolmo, na Suécia, onde a pandemia se alastrou por causa de um isolamento social frouxo, no dia 2 de junho cerca de 40 mil pessoas participaram de um protesto on-line, organizado pela jogadora de basquete Asjha Jones e pelas organizações Stop Afrophobia, Afro-Swedes Forum for Justice e Afro-Swedes Association. No dia seguinte, 3 de junho, cerca de 8 mil suecos foram para a Sergels Torg, praça diante da estação ferroviária central, num protesto com uma atmosfera pesada.

A revolta era contra a opressão dos negros, em particular, mas também contra a opressão geral, que conjugava a crise galopante, a falta de perspectivas e a repressão – sobretudo entre os jovens. "Nos Estados Unidos, os protestos desencadeados pela morte de George Floyd destacavam não somente a violência policial contra os negros, mas também as desigualdades em saúde, educação, emprego e discriminação racial", afirmou a alta-comissária da ONU para os Direitos Humanos, Michelle Bachelet.

Nos Estados Unidos, saqueadores se aproveitaram do momento para roubar lojas do centro de Nova York e vandalizar as ruas. Um vídeo que circulou pelas redes digitais mostrou um grupo de jovens encapuzados, com *smartphones* nas mãos, invadir uma agência da Mercedes-Benz em Oakland, destruindo as instalações e ateando fogo a carros de luxo, enquanto filmavam a ação. Em um AMG GT coupé, ao preço de tabela de 124 mil dólares, picharam uma frase simbólica: "Eat the rich" ("Comam os ricos").

No dia 1º de junho, Trump ameaçou enviar tropas federais aos estados "para resolver rapidamente o problema", se a violência não parasse. Em videoconferência com os governadores, conforme se viu pela rede de TV CBS, chamou os governadores de "fracos". Atribuiu as manifestações a "anarquistas liderados pelos antifas", militantes antifascistas, cujo símbolo era colocado pelos adesistas em seus avatares nas redes digitais.

No Brasil, no mesmo fim de semana, o presidente Jair Bolsonaro classificou como "terroristas" grupos de torcedores do Palmeiras e do Corinthians, times tradicionalmente rivais em São Paulo. Juntaram-se para confrontar na Avenida Paulista os militantes bolsonaristas que saíam às ruas todos os domingos, com o apoio do presidente, a clamar por um golpe militar que fechasse o Congresso e o Supremo Tribunal Federal. O próprio Bolsonaro participou das manifestações – em 19 de abril, transformou uma delas em comício, diante do quartel-general do Exército, em Brasília. O confronto com os militantes bolsonaristas terminou com os torcedores "antifas" sendo dispersados por balas de efeito moral, disparadas pela Polícia Militar estadual.

O fato de esses presidentes estimularem a intolerância e o negacionismo, num momento de luta contra a pandemia, levantava a indignação na fatia da população crítica ao neopopulismo – e sobrecarregava os governadores, encarregados tanto de controlar a pandemia quanto da segurança pública. Bill de Blasio, prefeito democrata de Nova York, criticou o tom "belicoso" e a "retórica polarizadora" de Trump, que, a seu ver, visavam à sua reeleição, em novembro. Atribuía a Trump muito do clima de cizânia instalado no país, que fazia aflorar a violência. "Não foram as declarações [de Trump] nas últimas horas que provocaram isso tudo, e sim o que ele fez nos últimos anos", disse De Blasio.

Em vez de abrandar os ânimos, o presidente americano queria forçar uma ação coercitiva, ignorando as bases econômicas e sociais da crise. Diante da contribuição presidencial para o clima de agressividade, que beirava a truculência, De Blasio apelou para o bom senso, a moderação e a simples aplicação da lei. "Apoiamos os protestos pacíficos na cidade, mas agora é o momento de voltar para casa", disse. "Há pessoas que estão nas ruas esta noite não para protestar, e sim para destruir propriedades e provocar danos a outros. Essas pessoas estão sendo detidas, suas ações são inaceitáveis e, portanto, não as permitiremos."

Com apoio do governador do estado, Andrew Cuomo, De Blasio decretou, em 1º de junho, em Nova York, o toque de recolher às 23 horas. Ainda assim, depois do horário, no primeiro dia de vigência da medida, uma centena de manifestantes reuniu-se no Barclays Center, no Brooklyn, para uma homenagem às vítimas da violência contra os negros. Puseram-se de joelhos no chão, referência simbólica à forma como Lloyd foi sufocado. Nos dias seguintes, o mesmo gesto foi repetido nas ruas em todo o mundo por manifestantes, artistas e esportistas. Não havia sinal à vista de uma real pacificação.

*

Durante a pandemia, enquanto milhares de empreendedores se viam diante do colapso e milhões de pessoas ficavam desempregadas, empresários da tecnologia digital ganhavam mais do que nunca. Um levantamento do Instituto de Estudos Políticos (IPS) mostrou que 42,6 milhões de trabalhadores americanos pediram auxílio-desemprego no período de 11 semanas, a partir de 18 de março – o início do isolamento social nos Estados Unidos. Enquanto isso, a fortuna combinada dos bilionários no país cresceu 19%, em 565 bilhões de dólares.

Entre os beneficiários da crise, estavam o dono do Facebook, Mark Zuckerberg, que ficou 30,1 bilhões de dólares mais rico, Jeff Bezos, da Amazon, que ganhou mais 36,2 bilhões, e Elon Musk, executivo-chefe da Tesla, cujo patrimônio cresceu 14,1 bilhões. "Essas estatísticas nos lembram de que estamos mais divididos econômica e racialmente do que em qualquer época em décadas", afirmou um dos autores do estudo, Chuck Collins[83].

De acordo com a Oxfam, os 42 bilionários brasileiros listados pela revista americana *Forbes* ficaram 34 bilhões de dólares mais ricos entre março e julho de 2020, com um aumento patrimonial de 123 para 157 bilhões de dólares. Em toda a América Latina, incluindo o Caribe, 73 bilionários aumentaram suas fortunas em 48,2 bilhões – "dinheiro equivalente a 38%

---

[83] Riqueza de bilionários dos EUA aumenta mais de meio trilhão de dólares durante pandemia. Reuters, 4 jun. 2020.

do total dos pacotes de estímulo à economia na pandemia implementada por governos e nove vezes mais do que os empréstimos de urgência à região pelo Fundo Monetário Internacional até o presente momento", afirmava a entidade em seu relatório[84].

Os Estados Unidos se viam diante da diferença entre ser um país com muitos bilionários e um país desenvolvido – o que significa um padrão de vida para toda a sociedade. De acordo com o Social Progress Index, os Estados Unidos estavam em 28º lugar na lista dos países segundo critérios de qualidade de vida e bem-estar social. Entre 163 países, era a nação que mais rapidamente caía na lista, seguida de Brasil e Hungria. "Nós, americanos, gostamos de pensar que somos o número 1", escreveu o jornalista Nicholas Kristof, colunista do New York Times. "Tristemente, isso já é passado."[85]

No início de junho de 2020, a ONU alertou para o impacto da covid-19 nos países com maior desigualdade social, pela maior dificuldade de acesso da população mais pobre ao sistema de saúde. "As desigualdades são alarmantes", disse Michelle Bachelet. Ela apontava "um impacto devastador" da pandemia sobre pessoas de ascendência africana, assim como minorias étnicas em alguns países, incluindo Brasil, França e Reino Unido, além dos Estados Unidos. "Em muitos outros lugares, padrões semelhantes estão ocorrendo, mas somos incapazes de dizer com certeza, uma vez que os dados por raça e etnia simplesmente não estão sendo coletados ou reportados", disse Bachelet.

Os números mostravam que a doença fazia mais mortos entre os cidadãos excluídos e com pouco ou nenhum acesso à assistência médica. Dados do boletim epidemiológico da Prefeitura de São Paulo apontaram, em abril de 2020, que morriam 62% mais negros do que brancos na maior metrópole brasileira.

Essa era também a realidade em outros lugares. Nos Estados Unidos, a taxa de mortalidade da covid-19 para afro-americanos era mais que o dobro da de outros grupos raciais. "Da mesma forma, dados governamentais da Inglaterra e do País de Gales mostram uma taxa de mortalidade duas vezes maior para negros, paquistaneses e bengaleses em relação aos brancos, mesmo quando a classe e alguns fatores de saúde são levados em conta", afirmou Bachelet. "O impacto terrível da covid-19 sobre as minorias raciais

---

[84] Fortuna de bilionários brasileiros cresce US$ 34 bilhões na pandemia, diz ONG. UOL, 27 jul. 2020.

[85] KRISTOF, Nicholas. We're number 28th! And dropping! The New York Times, Sept 9, 2020.

e étnicas é muito discutido, mas o que é menos claro é quanto está sendo feito para enfrentá-lo."

Mesmo nos continentes menos afetados pela pandemia, a pobreza aumentou, resultante da crise econômica global. Depois da Oceania, a menos atingida pela covid-19, a África era o continente com menos casos (500.000) e mortes (11.700) até o fim de junho de 2020, segundo a agência de notícias AFP. Contudo, um relatório do Banco Africano de Desenvolvimento (BAD) estimava, em 7 de julho, que entre 28,2 e 49,2 milhões de africanos corriam o risco de entrar na linha da miséria extrema até o final do ano.

Um terço dos africanos – 425 milhões de pessoas – vivia com menos de US$ 1,90 por dia, o valor convencionado para definir o que é miséria[86]. O Fundo Monetário Internacional estimava uma recessão de 3,2% na África Subsaariana em 2020, com o corte de 24,6 a 30 milhões de empregos e, para os que ficavam no mercado de trabalho, uma queda na renda para o nível de 2010: uma década de avanços estava perdida.

A situação mais grave era a da Nigéria, país mais populoso do continente africano, com 200 milhões de habitantes. Segundo o BAD, entre 8,5 e 11,5 milhões de nigerianos estavam caindo na zona da extrema pobreza, em boa parte pelo fato de a economia do país depender da indústria do petróleo, cujo preço caiu quase a zero com a redução brusca do consumo de combustíveis no mundo paralisado pela pandemia.

A covid-19 evidenciou e acentuou a distância entre ricos e pobres dentro de cada país, assim como entre países ricos e países pobres, que sofriam mais. Mostrou ainda dois tipos de países ricos, divididos entre aqueles em que a disparidade da renda provocou uma crise maior, e outros com menos desigualdade e, dessa forma, mais capacidade de sustentar o *lockdown* e um atendimento hospitalar melhor e mais uniforme.

Estava em questão o próprio conceito do que é um país desenvolvido. Economias com um padrão médio de vida mais elevado, sem tantas disparidades sociais, sofriam menos com a repercussão econômica da crise sanitária. Já países ricos com grande desigualdade social, como os Estados Unidos, recordistas em mortes pela doença, sentiam seus mais duros reflexos.

Um estudo publicado pelo Global Economic Prospect, veículo do Banco Mundial, indicava que, nos países emergentes, grande parte da população não tinha poupança para atravessar o período de isolamento na pandemia: 4 de cada 10 trabalhadores passariam imediatamente para baixo da linha da

---

[86] Perspectivas econômicas na África. Banco Africano de Desenvolvimento, 2020.

miséria caso parassem de trabalhar[87]. Quem não podia abdicar do trabalho para sobreviver, ainda que temporariamente, expunha-se mais aos riscos, além de ter acesso limitado ou inexistente ao sistema de saúde. A situação era ainda mais grave no caso dos grupos que sofriam com a discriminação e a exclusão social. "Os estados precisam não apenas se concentrar no impacto dessas disparidades sobre grupos e comunidades que enfrentam discriminação racial, mas também em suas causas", disse Bachelet. "Este vírus está expondo desigualdades endêmicas que há muito tempo têm sido ignoradas."

A disparidade tinha raízes históricas e sociais, que restringiam o acesso à plena cidadania, desde a educação de qualidade até o emprego. "É uma tragédia que tenha sido preciso a covid-19 para expor o que deveria ter sido óbvio: que o acesso desigual aos cuidados de saúde, a habitação superlotada e a discriminação generalizada tornam nossas sociedades menos estáveis, seguras e prósperas", afirmou Bachelet. "A luta contra essa pandemia não pode ser ganha se os governos se recusarem a reconhecer as desigualdades flagrantes que o vírus está trazendo à tona."

Essa realidade não deixou de afetar os países mais desenvolvidos, em que a população submetida à pressão da discriminação e da exclusão social reagiu de forma explosiva. Sob a bandeira do movimento Black Lives Matter, em 7 de junho – um domingo –, uma multidão derrubou na cidade britânica de Bristol a estátua de Edward Colston, um traficante de escravos negros, morto em 1721, ilustre representante do velho colonialismo britânico – o que lhe rendeu originalmente a homenagem. Arrastada pelas ruas, a imagem foi despejada nas águas do porto, numa defenestração simbólica. Outros protestos semelhantes se seguiram, a ponto de a prefeitura de Londres cobrir a estátua de Winston Churchill na Parliament Square, em Londres, para evitar o eventual enxovalhamento da imagem do grande líder britânico na Segunda Guerra Mundial.

A realidade batia à porta dos mais ricos. A pandemia fazia aflorar todas as dissensões que vinham sendo preservadas pela inércia social, expondo que se tratava, literalmente, de uma questão de sobrevivência.

*

Para muitos dos políticos instalados no poder, em vez de alertar para a necessidade de uma mudança efetiva, a pandemia serviu para encobrir o fato de que o governo não vinha dando resultado e justificar, até mesmo,

---

[87] YU, Shu; OHNSORGE, Franziska. The challenges of informality. Banco Mundial, Oct 18, 2019.

medidas de exceção. Em seu discurso para as festividades da independência americana, em 4 de julho, na Casa Branca, Trump deu início a uma campanha sugerindo o adiamento das eleições presidenciais, no final do ano. Ao lado da mulher, Melania, além de soldados e médicos, alegou que a pandemia forçaria o voto pelo correio, com o suposto risco de fraudes.

Naquele mesmo 4 de julho, pela manhã, manifestantes tinham laçado e derrubado uma estátua de Cristóvão Colombo em Baltimore. A figura, que já havia sido vandalizada em 20 de agosto de 2017 por um grupo autodenominado Resistência Popular, foi rolada para o cais, e o descobridor da América, devolvido simbolicamente para o mar. Em seu discurso, Trump aproveitou o episódio para dizer que seus oponentes tinham como objetivo "a demolição". Prometeu criar o Jardim Nacional dos Heróis Americanos (National Garden of American Heroes), como uma versão novo-mundista dos Guerreiros de Xian. Nas redes sociais, afirmou que protegeria até mesmo a estátua do Cristo Redentor, no Rio de Janeiro.

"Os patriotas que construíram nossa nação não eram vilões", disse Trump. "Estamos agora no processo de derrotar a esquerda radical, os anarquistas, os agitadores, os saqueadores e as pessoas que, de muitas formas, não têm a menor ideia do que estão fazendo. Nunca permitiremos que uma multidão raivosa derrube nossas estátuas, apague nossa história, deseduque nossas crianças."[88]

Atribuir à esquerda ou à oposição a revolta da população equivalia a descontar a raiva em Colombo. Em vez de melhorar o serviço de correios e sua segurança, como garantia adicional contra fraudes eleitorais, Trump fez o contrário: cortou verbas do United States Postal Service, o correio nacional, e aumentou as taxas de postagem para o envio das cédulas aos eleitores. A aposta no "quanto pior, melhor" só se explicava como uma forma de minar a confiança da população, a credibilidade do sistema democrático, acirrar a intolerância e justificar o autoritarismo, se possível para permanecer no poder, ao arrepio da lei.

---

[88] Fourth of July: Trump vows to defeat 'radical left' in Independence Day speech. BBC News, July 5, 2020.

14

O evolucionismo capitalista

O caldeirão social e a controvertida atuação de Trump na pandemia aumentaram as preocupações, tanto quanto as esperanças da oposição americana para as eleições presidenciais de 2020. O candidato democrata, Joe Biden, ex-vice de Obama, que Trump provocativamente chamava de Sleepy Joe ("Joe dorminhoco", em alusão a uma música de John Carter), propunha a reinserção americana no mundo, inclusive no combate coordenado à pandemia. Prometeu recolocar os Estados Unidos na Organização Mundial da Saúde no "primeiro dia" de seu governo. Falava aos excluídos do sistema, mais numerosos com a pandemia. Para Biden, os americanos tinham "a chance agora de dar aos marginalizados, os demonizados, os isolados, os oprimidos, uma cota completa do sonho americano"[89].

Na véspera do lançamento oficial da candidatura de Biden, Obama disse que Trump era "um perigo" para a democracia americana. No dia seguinte, 20 de agosto de 2020, o próprio Biden prometeu combater as "trevas" com a "luz". Por causa da pandemia, ambos falavam diante de um salão vazio, para uma plateia conectada virtualmente, em vez da claque embandeirada usual dos eventos partidários americanos.

No mesmo dia em que Biden se lançou oficialmente na corrida presidencial, por coincidência, o assessor digital de Trump, Steve Bannon, foi preso pela justiça americana, acusado de tomar dinheiro privado para financiar a construção do muro contra os imigrantes mexicanos, prometido em campanha. O muro poderia ter sido apenas mais uma bufonaria de Trump, mas, como serviu para bater a carteira do público, arrecadando recursos sem construir nada, virou crime.

Era iminente o retorno do processo para o *impeachment* de Trump, baseado na investigação sobre a influência de forças externas na eleição americana. Um novo relatório, elaborado pelo Senado, liderado pelo

---

[89] Trump repeats vow to defeat 'radical left' in July Fourth speech. *The New York Times*, Jul 4, 2020.

próprio Partido Republicano, do qual fazia parte o presidente, concluiu que ele tinha mesmo recebido ajuda russa – e que os russos influíram no governo, o que contribuiu para a "vulnerabilidade da contrainteligência"[90].

Colocado na linha de tiro, o presidente americano contava com o efeito da pandemia para se reeleger. Em agosto, o desemprego já caíra de 14% para 8%, muito graças ao reemprego de dispensados no período do *lockdown*. Os índices de contaminação regrediram temporariamente e a atividade econômica aos poucos retornava. Depois que a aprovação de seu governo caiu a 38% em julho, segundo o Gallup, Trump viu a taxa subir novamente a 42%.

Ainda assim, estava num patamar insuficiente para a reeleição. "A taxa de aprovação mostrou leve recuperação, mas ainda permanece abaixo dos 50%, marca que tem sido um indicador-chave para o sucesso na reeleição", apontou o relatório do instituto[91].

À figura do "gerador de empregos", com a qual ganhou a primeira eleição, Trump procurou agregar a de mantenedor da ordem, diante dos protestos deflagrados após a pandemia. No lançamento de sua candidatura à reeleição, em 28 de agosto, discursou diante da Casa Branca para uma multidão que, como ato político, não usava máscaras de proteção, ao contrário do que recomendavam as autoridades sanitárias, criticadas pelo presidente. Ele afirmou que a "esquerda radical" promoveria a baderna e jogaria o país no caos. "Joe Biden não é o salvador da alma dos Estados Unidos – ele é o destruidor dos empregos americanos e, se lhe derem a chance, será o destruidor da grandeza americana", afirmou[92].

"Horas depois de os republicanos formalmente nomearem o Sr. Trump para um segundo mandato, o presidente e seu partido deixaram claro que pretendem se engajar num revisionismo da gestão da pandemia, de seu histórico nas relações raciais e muito mais", afirmou o jornal *The New York Times*, em reportagem na qual classificou o discurso de Trump como "enganoso". "Pintaram uma imagem distópica do que seriam os Estados Unidos sob uma administração de Biden, alertando para um 'populacho

---

[90] Senate report details security risk posed by 2016 Trump campaign's Russia contacts. *The Washington Post*, Aug 18, 2020.

[91] JONES, Jeffrey M. Trump job approval 42%; below 50% on seven key issues. Gallup, Sept 17, 2020.

[92] Full transcript: president Trump's Republican National Convention speech. *The New York Times*, Aug 28, 2020.

vingativo' que poderia destruir comunidades do subúrbio e transformar bairros pacatos em zonas de guerra."[93]

*

A repressão pode conter manifestações, mas não diminui nenhuma crise, nem mesmo a comoção social. O clima de beligerância, alimentado por Trump, pedia um Estado mais inclusivo, com diálogo e entendimento. E ações concretas para aliviar a pressão social, aumentada depois que a pandemia alargou a impiedosa ruptura do capitalismo industrial, base da crise e da insatisfação geral.

A pandemia deixou claro que o fechamento de fronteiras não restablecia o emprego. O capitalismo global sofria influência externa, mas também agia de forma endógena – e os Estados Unidos estavam na liderança do processo disruptivo que ceifava empregos. Sem mudanças adequadas à nova lógica do capital, a ineficiência do Estado em implementar soluções reais só aumentava o desgaste generalizado da sociedade.

Restava saber o que Biden, caso eleito, poderia fazer de diferente, já que a gestão democrata de Barack Obama tinha conseguido salvar o sistema econômico e seus agentes após a crise de 2008, às custas do erário, mas não havia resolvido as disfunções estruturais da economia americana, cujo papel no capitalismo global se tornou determinante. Em 2020, o Estado tinha menos recursos para planos salvacionistas, de modo a amparar empresas quebradas e suprir de renda os desempregados. Passara a hora de uma solução estrutural.

Abandonar a população marginalizada e as empresas que ainda ofereciam empregos não era uma opção. Também não havia como acreditar que a era tecnológica iria gerar mais empregos no futuro. A Sociedade da Informação mostrava-se enganosa até mesmo quanto à promessa de um capitalismo mais democrático, no sentido de que cada um podia ser um empreendedor, mesmo com pouco capital – base da nova corrida do ouro na tecnologia digital. Abrir uma *startup* a custo baixo e ficar rico em pouco tempo tornou-se um sonho comum e elevou ao máximo a cultura do sucesso. Porém, o que o capitalismo digital fazia florescer, em medida muito maior, era a frustração.

---

[93] On Night 1 of their convention, Republicans mounted a misleading defense of President Trump's record and painted a bleak portrait of Democrats. *The New York Time*s, Aug 24, 2020.

Para cada *startup* sustentável, havia um número muito maior de outras malsucedidas. De acordo com um levantamento do site CB Insights, em 2020, 93% das *startups* abertas com dinheiro de incubadoras ou por meio de *crowdfunding* – levantamento de recursos junto ao público por meio de sites com essa finalidade – morriam ou se tornavam "zumbis". Uma fatia de 70% das *startups* de tecnologia fechava usualmente nos vinte primeiros meses após seu financiamento. No caso de aplicativos de venda de bens de consumo, o índice de mortalidade era de 97%[94].

A análise *post mortem* das *startups* indicava que poucos empreendedores davam certo, e somente davam certo os que promoviam uma concentração capaz de praticamente eliminar o restante do mercado, reduzindo empregos, em vez de aumentá-los. O sucesso no empreendedorismo digital era para poucos e somava-se ao malogro das empresas tradicionais no processo de encolhimento da renda. Mesmo os empreendedores digitais bem-sucedidos tinham sucesso por tempo limitado – até que aparecesse alguém com uma ideia nova, diferente ou melhor.

A facilidade do consumidor para trocar de produto ou serviço, instalando ou deletando um aplicativo no *smartphone*, podia fazer com que impérios caíssem do dia para a noite e outros se erguessem nesse mesmo tempo. O mundo dos negócios se tornou um vendaval, com ondas de demissões e uma busca frenética por aperfeiçoamento. Para os que estavam no lado lucrativo do jogo, tanto quanto os que ficavam de fora, o resultado era o estresse contínuo. A pressão exaustiva por resultados dos que tinham trabalho juntava-se ao sentimento de fracasso dos excluídos, formando uma avalanche de insatisfação.

O resultado era uma sociedade neurotizada, dominada pela ansiedade, o medo, o descontentamento, a intolerância e a agressividade. Nos Estados Unidos, nada era gratuito, as exigências do Estado eram implacáveis, a polícia e as leis eram duras, e a reação, quando surgia, vinha na mesma medida, na forma de violência brutal. A cultura do cidadão armado, herança da colonização, colaborava para o clima de agressividade, que brotava no indivíduo contra um sistema opressivo por todos os lados.

O meio digital mudava o mundo, mas não oferecia uma solução para a concentração dos negócios, o desemprego e a presença cada vez mais massacrante do Estado, que tudo vigiava, muito cobrava, mas pouco oferecia. Devia ser construída uma ponte entre o passado e o futuro, para que os excluídos no capitalismo digital fossem recuperados e diminuíssem no

---

[94] 354 startup failure *post-mortems*. CB Insights, Sept 18, 2020.

futuro. E isso tinha de acontecer dentro do sistema democrático, única alternativa ao sufocamento dos descontentes pela máquina da repressão, que só levava a mais protestos e mais violência.

Descortinava-se a inviabilidade de seguir com as economias puramente liberais, tanto quanto o assistencialismo, sem o acompanhamento de outras medidas econômicas e políticas estruturais. Especialmente depois da pandemia, o suporte público aos desempregados tornou-se a tônica da economia mundial. Os países europeus foram os primeiros a inaugurar um auxílio emergencial durante o *lockdown*, para permitir que a população sobrevivesse até a volta ao trabalho – uma conta a ser paga depois, quando as coisas se normalizassem.

No Brasil, o Banco Central passou a prever uma queda de 6% no Produto Interno Bruto em 2020, o que levava o país uma década para trás. O governo aderiu ao auxílio emergencial na pandemia, na forma de uma extensão do programa assistencial que já existia. Quase a metade da população, cerca de 100 milhões de brasileiros, recebeu 600 reais mensais – pouco mais de cem dólares, na cotação corrente – por três meses consecutivos. O déficit público aumentava, mas entendia-se que não havia alternativa no curto prazo. No Brasil, como em outros países que usavam do mesmo remédio, uma solução efetiva ou compensatória teria de ser encontrada depois.

*

A covid-19 deu mais um golpe na era da liberdade, com seu grande filhote – o capitalismo global. As democracias liberais acabavam vítimas de seu próprio sucesso. Ainda em meio à Segunda Guerra Mundial, em 1942, o filósofo tcheco Joseph Schumpeter já previra o fenômeno. Segundo Schumpeter, dada sua natureza competitiva, o capitalismo estabelece um processo de seleção natural, como na biologia darwiniana. "O capitalismo está sendo assassinado pelas suas próprias conquistas", escreveu[95]. Após a Grande Depressão, enquanto muitos apostavam que a tecnologia se encontrava no seu limite, Schumpeter acreditava que ela estava só no seu início – e daria impulso a um processo que chamou de "destruição criativa", com a eliminação de negócios "não criativos", incapazes de se manter na competição.

---

[95] SHUMPETER, Joseph. *Capitalismo, socialismo e democracia*. Unesp, 2017.

A onda de liberdade, com a globalização e o crescimento econômico, alimentou esperanças de que a tecnologia criaria uma "sociedade do ócio", de uma forma positiva. Intelectuais, como o filósofo austro-francês André Gorz, enxergaram no século XX um final alvissareiro, no qual a máquina substituiria o homem e produziria uma sociedade mais livre e justa. Pela tecnologia, acabaria a luta de classes – a disputa entre patrões e empregados dos meios de produção –, com a extinção do próprio trabalho[96].

Para o sociólogo italiano Domenico De Masi, depois de darem lugar a robôs, os trabalhadores dispensados das linhas de produção poderiam, nessa civilização mais evoluída, exercer de forma mais equânime o "ócio criativo". Passariam, então, a dedicar-se às ciências, às artes e ao amor – os interesses que dignificam o espírito humano[97].

A tecnologia digital, a inteligência artificial e a automação deram ao globalismo os meios para o cumprimento dessas profecias, ao menos em parte. Mudaram as relações de trabalho, que antes opunham patrões e empregados. No lugar da hierarquia patrão-chefe-subordinado, típica do emprego formal, em que o poder emana do empregador, o dono do capital, surgiram relações mais horizontais, com o trabalho colaborativo, uma prestação de serviço entre iguais. Porém, a extinção progressiva do antigo emprego formal não gerou uma sociedade do ócio criativo, ao menos não para a maior parte da população, para a qual ela significou, apenas, o subemprego – ou emprego nenhum.

"Estamos diante de uma transformação profunda do mundo, que já nada tem a ver com as definições do capitalismo, um conceito do século XVII", afirmou o economista e sociólogo brasileiro Eduardo Giannetti da Fonseca[98]. Um estudo da Universidade de Oxford, em setembro de 2013, já previa que 47% dos empregos do mundo seriam eliminados em 25 anos, em razão da inteligência artificial[99].

Para alguns países, nos quais a população diminuía, a automação fazia mais sentido e tornava seus produtos mais competitivos, forçando a concorrência global, que usava mão de obra humana, a aviltá-la. O

---

[96] GORZ, André. *Adeus ao proletariado – para além do socialismo*. Forense Universitária, 1982.

[97] DE MASI, Domenico. *O ócio criativo*. Sextante, 2001.

[98] O Capitalismo tem Jeito? Colóquio na Fundação Fernando Henrique Cardoso, em 2 de julho de 2019.

[99] FREY, Carl Benedikt; OSBORNE, Michael. The future of employment: how susceptible are jobs to computerization? Oxford University, Sept 17, 2013.

Japão acelerou a automação de suas fábricas, em razão das baixas taxas de natalidade e da alta expectativa de vida, combinação que projetava a redução futura da força de trabalho para cerca de 59,7% da população entre 2020 e 2030. Mesmo com a reposição de 16,6 milhões de pessoas em postos de trabalho, ainda faltaria 1,5 milhão de trabalhadores na década seguinte. Para compensar essa queda, os japoneses planejavam automatizar 27% de sua força de trabalho nesse período[100].

"A tarefa se tornou ainda mais prioritária quando a pandemia da covid-19 forçou uma queda sem precedentes da atividade econômica", afirmou a empresa de consultoria McKinsey em julho de 2020. "A pandemia está acelerando uma mudança em direção à automatização para diminuir a propagação do vírus, viabilizando o acesso de mais pessoas e processos ao ambiente on-line."

O relatório da McKinsey apontou uma tendência que ultrapassava o território japonês. Automatizar processos humanos e acelerar os negócios digitais para aumentar valor e reduzir custos e riscos, incluindo os da saúde, que já era uma prioridade, tornaram-se, após a pandemia, uma necessidade ainda mais vital. "Pulamos cinco anos adiante nos hábitos de consumo e nos negócios digitais em cerca de oito semanas", avaliou a consultoria, logo após o primeiro pico da pandemia, em 14 de maio de 2020[101].

Dado o *lockdown*, que proibia o atendimento dentro dos estabelecimentos, no primeiro semestre de 2020, lojas e restaurantes passaram a fazer atendimento on-line – ou o aperfeiçoaram – e entregas em domicílio – o *delivery*. As escolas funcionavam remotamente, e muitas famílias das grandes metrópoles se transferiram para casas de campo ou do litoral, onde podiam isolar-se fisicamente e trabalhar on-line. Médicos ofereciam consultas virtuais, emitindo receitas por meio digital, superando antigas restrições profissionais, graças a uma permissão especial das entidades regulatórias. Empresas que colocaram funcionários em "modo suspenso" ou reduziram salários previam manter as mudanças, mesmo com a retomada econômica, para continuar operando com custos reduzidos.

Os processos eliminavam o desperdício e estabeleciam um padrão de produção na exata medida da demanda, rumo à máxima otimização. A tecnologia permitia cortar ou eliminar custos de estoque e sua logística,

---

[100] HORII, Maya; SAKURAI, Yasuaki. The future of work in Japan: Accelerating automation after covid-19. McKinsey & Company, July 1, 2020.
[101] BAIG, Aamer; HALL, Bryce; JENKINS, Paul; LAMARRE, Eric; MCCARTHY, Brian. The covid-19 recover will be digital. McKinsey and Company, May 14, 2020.

já que se podia produzir de acordo com a demanda. Estendia-se a todo o mercado o que a Amazon já fazia com os livros em alguns países, incluindo os Estados Unidos, vendidos no formato digital ou no físico, pelo sistema de *print on demand*, em que o exemplar roda na gráfica depois de vendido e é entregue na casa do comprador. Também graças à tecnologia e aos ganhos no processo, já não valia a pena produzir algo em série, estocar o produto e correr o risco de ver parte da produção encalhar.

Isso significava produções plenamente ajustadas às necessidades – e uma indústria também menor, ou diferente das antigas linhas de montagem. Apesar da necessidade de empregar centenas de milhões de pessoas, a China estava à frente no desenvolvimento da New Manufacturing Economy, que praticamente eliminava o ser humano de uma série de processos. Em 16 de setembro de 2020, o Alibaba, o equivalente à Amazon na China, baseado na cidade de Hangzhou, lançou seu primeiro grande projeto de fortalecimento de um "ecossistema de varejo digital". A Chunxi Digital Fabric oferecia a pequenas e médias empresas de vestuário, na China, uma infraestrutura inteligente de manufatura, que permitia reduzir estoques, aumentar lucros e produzir artigos personalizados.

Com maquinário robótico, a "fábrica digital" integrava-se a sensores de Internet das Coisas e algoritmos de inteligência artificial. Estes otimizaram a produção com base nos dados fornecidos pela plataforma de vendas digitais do Alibaba, que registrava as compras e analisava o comportamento dos consumidores. A fábrica era alimentada por uma cadeia de suprimentos que permitia a produção personalizada e orientada pela demanda. Dessa forma, peças de roupa de marcas diferentes podiam entrar em uma mesma esteira industrial – uma linha de produção inteligente, que produzia não um mesmo artigo em série, mas uma série de artigos diferentes, com insumos diferentes.

Os produtos podiam ser fabricados em pequenos lotes ou até mesmo individualmente, de forma rápida e a preços vantajosos. Segundo o Alibaba, a logística da Chunxi permitia um aumento de 25% a 55% na eficiência da cadeia produtiva, dispensando as fábricas próprias das diferentes empresas têxteis. O modelo se propunha a abocanhar todo o setor de manufatura da China, que movimentava 4 trilhões de dólares ao ano e crescia, mesmo com a covid-19. Havia outros vinte centros de "manufatura compartilhada", como o Chunxi, em desenvolvimento na China. A Sociedade da Informação deixava o taylorismo no passado.

A Chunxi mostrava que até a mão de obra abundante, barata e eficiente dos chineses podia ser substituída. Tendia a obrigar todo o restante do mercado a se mover na mesma direção. A New Manufacturing Economy consolidava o que os economistas viam como uma Quarta Revolução Industrial, ou Indústria 4.0. "Entender, desenvolver e executar estratégias integradas com as vantagens das tecnologias ligadas à Indústria 4.0 deve ser uma prioridade para todas as organizações", afirmou em um relatório de 2020 a empresa de consultoria empresarial Deloitte, atuante no mercado global[102].

Esse aumento de eficiência, no entanto, significava mais concentração de negócios. Como o Alibaba detinha o controle dos dados dos clientes por meio do seu canal de vendas, não apenas podia dominar toda a cadeia de distribuição, tal qual a Amazon, como também rumava para monopolizar a cadeia produtiva inteira: produzia tudo o que vendia e eliminava fábricas concorrentes. "O Alibaba tem caminhado para inovar olhando a cadeia como um todo há muitos anos", afirmou In Hsieh, fundador da Chinnovation, especialista no ecossistema de inovação chinês, ao site de negócios digitais The Shift. "Sempre se fala em novo varejo, mas a nova manufatura é ainda mais poderosa."[103] Era o caminho da concentração total dos negócios na mão de uma única empresa.

Quem não estava no sistema foi forçado a entrar por causa da covid-19, que promoveu uma grande transferência do consumidor para produtos e serviços oferecidos por via digital. Uma pesquisa de opinião feita pela McKinsey, em abril de 2020, indicou que 75% dos americanos estavam fazendo compras pelo meio digital pela primeira vez, durante a pandemia. Os entrevistados afirmaram que continuariam assim mesmo quando as coisas voltassem ao normal[104].

De acordo com o levantamento, dos 73% de americanos que utilizavam serviços bancários on-line em maio de 2020, 21% tinham começado a fazê-lo durante a pandemia. No entretenimento, esse índice era de 24%, num total de 64% dos usuários que utilizavam a diversão on-line. As empresas que ainda não vendiam produtos ou serviços por meio digital tiveram, na covid-19, de colocar isso como prioridade.

Nada indicava que a economia e o emprego voltariam ao patamar anterior a 2020. Empresas fechavam as portas para sempre. No Brasil, nos

---

[102] The fourth industrial revolution: at an intersection of readiness and responsibility. Deloitte, 2020.

[103] Manufatura inteligente e compartilhada. The Shift, 17 set. 2020.

[104] Covid-19 US digital sentiment survey. McKinsey, April 2020.

primeiros seis meses de pandemia, foram extintas 40,9% das empresas comerciais, 39,4% de serviços, 37,0% da construção e 35,1% da indústria, de acordo com um levantamento do IBGE. Numa pesquisa com 2 mil empresas de pequeno, médio e grande porte que fecharam, apenas 39,4% do total apontou a pandemia como a causa principal do seu fim.

A maior parte (60,6%) valeu-se do momento para fechar, especialmente a fim de aproveitar a suspensão dos direitos trabalhistas, de maneira que os empregadores foram desonerados do pagamento dos encargos pelas demissões[105]. "Os dados sinalizam que a covid-19 impactou mais fortemente os segmentos que, para a realização de suas atividades, não podem prescindir do contato pessoal, têm baixa produtividade e são intensivos em trabalho. Por exemplo, os serviços prestados às famílias, em que se incluem atividades como as de bares, restaurantes e hospedagem, além do setor de construção", avaliou Alessandro Pinheiro, coordenador de Pesquisas Estruturais e Especiais em Empresas do IBGE[106].

A pandemia acelerou os ajustes de adequação a um mercado reduzido e ao uso intensivo de tecnologia digital, sobretudo nas vendas. Depois desse passo, nem mesmo a vacinação e o fim da pandemia levariam o mundo a ser como antes. "Nós não seremos mais os mesmos, definitivamente", afirmou, em julho de 2020, o engenheiro Claudio Marinho, ex-secretário de Tecnologia do estado de Pernambuco. "Teremos vários 'novos normais'. A nossa casa não vai ser mais como era. Mudamos os nossos hábitos. Vamos ter que mudar o modelo de negócios, a forma de produção, que vai ser híbrida: física e digital, presencial e a distância."

*

A pandemia acentuou os efeitos perversos do capitalismo global digital sobre o trabalho e a renda. Entregadores que atendiam por meio de aplicativos digitais, como iFood, Rappi e UberEats, organizaram greves-relâmpago por melhor remuneração e condições de trabalho. No Brasil, milhares de motociclistas juntaram-se para protestar em cidades como São Paulo, a partir de 1º de julho de 2020. Reivindicavam seus direitos às empresas, como a cessão de material de proteção contra o coronavírus, algum tipo de seguro em caso de inatividade pela doença, uma taxa maior

---

[105] Pesquisa pulso-empresa: impacto da covid-19 nas empresas. IBGE, julho de 2020.
[106] Quatro em cada dez empresas que paralisaram atividades o fizeram por conta da pandemia, diz IBGE. G1, 16 jul. 2020.

de remuneração pelos serviços e o fim de suspensões e perseguição por parte dos aplicativos àqueles que participavam do movimento. "Trabalhar com fome no estômago e carregar comida nas costas é uma tortura", afirmou Paulo Lima, o Galo, líder dos autodenominados Entregadores Antifascistas[107].

Em 2019, ainda antes da pandemia do coronavírus, havia no Brasil 4 milhões de entregadores que usavam motos e bicicletas, segundo a Aliança Bike – organização civil formalizada em 2009, alternativa aos antigos sindicatos. De acordo com a entidade, os entregadores brasileiros ganhavam em média 992 reais por mês, trabalhando 12 horas por dia – 6 reais a menos que o salário mínimo brasileiro. Diante da alternativa, que era o desemprego, aceitavam ser tratados pelos aplicativos digitais como "empreendedores", "parceiros" ou "colaboradores". Trabalhavam como prestadores de serviços, tendo o aplicativo como mero intermediário. Ficavam com uma remuneração menor, entravam com todo o capital – o carro ou motocicleta particular – e arcavam com todas as despesas de manutenção do equipamento, seguro ou, na falta dele, dos danos em caso de roubo ou acidente.

Condições de trabalho antes consideradas aviltantes viravam regra: jornadas extensivas de trabalho, inexistência de férias remuneradas e punições, como a suspensão do aplicativo em caso de insatisfação de um cliente ou com o aplicativo. Ao aceitar um trabalho informal que se caracterizava como subemprego, os "colaboradores" dos serviços digitais minavam o mercado formal de trabalho. Era o caso das empresas de táxi e os taxistas profissionais, que, para competir com os motoristas de aplicativos, não podiam pagar mais taxas e impostos e se viram obrigados a aderir ao sistema para não ficar sem trabalho. "Esses empreendimentos [virtuais] parecem estar fora da ordem tradicional, pois surgem criando parâmetros para a construção de ambientes de negócio que fogem daqueles com os quais estamos acostumados a conviver", escreveu em artigo no site Poder360 Diego Barreto, CFO e vice-presidente de estratégia do iFood, em resposta às turbulências criadas pelos motoboys. "E sempre vão incomodar os que se alimentam da saudade."

Essa nova ordem, na qual todos competiam com todos, dizia-se "inclusiva", por oferecer outra forma de trabalho a quem tinha perdido o emprego formal. Porém, na realidade, eliminava o trabalho formal, para dar ocupação de outro lado às mesmas pessoas, só que em condições

---

[107] Greve do delivery: conheça o líder dos Entregadores Antifascistas. UOL, 1º jul. 2020.

piores, a custos mais baixos. De acordo com um levantamento da OCDE, a partir de 1995, metade dos empregos criados no mundo tinha sido "fora do padrão" (*non standard*). Isso significava trabalhos informais, na forma de prestação de serviço por autônomos, temporários (por um período limitado) ou *part-time* (que ocupam parte do dia).

Os serviços e compras por meio de aplicativos digitais cresceram rapidamente graças à facilidade de adesão ao sistema, tanto por parte dos consumidores quanto dos colaboradores. Baixavam o preço aos consumidores, que podiam comparar produtos e preços com facilidade, mas, por outro lado, reduziam os ganhos dos lojistas e vendedores, que tinham de concorrer com as condições vantajosas das lojas virtuais. No longo prazo, esse processo apontava para a queda geral do nível de renda. "Nossa análise baseia-se na evidência de que as empresas de tecnologia contribuíram para o aumento da desigualdade, mas não têm produzido – até aqui – uma tendência de crescimento no desemprego", afirmava o relatório.

A OCDE apontou que a demanda por trabalho diminuía mais entre profissionais de habilidades médias do que entre trabalhadores de alta e baixa qualificação. "Essa descoberta é consistente com a argumentação da polarização do trabalho – empresas de tecnologia aumentam a demanda por qualificação alta e baixa e reduzem a demanda por qualificações médias – mas isso também indica que essa polarização é temporária", afirma o documento[108].

Esse mecanismo engendrava a concentração de renda, deixando como resultado, de um lado, uma pequena elite enriquecida, formada por trabalhadores altamente qualificados; e, de outro, uma massa de empresas em dificuldades, com trabalhadores jogados para o desemprego ou a informalidade, para os quais não havia solução.

Um sinal de que havia um mundo muito favorecido pela crise foi o fato de que as Bolsas de Valores, passado o susto inicial, se recuperaram da pandemia com grande rapidez. Em 18 de agosto, o índice da S&P 500, abreviação de Standard & Poor's 500, baseado no desempenho de quinhentas companhias selecionadas da Bolsa de Nova York ou da Nasdaq, bateu seu recorde histórico, ultrapassando o nível de fevereiro, anterior à pandemia. Do início da covid-19 até agosto, a Apple teve duplicado seu valor em Bolsa – o patrimônio da companhia alcançou 2 trilhões de dólares. As ações das *big techs* contribuíram fortemente para o *rally* das

---

[108] Science, technology and innovation outlook. OECD, 2016.

Bolsas, levando a S&P a um nível que "poucos poderiam prever alguns meses atrás, desafiando a tormenta enfrentada pelos Estados Unidos", segundo o *New York Times*. "O índice subiu apenas um pouco, mas o bastante para ofuscar a alta de fevereiro, anterior à rápida disseminação do vírus, que levou a um declínio abrupto no preço das ações."[109]

Havia uma parcela da população com recursos para investir, quando a outra, muito maior, não tinha dinheiro sequer para sobreviver. E não havia perspectiva de que esse quadro pudesse melhorar. Os números eram cruéis. Caso os 4 bilhões de pessoas mais pobres do mundo pudessem ter uma renda média condigna, o mundo entraria em colapso. Faltariam energia e alimentos. A poluição e o lixo causariam um impacto ambiental destruidor. Essa era a constatação final: o mundo excluído pela Sociedade da Informação não tinha presente e também não tinha futuro.

---

[109] The S&P 500 hit a record, surpassing its February high despite economic devastation and record unemployment. Big tech shares helped drive the rally. *The New York Times*, Aug 18, 2020.

15

O desafio do mundo livre

O casamento da crise pós-pandêmica com o autoritarismo em algum grau interessava apenas a quem detinha recursos e privilégios, de forma a assegurar seu *statu quo*. O autoritarismo permite manipular recursos do poder público, eliminar competidores, evitar a fiscalização dos sistemas democráticos ou simplesmente reprimir a revolta da população. A alimentação da intolerância visava assegurar que não fosse questionada a repartição desigual dos recursos, em favor dos detentores do poder autoritário e de seus apoiadores.

Não há, porém, como evitar uma sublevação da população para sempre, como aprenderam, da pior maneira, os reis absolutistas. A via para reduzir a pressão social, tanto para conservadores quanto para reformistas, democratas e autoritaristas, passava pela necessidade de mudar paradigmas, ou formas de pensar, criando soluções adequadas a uma realidade que funcionava por outra lógica.

Assim como as empresas privadas encaravam a disrupção do mercado global digital, o poder público via-se diante da necessidade de repensar seu funcionamento e atuar coerentemente com o cenário gerado pela mutação do capitalismo. Eliminar rapidamente esse descompasso entre a economia e as instituições democráticas, por onde se inseriu o autoritarismo, tornou-se essencial para a evolução e a manutenção dos regimes democráticos.

Somente a liberdade pode resolver os problemas criados pela liberdade. E também é a única forma de resolver os problemas criados pelo autoritarismo. Prova disso, ao final da segunda década do século XXI, é que a mesma crise atingia os países autoritários, como a Rússia e a China, onde se clamava por liberdade, também como um remédio para restaurar a autoridade do Estado e recuperar o progresso.

Todo autoritarismo leva à sua própria ruína. Apenas no regime democrático, em que a crítica e o debate são permitidos, os governos tomam as melhores decisões, passam pelo melhor controle, e os erros, quando acontecem, são corrigidos a tempo. Mesmo quando um regime autoritário dá certo temporariamente, com algum progresso econômico, pede-se depois por liberdade, de modo a se desfrutar plenamente desse progresso.

Enquanto o autoritarismo aponta para o enriquecimento somente de alguns, na liberdade a sociedade tende a avançar como um todo. Contudo, a trajetória do final do século XX para o XXI mostrou que a democracia, como o regime mais capaz (ou menos incapaz) de administrar a sociedade com liberdade, também pode gerar distorções, produzindo mais progresso que igualdade.

Como resultado da mutação econômica global, a partir da integração do mercado sob os auspícios do liberalismo, a restauração da eficácia e da legitimidade dos controles sobre a economia não podia ser cumprida por um país só, por mais poderoso que fosse. As tentativas isoladas eram frustrantes, e apelava-se, então, para o autoritarismo. "Hoje se percebem, de um lado, as ondas populistas de direita, que prometem entregar resultados [à sociedade] com um discurso conservador e nacionalista e, de outro, o crescimento do reformismo mais radical, com a desigualdade assumindo papel central da discussão econômica, acadêmica e política", afirmou a economista brasileira Laura Carvalho. "Porém, é preciso uma coordenação para que as instituições multilaterais regulem o fenômeno de globalização financeira, que tem tirado a autonomia dos países para fazer sua própria política econômica."

Não era fácil, inclusive pelo fato de que a unificação dos sistemas podia gerar um tal poder de controle que, em vez de restaurar o Estado democrático, podia facilmente converter-se em opressão. A solução era instituir um clima de cooperação de nações, que implicava também uma evolução na educação e no comportamento: uma sociedade para a democracia.

O pensador e político francês Marie-Jean-Antoine-Nicolas de Caritat, o marquês de Condorcet, um dos ícones da Revolução Francesa, já defendia no século XVIII que a cada evolução tecnológica deve corresponder uma evolução política e social equivalente da humanidade. Essa evolução passa pelo desenvolvimento do sistema democrático. No início do século XXI, os modelos representativos, criados no começo da Revolução Industrial, quando lampiões iluminavam a rua e a grande riqueza era o tear, precisavam ser adequados à nova configuração estrutural e à dinâmica do capitalismo global.

Como um espelho das novas capacidades criadas pelo meio virtual, tal sistema deveria responder tanto localmente, dentro das economias nacionais, quanto globalmente, de forma a dar a resposta completa e integrada para os dilemas do capitalismo tecnológico. Somente assim se poderia lidar com desafios transnacionais, como os controles sobre o fluxo de capitais, o desequilíbrio climático, a concentração de renda e a exclusão social.

Tratava-se de uma questão de reengenharia política, econômica e social. Como imaginava Condorcet, o avanço tecnológico, agora no seu estágio digital, forçava a sociedade a uma evolução correspondente, em termos de promover a tolerância, a equidade e a cooperação, não somente entre pessoas, como também entre nações. As barreiras para esse avanço, por parte das forças que procuravam manter seu *statu quo*, também não eram nenhuma novidade histórica. "Apesar do sucesso transitório da injustiça e o apoio que ela recebe da corrupção dos governos humanos, a verdade obterá a vitória duradoura", afirmava Condorcet em 1794[110].

A evolução da tecnologia tinha várias implicações sobre a organização política e social. Na era digital, a participação não se restringia, nem podia se restringir mais ao voto em eleições periódicas, quando todas as tarefas eram entregues a um representante, cujas ações só podiam ser mudadas ao final do período de governo ou do Legislativo, na eleição seguinte.

Na Sociedade da Informação, a legitimidade e a credibilidade do poder público dependiam da validação de suas ações cotidianas. O meio digital permitia novas formas de participação e interação. Podia-se cobrar a execução de promessas de campanha. Influenciar mudanças. Orientar e fiscalizar representantes no trato do dinheiro público. Garantir que eles agissem na defesa do bem comum, tanto quanto no atendimento de demandas específicas. E havia, também, quem quisesse dificultar tudo isso, no interesse próprio, usando as mesmas ferramentas.

Quanto melhor um governo expressa a sociedade, mais legitimidade tem para agir. Ao permitir um acompanhamento permanente das ações de governo, a tecnologia digital permitiu que se trouxesse para a sociedade de massa, em pleno mundo contemporâneo, a democracia participativa da antiga pólis grega – em que os cidadãos iam às ruas levantar a mão em votações sobre questões do dia a dia, tanto da cidade como da Grécia. O meio digital passou a fomentar o debate para a resolução de questões

---

[110] CONDORCET. *Sketch for a Historical Picture of the Progress of the Human Mind.* Greenwood Pub Group, 1979.

tanto de grupos quanto do conjunto, em esferas que iam do bairro ao globo. Aumentou a interação dentro de cada nação e das nações na comunidade internacional.

A tecnologia digital fazia vislumbrar uma democracia plena, mas também abriu canais para a malversação da informação e um controle de dados públicos e privados como jamais se viu, abrindo as portas igualmente para projetos totalitários. Como a população tinha os meios para de fato tomar decisões, ou para se organizar a fim de fazer pressão, açulava-se o medo e a intolerância, que levavam a população a recorrer ao salvacionismo ilusionista dos populistas e dos ditadores.

Uma evolução no caminho certo dependia em grande parte de controles que, de uma forma ou de outra, tolhiam a liberdade. E de uma sociedade mais desenvolvida, por meio de uma educação para a democracia. Dada a autoerosão inerente ao autoritarismo e a crise da democracia, a única alternativa para regimes autoritários, democráticos ou híbridos do século XXI era uma nova organização democrática e livre, capaz de refletir a dinâmica e a liberdade da sociedade tecnológica, com uma educação voltada para a democracia. Surgia a necessidade não de suprimir a liberdade, mas sim de encontrar os meios para que ela pudesse novamente criar desenvolvimento de forma sustentável.

*

Para permitir que a democracia retomasse sua capacidade de ação, desde o final do século XX alguns países começaram a fazer reformas, especialmente dos sistemas eleitorais, como a Nova Zelândia, Itália, Japão e Taiwan. Porém, tais reformas buscavam favorecer um ou outro partido, criando questionamentos sobre sua legitimidade, ou foram insuficientes para lidar com os desafios lançados pela economia e a política sob a influência da tecnologia digital.

O sistema representativo britânico vigente, que serviu de modelo para o mundo, a começar pelos Estados Unidos, remontava ao século XIX. Conservou instituições como a Câmara dos Lordes, remanescente da antiga nobiliarquia, instituída no século XIV. Contrapeso para a Câmara dos Comuns, formada por representantes eleitos pelo povo, constituía-se por 734 membros vitalícios, com títulos nobiliárquicos concedidos pela monarquia. Incluía ainda dois arcebispos e 24 bispos da Igreja anglicana, que permaneciam no Parlamento pelo tempo em que exerciam a carreira eclesiástica.

Nas repúblicas, o modelo britânico foi adaptado com a instituição do Senado, uma segunda casa de representantes eleitos pelo povo, no lugar dos lordes. Tinham mandato mais longo, para lhe dar perfil também mais conservador. No modelo americano, era uma casa em que cada estado tinha o mesmo peso, de forma a contrabalançar as decisões da Câmara em uma casa em que os membros da federação tinham o mesmo peso. No capitalismo tecnológico, contudo, questionava-se por que manter representantes por oito anos no Legislativo, num mundo em que as pessoas se acostumaram a ter as coisas imediatamente, ao toque de um botão, e faziam pressão por mudanças diariamente.

Ainda nos anos 1990, o Partido Trabalhista britânico criou a chamada Comissão Jenkins, que, em 1998, recomendou a instalação de um sistema representativo misto. Este permitia ranquear candidatos distritais e reservava uma parcela do Parlamento aos partidos, selecionados proporcionalmente, conforme seu desempenho eleitoral. Por vir de um partido somente, a reforma acabou não passando no referendo popular, em 2011. Porém, os britânicos perceberam que as deficiências do sistema se acentuaram com as transformações e as novas possibilidades criadas pelo meio digital. Os sistemas representativos, de forma geral, levavam a muitos impasses e não tinham a agilidade e a eficiência correspondentes a um eleitorado ultraconectado, acostumado a opinar o tempo todo nos meios digitais e sujeito a influências ainda pouco entendidas.

Em novembro de 2019, outra reforma começou a ser discutida, depois do longo impasse sobre a execução do Brexit – decisão apertada, maldigerida, questionada pelo absenteísmo e obscuras influências traficadas pelo meio digital, considerada ilegítima ou contraproducente por muitos. O Parlamento britânico encomendou estudos para uma reforma a um grupo de entidades não partidárias que se dedicavam a estudar a crise democrática: The Equality Trust, Forum for the Future, Unlock Democracy, Make Votes Matter, Electoral Reform Society, OpenDemocracy, entre outros.

"Hoje estamos muito conectados uns aos outros, mas nosso sistema democrático ficou bem atrasado em relação à tecnologia e sua promessa de participação", anotou o jornal *The Guardian*. "Para resolver os desafios à nossa frente, precisamos transformar a democracia para se encaixar no século XXI e criar uma cultura política inclusiva, em vez de colocá-la para fora. Parlamento e políticos não podem fazer isso sozinhos. Temos de trabalhar juntos, em meio a divisões, mostrando como podemos tomar decisões que funcionem para todos."¹¹¹

Nos Estados Unidos, esforços corriam no mesmo sentido, dentro do Partido Democrata. Este encaminhou ao Congresso em 2019 o "For the People Act", projeto de reforma do sistema eleitoral, de forma a evitar novamente a eleição de um presidente mesmo sem o voto majoritário da população. Contudo, faltava-lhe o caráter de iniciativa suprapartidária, isto é, do conjunto da sociedade, o que demandava convencer os republicanos da necessidade de mudar.

"Atualmente, nosso sistema eleitoral não permite aos eleitores que votem suas verdadeiras preferências", escreveu Didi Kuo, diretora de pesquisa do Centro sobre Democracia, Desenvolvimento e Direito da Universidade de Stanford. "A eleição de [Trump em] 2016 deixou em agudo relevo as anomalias e imperfeições das instituições democráticas. Devíamos mudar isso. Mas 'reforma' frequentemente larga mal como uma maneira de buscar vantagens partidárias."

Depois do quebra-quebra em 2019, indicando que a população chegava ao seu limite, 78% dos chilenos aprovaram em outubro de 2020 a instalação de uma assembleia constituinte. Queriam um sistema de governo mais legítimo e participativo, capaz de promover o bem-estar para todos, e não somente de uma elite que ficava cada vez menos numerosa.

Porém, mesmo que todas as democracias viessem a funcionar melhor, era preciso estabelecer um novo concerto democrático em escala mundial, de maneira a restaurar certo controle da economia transnacional, sobre a qual os Estados nacionais não legislavam mais. Em vez de criar desenvolvimento de forma sustentável, o assistencialismo apenas adiava as reformas necessárias. Aprofundava o déficit público, cuja conta o Estado cobrava da própria sociedade, mais adiante, aprofundando a crise.

A primeira reação do isolacionismo nacionalista conservador, que usava a intolerância para justificar a discriminação e a exclusão social, também tinha prazo marcado para acabar. Num mundo digitalmente conectado, em que todos enxergam a todos e se organizam para a rebelião com inaudita facilidade, não havia como fugir da realidade. Entre as medidas de escala global que se apresentavam, estava uma mudança na forma de taxação, de forma a torná-la isonômica em todos os países, para evitar a fuga de capitais.

---

¹¹¹ A plan to fix Britains broken democracy. *The Guardian*, Nov 4, 2019. Disponível em: https://www.theguardian.com/politics/2019/nov/04/a-plan-to-fix-britains-broken-democracy.

O dinheiro sempre corre para onde rende mais – e a facilidade desse fluxo na era tecnológica, com moedas digitais e bancos sem fronteiras, era uma das grandes dificuldades para taxar o grande capital.

Caso os impostos e contribuições fossem os mesmos, não importava aonde fosse o dinheiro, a diferença competitiva para a permanência do capital voltaria a ser a atração econômica de cada país. Para isso, contudo, seria preciso que as nações parassem de competir entre si e, em conjunto, recuperassem a capacidade de arrecadação do Estado, taxando o capital na sua fonte geradora original. Ainda mais num cenário de retração da renda e do consumo, que também achatava os tesouros nacionais, que arrecadavam menos impostos e perdiam recursos e instrumentos para equilibrar o sistema.

Somente o esforço em comum, com uma reunião de Estados democráticos, poderia regular as empresas transnacionais e fazer frente aos problemas que transcendem nações, como os desafios climáticos e ambientais, a desigualdade e a exclusão social. Antes disso, porém, ainda ocorria o contrário: uma disseminação nos países democráticos do autoritarismo, que, como o coronavírus, espalhava-se por contágio.

*

As preocupações com o governo de Trump alarmaram até mesmo os republicanos, que viram os efeitos destrutivos do negacionismo durante a pandemia nos Estados Unidos. Os americanos encaravam a necessidade de repensar uma democracia que vinha favorecendo a intolerância, a desigualdade e o autoritarismo. Como a maioria das democracias do mundo, a americana encontrava-se sob ataque – com o presidente da República à frente da investida.

Seguindo o método russo de mesmerização do público, Trump não se envergonhava de abertamente mentir, confundir e exagerar. No seu discurso de lançamento da campanha à reeleição, projetou dados falsos, como o de que os Estados Unidos estavam entre os países com "as mais baixas taxas de mortalidade do mundo" referentes à covid-19 – quando, na verdade, estavam no topo da lista, disparado. Afirmou que o país ganhara "nove milhões de empregos nos últimos três meses, um recorde na história do país", omitindo o fato de que, entre abril e junho, tinha perdido mais de 20 milhões de empregos e que tal recuperação nem de longe restabelecia a situação anterior. "Ainda é uma questão em aberto quanto vamos reaver de forma consistente os empregos que foram perdidos, à medida que a recuperação avança", assinalou o jornal *The New York Times*[112].

O presidente americano empilhou mentiras sobre o adversário, como a de que Biden teria prometido abolir a produção de petróleo, carvão e gás natural, além de querer "infligir um doloroso *lockdown* a todo o país, em vez de seguir a ciência", quando a ciência é que recomendava o *lockdown*[113]. Para Trump, a "esquerda radical" iria "tirar os fundos dos departamentos de polícia em todos os Estados Unidos". Os cortes vinham sendo promovidos pelas prefeituras – o candidato democrata se manifestara contra essa situação e prometera "arrumar mais dinheiro para a polícia".

Para Trump, o coronavírus era um problema transformado em oportunidade: usando o pretexto da crise para permanecer no poder, como outros líderes populistas e demagogos pelo mundo, empenhava-se em erodir a democracia. Atrás nas pesquisas, questionava a legitimidade das eleições, que teriam de ser feitas em grande parte pelos correios. Ganhava força porque, parcialmente, tinha razão.

O sistema eleitoral americano estava em xeque havia muito tempo. Na era digital, votar pelo correio, um meio de comunicação antigo como as carroças do Velho Oeste, soava arcaico e impreciso, sujeito a erros e mesmo a fraudes. Por outro lado, era assim que a democracia americana vinha sendo feita até então, incluída a eleição de Trump em 2016, e em outros países, como a Itália. Dessa forma, tais argumentos só serviam a quem estava atrás nas pesquisas e não havia reclamado do sistema quando se elegeu.

Trump mostrava-se um homem pressionado, apegado à cadeira, como se disso dependesse a própria sobrevivência. Em 23 de setembro de 2020, numa coletiva de imprensa na Casa Branca, afirmou que não entregaria o cargo a Biden pacificamente, caso perdesse a eleição. "Vamos primeiro ver o que acontece", respondeu a um repórter. "Você sabe que eu tenho reclamado dos votos pelo correio, que são um desastre."[114]

Quando o principal mandatário se dispunha a ferir o mais elementar dos princípios democráticos, que é aceitar a decisão da maioria, colaborava para a desestruturação das instituições, adicionando o medo do futuro

---

[112] Fact-checking Trump's speech and more: night 4 of the Republican National Convention. *The New York Times*, Oct 24, 2020.

[113] Ibidem.

[114] Trump refuses to commit to a peaceful transfer of all power after election. *The New York Times*, Sept 23, 2020.

em um país já abalado pela pandemia e suas consequências, sobretudo o desemprego. A sensação de que Trump apegava-se ao poder por razões ocultas foi reforçada logo em seguida com a publicação pelo *New York Times*, em 27 de setembro, de dados relativos às declarações de renda do presidente, cuja radiografia mostrava que, das duas, uma: ou ele sonegava impostos, ou seu suposto império encontrava-se arruinado[115].

De acordo com os dados da Receita Federal norte-americana, Trump pagou 750 mil dólares em impostos federais em 2006, o ano de sua eleição. E outros 750 mil dólares em seu primeiro ano na Casa Branca. Porém, não havia pago imposto algum em dez dos quinze anos anteriores, alegando que, em grande parte, tinha mais perdido do que ganhado dinheiro. Conforme apurado pelo *New York Times*, boa parte da fortuna de Trump, incluindo a herança deixada por seu pai, tinha sido consumida por negócios desastrados, como uma rede de campos de golfe, além do hotel e cassino Taj Mahal.

O retrato saído da reportagem do *New York Times* não era de um empresário bem-sucedido que virou presidente, e sim de um traficante de influência com um pé no submundo dos negócios. "Suas propriedades se tornaram bazares para coletar dinheiro diretamente de lobistas, oficiais estrangeiros e outros querendo encontros pessoais, acesso ou favores", afirmou o jornal. "Os registros colocam números precisos em dólar para essas transações."

Seu melhor negócio em duas décadas tinha sido *O Aprendiz*, programa de TV em que explorava a própria imagem como alguém que vencera várias vezes as adversidades e comandava um bem-sucedido império empresarial. Com o programa, amealhou cerca de 427 milhões de dólares. "Seu gênio, como se vem a descobrir, não era o de dirigir empresas", afirmou o *New York Times*[116].

O teatro de Trump não entrou de férias nem mesmo quando ele contraiu o coronavírus. Em 2 de outubro de 2020, saiu andando da Casa Branca para um helicóptero, rumo ao Centro Médico Walter Reed, um hospital militar, com "febre leve, constipação nasal e tosse", de acordo com o boletim para a imprensa. Deu uma volta de carro para ser fotografado pela imprensa e, recuperado após uma carga de remédios, em 6 de outubro publicou no

---

[115] Long concealed records show Trump's chronic losses and years of tax avoidance. *The New York Times*, Sept 27, 2020.

[116] President Trump's tax returns reveal how Apprentice fame gave him a $427 million lifeline and a myth that propelled him to the White House. *The New York Times*, Sept 28, 2020.

Facebook e no Twitter uma mensagem comparando a covid com a gripe. "Estamos aprendendo a conviver com a covid, na maioria das ocasiões muito menos letal [que a gripe]", disse. Usou para isso um dado falso: o de que a gripe mataria 100 mil pessoas ao ano nos Estados Unidos. O Facebook retirou a mensagem do ar, o Twitter a manteve. Um levantamento da Universidade de Cornell apontava que 40% das mensagens enganosas sobre a covid-19 tinham o presidente americano como fonte. "Isso é preocupante, pois há terríveis implicações para a saúde no mundo real", afirmou a pesquisadora Sarah Evanega, coautora do estudo[117].

Em 29 de setembro de 2020, dez meses após a primeira morte oficialmente registrada, em janeiro, na China, a OMS computou a ultrapassagem da barreira de 1 milhão de mortos no planeta pelo coronavírus – mais do que a gripe, a malária, o sarampo e a cólera juntos. Com 4% da população do planeta, os Estados Unidos respondiam por 20% do total de mortes. As pesquisas de opinião indicavam que a maioria da população considerava Trump descuidado e, em grande parte, responsável pela situação no país, sobretudo pelo pouco caso com o protocolo das autoridades americanas contra pandemias, escrito ainda no governo George W. Bush, que incluía testagem, rastreamento de contatos, uso de máscaras, distanciamento social e regras para a comunicação.

Os indícios de uso do poder público para interesses pessoais, por parte de Trump, acentuavam a ameaça autoritarista – fosse pela instrumentalização do regime democrático, pela expansão mundial da influência chinesa ou pela tomada de controle dos meios virtuais por mecanismos de desinformação e opressão. "Nossa democracia está sob ameaça", afirmou o ex-presidente Obama, durante a campanha eleitoral.

A crise americana era a mesma em todo o mundo. Surgia o momento de enfrentar o dilema de como preservar a liberdade, criando controles legítimos, inclusive sobre o meio digital, sem ferir a própria liberdade. Nos países autoritários, o controle da internet servia apenas para proteger os interesses dos ocupantes do Estado, como na China, onde ela nunca foi livre. Google e Facebook enfrentaram um bloqueio por mais de uma década no país. Em 2020, em vez de pleitear a liberdade na China e na Rússia, o conservadorismo protecionista que começou a prosperar no Ocidente livre também passou a defender o levantamento de muralhas digitais.

---

[117] Estudo diz que Trump lidera em desinformação sobre coronavírus. UOL, 2 out. 2020.

Em 14 de agosto, Trump assinou um decreto que obrigava a empresa chinesa ByteDance a vender as atividades nos Estados Unidos do TikTok, aplicativo de entretenimento com mais de 100 milhões de usuários em território americano. Alegou que o objetivo do TikTok era coletar dados privados de cidadãos americanos para entregá-los ao governo chinês. Deu um prazo de 90 dias para que a venda da companhia fosse feita a uma empresa americana, junto com uma série de ameaças.

"Há provas confiáveis que me levam a acreditar que a ByteDance poderia adotar medidas que ameacem prejudicar a segurança nacional dos Estados Unidos", afirmou Trump no decreto. Outro aplicativo que ele queria proibir era o WeChat, ferramenta de comunicação e pagamentos a distância da Huawei — líder global no desenvolvimento da infraestrutura do 5G, que aumentaria a capacidade de transmissão de dados, estratégico para o estágio seguinte do desenvolvimento do mercado digital global. O WeChat chegou a ser usado durante a pandemia pelo governo chinês para rastrear a movimentação de pessoas contaminadas pela covid-19, de modo a alertar aquelas com quem tiveram contato e reforçar as regras de isolamento social.

A intervenção do presidente tinha a feição de um confisco. Segundo Trump, a aquisição do TikTok dependia do governo e, portanto, "um percentual muito grande do preço deve ir ao Tesouro dos Estados Unidos". Os críticos do presidente viram nessa expropriação, ou extorsão com o uso do poder do Estado, uma manobra de "mafiosos". Ressaltaram que o TikTok não representava ameaça importante para o país, porque os dados da rede eram armazenados em servidores nos Estados Unidos e em Singapura.

Não deixava de ser irônico que os chineses fossem acusados de quebra de sigilo por um presidente posto sob julgamento pelo uso de dados privados das redes digitais em favor de sua campanha eleitoral em 2016 – e com ajuda da inteligência russa. "Estamos diante de uma administração que não dá importância aos fatos, não respeita os procedimentos legais e tenta interferir nas negociações entre empresas privadas", respondeu a TikTok, em nota oficial. Como a venda do TikTok e do WeChat não foi realizada dentro do prazo estabelecido pelo decreto, em 19 de setembro de 2020, o Departamento de Comércio proibiu os dois aplicativos de serem baixados em lojas virtuais.

Era não somente uma iniciativa eleitoreira, como uma tentativa de evitar que a China tomasse a dianteira num mercado em que os negócios se tornavam de interesse para as agências de segurança nacional. Em 2019, Trump já tinha proibido companhias americanas de negociar com a ZTE e a Huawei. Receava perder a hegemonia num mercado estratégico para as grandes empresas de tecnologia asiáticas, incluindo a Tencent, dona do WeChat. Avaliada em mais de 600 bilhões de dólares, quase o mesmo que o Facebook, ela era dona ou acionista de *games* populares no mundo inteiro, como League of Legends, Clash of Clans e Fortnite, além de ter participação acionária em diversas companhias americanas – incluindo a fabricante de veículos elétricos Tesla, a rede social Snap e desenvolvedores de *videogames* como Riot Games, Epic Games e Activision Blizzard.

Esse fechamento, porém, poderia voltar-se contra as próprias empresas americanas, que não só tinham interesses na China, como também negócios com os chineses no mercado interno americano. Um país em que o presidente podia arbitrariamente confiscar um negócio, ou forçar sua transferência de maneira autocrática para outra empresa privada, com uma taxação no meio do caminho, criava um clima de instabilidade jurídica para todos os investidores do país. Mesmo que fossem verdadeiras as suspeitas de uso indevido de dados pelos chineses, Trump promovia ao mundo um fechamento impensável para o capitalismo americano – e incoerente, já que as empresas de tecnologia americanas eram as maiores detentoras de dados de cidadãos de todo o planeta.

*

No domingo, dia 20 de setembro de 2020, uma juíza da Califórnia, Laura Beeler, suspendeu a proibição ao WeChat e ao TikTok, em caráter liminar, com base na ação de usuários – e no interesse das empresas chinesas. "Os requerentes demonstraram que a decisão do Departamento de Comércio levantou 'sérias dúvidas' sobre o cumprimento da Primeira Emenda à Constituição dos Estados Unidos, que garante a liberdade de expressão", afirmou a juíza em seu despacho. "O WeChat é de fato o único meio de comunicação para muitos membros da comunidade chinesa [nos Estados Unidos], não apenas porque a China proíbe outros aplicativos, como também porque os falantes de chinês com fluência limitada em inglês não têm escolha, a não ser esse aplicativo."

Ainda assim, negociações para a venda do TikTok em território americano para a Oracle e o Walmart estavam em curso. "Acho que será um negócio fantástico", disse Trump. "Dei minha aprovação ao negócio. Se eles conseguirem, melhor. Se não, tudo bem também." A TikTok confirmou que preparava um projeto para colocar a Oracle como parceira de tecnologia nos Estados Unidos, hospedando todos os dados do usuário no país e garantindo a segurança dos sistemas, enquanto o Walmart prestaria serviços de venda on-line, gestão de pedidos e serviços de pagamento. O acordo estabelecia, ainda, que as duas empresas americanas poderiam comprar até 20% das ações da companhia chinesa numa futura oferta pública. Estava prevista também a contratação de 25 mil pessoas nos Estados Unidos e a manutenção da sede da empresa no país. Tudo para contornar o fator Trump.

Segundo Trump, as empresas envolvidas ainda fariam "uma doação de cerca de US$ 5 bilhões" para "a educação dos jovens americanos", como pedágio para a realização do acordo. A ByteDance, matriz do aplicativo TikTok, afirmava desconhecer esse fundo de educação. Ao mesmo tempo, suspeitava-se de favorecimento à Oracle, empresa de Larry Ellison, amigo do presidente americano. Para analistas de segurança, a saída do TikTok das lojas de aplicativos, com uso permitido até novembro, só faria a ByteDance suspender atualizações de segurança, o que traria de fato um risco para a segurança dos usuários.

Como parte da propaganda política de Trump, a retaliação contra os chineses era uma forma de dizer ao público americano que ele faria "tudo que estivesse ao seu alcance para garantir a segurança nacional e proteger os americanos das ameaças do Partido Comunista Chinês", segundo afirmou o secretário de Comércio, Wilbur Ross, em nota à imprensa. A medida aumentava a intolerância de parte a parte – e os chineses preparavam, em contrapartida, novos mecanismos de sanção a empresas estrangeiras.

"A China incentiva os Estados Unidos a abandonar seus atos repreensíveis e suas intimidações e a respeitar escrupulosamente as regras internacionais, justas e transparentes", afirmou em comunicado o Ministério do Comércio chinês. "Se os Estados Unidos insistirem em seguir seu próprio caminho, a China tomará as medidas necessárias para preservar firmemente os direitos e interesses legítimos de suas empresas." A lista de alvos chineses incluiria "empresas, organizações e indivíduos" cujas atividades atacassem "a soberania nacional do país e seus interesses, em termos de segurança e de desenvolvimento", ou ainda que violassem "as regras econômicas e comerciais internacionalmente aceitas".

Depois de quatro décadas de colaboração econômica, o embate entre os Estados Unidos e a China indicava que a lógica liberal poderia ser substituída por uma "rivalidade estratégica", conforme apontava o *Financial Times*, mas o mercado transnacional afetava ambos os países da mesma forma. Com o agravante de que, sem a cooperação econômica formal, haveria prejuízo para ambos os países. "[O divórcio] ainda afetará todas as grandes indústrias, da manufatura aos bens de consumo", escreveu o colunista de assuntos internacionais do *Financial Times*, Gideon Rachman. "E todas as multinacionais – mesmo aquelas baseadas na Europa – serão afetadas, por terem de enfrentar a disrupção nas cadeias de suprimentos e outras mudanças das leis americana e chinesa."[118]

Nem mesmo uma mudança na política americana, com a saída de Trump, evitaria a divergência crescente de interesses – e consequências para o ambiente de liberdade econômica imbricada com a liberdade digital. Apesar da sua inclinação para bufonarias, Trump não estava nisso sozinho. "Há agora um consenso bipartidário em Washington no sentido de endurecer com a China, mesmo que isso diminua os lucros corporativos", afirmou Gideon. Ele apontava como sinal disso a aprovação unânime em maio, pelo Senado, de uma lei para forçar companhias chinesas a deixarem a Bolsa de Valores americana, caso não abrissem seus livros para as agências reguladoras.

Contra a Rússia ou a China, o fato é que a prevalência das rivalidades políticas sobre os interesses econômicos vinculados à liberdade das quatro décadas anteriores implicava o surgimento de uma nova Guerra Fria. Ambos os lados estavam preparados para cortar laços – fosse por meio de um bloqueio na liberdade da rede digital, fosse por mecanismos do comércio bilateral. Os Estados Unidos eram o maior mercado exportador para os chineses, mas não escapavam aos americanos os interesses expansionistas de Xi Jinping. A construção de bases militares no mar da China, o fim da autonomia de Hong Kong ou a prisão de muçulmanos e ameaças militares a Taiwan tornavam-se mais abertos.

Bloquear a China não era como bloquear o Irã ou a Venezuela. A guerra tarifária e as restrições às empresas digitais podiam gerar também um boicote chinês não somente às empresas de tecnologia, como a outros negócios americanos que tinham se expandido em território chinês – da rede de cafés Starbucks à transmissão de jogos de basquete da NBA. A Apple, que fazia seus iPhones na China, passou a produzi-los também na Índia, prevendo que os chineses tinham condições de devolver retaliações aos Estados Unidos na mesma medida.

---

[118] RACHMAN, Gideon. The decoupling of the US and China has only just begun. *Financial Times*, Aug 17, 2020.

Agora autossuficientes em tecnologia, os chineses estavam mais dispostos ao confronto porque podiam se dar a esse luxo. Não era certo um alinhamento imediato com os Estados Unidos de seus clássicos parceiros europeus ou do Sudeste Asiático, que mantinham compromissos comerciais do mesmo peso com a China. Mesmo o Reino Unido, que dera início à era liberal dos anos 1980 com os Estados Unidos, não tinha papel definido no cenário da discórdia. Entre outras ligações com os chineses, abrira o mercado de telecomunicações para a entrada da Huawei, e bancos britânicos dependiam, em grande parte, do mercado financeiro chinês, como o HSBC, com 80% de suas receitas na Ásia. Ainda assim, a mudança estava no ar. "Os últimos 40 anos de história foram construídos em torno da globalização e da reaproximação entre os Estados Unidos e a China", escreveu Gideon. "Mas este mundo está rapidamente desaparecendo."[119]

*

Os conservadores defendiam fechar fronteiras e restringir o acesso aos dados dos seus cidadãos por parte das empresas de tecnologia, mas ficava evidente que nenhum Estado nacional podia controlar sozinho a movimentação financeira pelo meio digital, que por vezes utilizava moedas criptografadas ou virtuais para circular no mundo todo.

A questão central na disputa entre os Estados Unidos e a China era a mesma da eleição de Trump: em que medida era possível manter o regime de liberdade e, ao mesmo tempo, evitar a manipulação de recursos e informações pelos meios digitais, especialmente com fins criminosos ou eleitorais. E como se poderia exercer algum controle sobre abusos cometidos no meio digital sem a existência de censura, como a imposta pelo governo chinês.

Um estudo da Universidade de Toronto mostrava que o TikTok censurava conteúdo de todos os usuários registrados com um número de telefone chinês, mesmo que viajassem para o exterior, e contas não registradas na China estavam sujeitas a uma "vigilância de conteúdo generalizada". Na China, ainda vigorava a restrição a conteúdo politicamente sensível de plataformas ocidentais, como o Facebook e o Twitter, além de veículos de imprensa, como o *The New York Times*. A política de confidencialidade do WeChat indicava que as informações

---

[119] RACHMAN, Gideon. The decoupling of the US and China has only just begun. *Financial Times,* Aug 17, 2020.

do usuário poderiam ser compartilhadas "se necessário", especialmente com o Estado, para "cumprir uma obrigação ou procedimentos legais".

Não estava claro como o TikTok e o WeChat eram aproveitados pelo governo chinês, segundo a Universidade de Toronto. "Pedidos de acesso a informação não foram eficientes para esclarecer como os dados de usuários internacionais são utilizados para permitir censura política pela plataforma na China."[120]

Decerto, mesmo, havia o fato de que o combate à censura não era feito com mais censura. "É um erro pensar que essa é (apenas) uma sanção ao TikTok e ao WeChat", afirmou Jameel Jaffer, diretor do Instituto Knight First Amendment, da Universidade Columbia. "É uma restrição séria aos direitos da Primeira Emenda consagrados para os cidadãos e residentes americanos." Entidades de defesa da liberdade e dos princípios constitucionais americanos defendiam o direito dos usuários de utilizar aplicativos chineses – ou não. "É um abuso de poderes de emergência", disse Hina Shamsi, da American Civil Liberties Union.

Por outro lado, crescia a consciência da necessidade de imposição de regras às empresas transnacionais, a começar pelos Estados Unidos, onde o estímulo à liberdade delas passou a trazer tanto prejuízos quanto lucro, graças aos efeitos que a concentração de negócios e o poder virtual exercem sobre o mundo real.

O Comitê Judiciário do Congresso Americano, sob a liderança do Partido Democrata, apontou em um relatório de 449 páginas o "abuso do poder monopolista" de empresas como Apple, Google, Amazon e Facebook. E sinalizou a necessidade de encontrar formas de enquadrar as "tech companies" e remediar seus efeitos negativos na economia e na política. "Seu padrão de comportamento levanta a questão sobre se essas empresas se consideram acima da lei, ou se simplesmente tratam a quebra da lei como um custo do negócio", afirmou o relatório[121].

O relatório apontou a ação monopolista danosa dessas empresas, por estabelecer e, frequentemente, impor preços e regras comerciais, além de dirigir a busca, a publicidade, o relacionamento social e o conteúdo editorial. Por meio de uma política de privacidade que de fato era uma política de invasão de privacidade, serviços como o WhatsApp – que

---

[120] WeChat, they watch – how international users unwittingly build up WeChat's chinese censorship apparatus. The Citizen Lab, University of Toronto, May 7, 2020.

[121] House lawmakers condemn Big Tech's 'Monopoly Power' and urge their breakups. *The New York Times*, Oct 6, 2020.

forçava o usuário a ceder seus dados ao Facebook – tiravam a liberdade e a proteção dos dados pessoais dos usuários e favoreciam a concentração dos negócios. Para o comitê, as quatro companhias tinham se transformado de "scrappy startups" ("empresas vertiginosas") no "tipo de monopólio que vimos na era dos barões do petróleo e das ferrovias".

O comitê recomendava a restauração da competição a partir do fatiamento das empresas, do reforço das agências fiscalizadoras da concentração do mercado e da limitação dessas companhias na aquisição de *startups*, a forma pela qual elas incorporavam o que surgia de novo, o que podia se configurar como ameaça. Também propunha uma reforma nas leis antitruste, cuja mudança mais importante datava de 1976 – o Hart-Scott-Rodino Antitrust Improvements Act, que endureceu a lei para as grandes fusões. "Nossa investigação não deixa dúvida de que há uma clara e compulsória necessidade do Congresso e das agências antitruste de restaurar a competição, melhorar a inovação e as salvaguardas da nossa democracia", afirmaram os deputados democratas Jerrold Nadler, *chairman* do comitê, e David Cicilline, chefe do subcomitê antitruste, em um comunicado conjunto.

*

A intolerância colada ao mercado digital global mostrava a necessidade de uma mudança mais profunda, na qual a liberdade fosse preservada, com o desenvolvimento e a expansão da democracia – e não com a retração da liberdade democrática onde ela já existia. A guinada autoritária que levava à truculência tornou-se ainda mais perigosa com a covid-19, que pedia inteligência e cooperação para soluções coletivas, em lugar da intolerância e da defesa de grupos de interesse. Perseguir autoridades sanitárias, acusar adversários para encobrir erros, fomentar a discórdia para atacar as instituições democráticas e perpetuar interesses de grupo criavam a sensação de que o planeta rumava para o império da insensatez.

O autoritarismo nacionalista podia criar uma nova casta de privilegiados, mas ao fim e ao cabo não funcionava, dada a incapacidade dos Estados nacionais, fechados em si mesmos, de tomar medidas solitárias diante das forças do capitalismo transnacional. As forças que repeliam a necessária cooperação mundial enfraqueciam a ação coordenada entre países para lidar com problemas criados pelo neocapitalismo digital, incluindo a livre navegação de bandoleiros econômicos, políticos e criminais.

Tais canais se utilizavam do próprio sistema financeiro internacional, para o qual a punição contra eventuais crimes não era algo a ser eticamente evitado ou legalmente temido, mas uma despesa eventual, provisionada nos balanços.

Em setembro de 2020, o International Consortium of Investigative Journalists, consórcio de jornalismo investigativo entre 400 veículos de imprensa de todo o mundo, publicou documentos levantados pelo governo dos Estados Unidos segundo os quais grandes bancos tinham movimentado mais de 1 trilhão de dólares para redes criminosas, ditadores e organizações de ataque à democracia. Entre eles estavam os americanos JP Morgan Chase e Bank of New York Mellon, os britânicos HSBC e Standard Chartered Bank e o alemão Deutsche Bank.

Somente o JP Morgan, maior banco com sede nos Estados Unidos, manteve entre seus clientes empresas envolvidas em escândalos de corrupção em países como Malásia, Venezuela e Ucrânia. De acordo com os documentos, transferiu mais de 1 bilhão de dólares para um financista foragido da justiça por fraudar um fundo de investimento estatal da Malásia. Também processou mais de 50 milhões de dólares em pagamentos suspeitos ao longo de uma década para Paul Manafort, chefe da campanha eleitoral do presidente Donald Trump, em 2016, preso no ano seguinte por lavagem de dinheiro e corrupção decorrentes de seu trabalho com um partido político pró-Rússia na Ucrânia.

O flagrante se deu mesmo depois que o JP Morgan foi multado por facilitar operações de lavagem de dinheiro e ter feito seguidos acordos para o controle de dinheiro espúrio, entre 2011 e 2014, por meio do Financial Crimes Enforcement Network – escritório do Departamento do Tesouro americano que investiga crimes financeiros. Isso significava que as medidas tomadas pelos Estados nacionais não estavam coibindo a circulação em massa de dinheiro ilegal espalhado pelo sistema financeiro internacional. Para os bancos, em vez de seguir regras de *compliance* – compromisso firme com o cumprimento da lei –, bastava alocar o pagamento de multas como despesa de contingenciamento, altamente compensada pelo lucro.

Além dos negócios que ligavam máfias, empresas fraudadoras e regimes corruptos, havia a potencial interferência política de uns países sobre outros, com o possível envolvimento de organizações mafiosas e seus interesses, que se estendiam como tentáculos pelo mundo. Após o início da pandemia, havia, entre democratas e republicanos, uma nova convergência: em 18 de agosto, a comissão mista liderada pelo Partido Republicano aprovou um relatório de mais de mil páginas sobre a influência russa nas eleições que levaram Trump ao governo. Depois de três anos de investigação, os senadores chegaram a conclusões de forma uníssona. "[O relatório] deu endosso bipartidário para um conjunto extraordinário de fatos: o governo russo corrompeu a eleição americana para ajudar o senhor Trump a se tornar presidente; serviços de inteligência russa viam os membros da campanha de Trump como pessoas facilmente manipuláveis; e alguns de seus assessores eram famintos pela ajuda de um adversário do país", anotou em reportagem o jornal *The New York Times*. Levados ao governo, tais assessores dentro da administração Trump eram "alvos atrativos para influência estrangeira, criando notáveis vulnerabilidades de contrainteligência", assinalava o documento[122].

Para um eleitorado que assinava embaixo quando Trump atacava a China por querer roubar dados pessoais e influenciar na política americana, o colaboracionismo do presidente com os russos era um banho de água fria. Estava tarde demais para entrar com um processo de *impeachment* contra Trump, mas o documento complicou suas esperanças eleitorais, somando-se ao rescaldo da pandemia, que destruiu sua maior bandeira – a criação de empregos – e transformou os Estados Unidos no campeão mundial do desastre sanitário.

*

Enquanto Trump resistia, com o apoio de todos aqueles que não queriam ver a volta de um governo voltado para o bem-estar social, sacrificando seus recursos com investimentos públicos que acreditavam não lhes trazer retorno direto nem deter a sangria dos empregos, os líderes da União Europeia adotaram outra postura. Em meados de julho de 2020, reunidos na sede da entidade, em Bruxelas, na Bélgica, sacramentaram a criação de um pacote de 750 bilhões de euros (ou 857 bilhões de dólares) para enfrentar os danos econômicos causados pela pandemia. O dinheiro serviria de ajuda aos países mais enfraquecidos entre os 27 integrantes da comunidade.

"O acordo foi notável pelos seus princípios", afirmou o jornal americano *The New York Times*, sem esconder a admiração, ou uma ponta de inveja. "Os países europeus irão levantar grandes somas de dinheiro vendendo títulos coletivamente, em vez de individualmente; e muito desse dinheiro será enviado a nações-membros atingidas mais duramente pela pandemia,

---

[122] G.O.P. – led Senate panel details ties between 2016 Trump campaign and Russia. *The New York Times*, Aug 18, 2020.

como concessões que não precisam ser reembolsadas, e não como empréstimos, que aprofundariam sua dívida nacional."[123]

O presidente americano sustentou o isolacionismo, o protecionismo nacionalista e negava a crise, mesmo quando os Estados Unidos se mantinham como o país mais atingido pela pandemia – não somente pela doença, em si, como por suas consequências econômicas, que agravavam a desigualdade, geradora da tensão social. Enquanto isso, a União Europeia dava uma resposta solidária, dentro das preocupações com o agravamento da crise global. Não foi fácil: primeiro, as lideranças da UE tiveram de vencer a resistência interna das forças nacionalistas em seus próprios países, antes de apoiar a decisão colegiada. Acreditavam que um agravamento da crise pós-pandêmica daria uma oportunidade para a direita nacionalista, levando a derrotas eleitorais que poderiam provocar um potencial retrocesso de toda a UE, como já ocorrera com a saída do Reino Unido. Dessa forma, a decisão da cúpula em Bruxelas foi um gesto contra a intolerância em cada país e, ao mesmo tempo, em toda a Europa.

Em lugar do protecionismo, os integrantes da UE reafirmavam o modelo de cooperação entre os países, com preservação das suas diferenças – incluindo as derivadas da identidade e da soberania nacionais. O modelo da UE se mostrava ainda mais importante em momentos de crise, durante os quais, em vez de recuar, os avanços da liberdade podiam ganhar espaço, indo na direção oposta ao defensivismo dos países recolhidos no isolamento. "A Europa tem mostrado sua capacidade de abrir novos campos em situações especiais", afirmou a chanceler alemã, Angela Merkel. "Situações excepcionais requerem medidas excepcionais. Uma estrutura muito especial de 27 países de experiências diferentes é capaz de atuar em conjunto, e tem provado isso."[124]

*

A pandemia forçava o mundo a uma correção de rota, mas não pela volta atrás no mundo da tecnologia interligada e sem fronteiras: seria como abolir o uso da roda e do avião e trazer os cavalos para as ruas,

---

[123] STEVIS-GRIDNEFF, Matina. E.U. adopts groundbreaking stimulus to fight coronavirus recession. *The New York Times*, July 20, 2020.

[124] E.U. adopts groundbreaking stimulus to fight coronavirus recession. *The New York Times*, July 20, 2020.

em nome de reduzir a velocidade da vida contemporânea, o trânsito internacional e a poluição. Porém, estava claro que os países não sairiam da crise pós-pandêmica sozinhos. E ninguém supunha que as empresas transnacionais ou o empresariado financeiro viessem em socorro dos mais pobres, fossem os desempregados pré e pós-covid, fossem os países em desenvolvimento.

Como demonstravam os líderes europeus, a crise ao mesmo tempo estrutural e conjuntural pedia uma recuperação da ação do Estado, dentro de cada país e na forma de uma cooperação internacional – única saída para reequilibrar a economia mundial. Ela implicava uma ajuda aos mais pobres, pelo simples reconhecimento de que, na economia interconectada, todos dependiam de todos, e ninguém sairia da crise sozinho. No integrado capitalismo tecnológico, a recuperação dos países mais ricos, que passavam a sofrer dentro de seus territórios com a exclusão social, dependia também dos pobres. Assim como nas questões ambientais e sociais, somente um progresso sustentável mais equânime em escala global servia a cada um.

*

Apesar do apoio popular que ainda sustentava as lideranças demagógicas, que prometiam resolver magicamente as disfunções do mundo global digital, ainda havia forte apoio às instituições democráticas pelo mundo. Uma pesquisa divulgada no Brasil pelo Instituto Datafolha indicou, em 28 de junho de 2020, quando o Brasil ainda se encontrava no auge da primeira onda epidêmica, que 75% da população considerava o regime democrático a melhor forma de governo – índice que era de 62% seis meses antes, em dezembro de 2019.

Contra as intenções de fortalecimento do Executivo do presidente Bolsonaro, um declarado admirador da ditadura militar como já não havia nem mesmo entre os militares brasileiros, aquele era o maior índice de apoio à democracia no Brasil desde 1989, quando a pesquisa começou a ser feita. Segundo o mesmo Datafolha, durante a presidência de Fernando Collor, embora fosse o primeiro presidente eleito democraticamente em trinta anos, o apoio à democracia caiu a 23% da população, quando o governo recém-eleito enfrentava acusações de corrupção.

No Brasil, uma fatia de 81% da população condenava ainda o ataque de militantes bolsonaristas a personalidades e às instituições do Supremo Tribunal Federal e do Congresso Nacional. E 68% consideravam que a orquestração de notícias falsas favoráveis a Bolsonaro era uma ameaça à democracia – embora 29% ainda não vissem risco democrático real nisso e 3% não soubessem dizer.

Os sinais saneadores surgiam, ao mesmo tempo que se agravava a crise. Após uma campanha maciça de incentivo à participação, os americanos votaram, ao longo de um mês. Biden venceu de forma indiscutível, não somente na contagem geral, com mais de 81 milhões de votos, 7 milhões a mais que Trump, como nos estados, que lhe renderam 306 cadeiras no Colégio Eleitoral, contra 232 de Trump. A definição, após o dia de votações presenciais, em 7 de novembro, fez a Bolsa subir 30 mil pontos e causou certo alívio em todo o mundo. "Joseph Robinette Biden Jr. foi eleito em um sábado o 46º presidente dos Estados Unidos, prometendo restaurar a normalidade política e o espírito de união nacional para controlar a fúria da crise econômica e de saúde e fazer de Donald J. Trump presidente de um mandato só, após quatro anos de tumulto na Casa Branca", escreveu o *New York Times*[125].

Foi uma resposta expressiva da maioria da sociedade americana contra o negacionismo, o isolacionismo e o divisionismo, os três elementos com os quais o presidente alimentava a intolerância e sua posição no poder. Trump foi somente o quarto presidente em um século a não conseguir se reeleger – os outros foram George W. Bush (1989-1993), Jimmy Carter (1977-1981) e Herbert Hoover (1929-1933).

Ao se pronunciar pela primeira vez após a consolidação dos resultados, Biden defendeu o fim do *apartheid* ideológico do país. "Para progredir, precisamos parar de tratar os oponentes como inimigos", disse, em 7 de novembro. Afirmou que não haveria mais estados "vermelhos ou azuis", referência às cores dos partidos Republicano e Democrata, e que pretendia "não dividir, mas unificar". "Vamos deixar esta triste era de demonização na América começar a acabar aqui e agora", disse ele[126].

O presidente eleito sabia que tinha um grande desafio pela frente, tanto pela enormidade da tarefa como pela necessidade de construção de um amplo apoio popular. Mesmo derrotado, Trump ainda recebeu uma massa expressiva de votos da fatia do eleitorado americano que tradicionalmente não acredita em abrir mão de seus recursos para ganhar

---

[125] Biden wins presidency, ending four tumultuous years under Trump. *The New York Times*, Nov 7, 2020.

[126] Ibidem.

em um cenário capaz de funcionar para mais gente. De forma a defender seus interesses, não se importava em dar suporte a um representante que claramente mentia, usava o poder em benefício de seus negócios e questionava a própria democracia para continuar no poder.

Diante da derrota, Trump seguiu com o discurso negacionista, alegando que o sistema, especialmente os votos pelo correio, tinha sido fraudado. Num episódio inédito com relação à mais importante figura da política americana, as redes de TV NBC e Fox, esta, tradicional apoiadora do Partido Republicano, cortaram Trump do ar em 5 de novembro, em meio a uma transmissão ao vivo da Casa Branca, sob a alegação de que o presidente estava mentindo, quando acusava a eleição de fraude e afirmava que havia ganhado. "Estamos aqui novamente na situação inusual de não somente interromper o presidente dos Estados Unidos, como de corrigi-lo", disse o âncora da MSNBC, Brian Williams. "Não há votos ilegais, até onde sabemos, e também não há vitória de Trump, até onde sabemos."

Rapidamente, Trump foi abandonado. Em um único dia, 13 de novembro, viu frustradas suas apelações sobre o resultado das eleições em dois estados diferentes. Em Michigan, a justiça impediu sua campanha de fazer uma recontagem manual de votos no condado de Wayne, onde fica Detroit. O juiz, Timothy Kenny, classificou a justificativa do presidente como "sem credibilidade". Na Pensilvânia, o escritório de advocacia Porter Wright Morris & Arthur desistiu de representar o presidente na ação contra supostas ilegalidades no processo eleitoral via correio. No final de novembro, a justiça confirmou a vitória de Biden também nesse estado[127].

O presidente acusou o próprio Departamento de Justiça e o FBI de participarem da fraude. Em entrevista à Associated Press, o advogado-geral da União, William Barr, foi obrigado a desmentir qualquer interferência na eleição. "Até agora, não vimos fraude numa escala que pudesse ter influenciado um resultado diferente", afirmou[128]. Em 13 de novembro, o então diretor da Cybersecurity and Infrastructure

---

[127] In a blistering decision, a federal appeals court denied the Trump campaign's challenge to a lower court loss on certifying Pennsylvania's vote. *The New York Times*, Nov 27, 2020.

[128] Disputing Trump, Barr says no widespread election fraud. Associated Press, Dez 1, 2020.

Security Agency (CISA), Christopher Krebs, já havia declarado que a eleição tinha sido "a mais segura" da história dos Estados Unidos[129].

Por fim, em 14 de dezembro de 2020, os representantes dos 50 estados americanos do Colégio Eleitoral ratificaram a eleição de Biden, para assumir a presidência na data oficial de 20 de janeiro de 2021. Biden ficou com 306 votos, contra 232 de Trump. Assim, confirmou-se o resultado da maioria simples, que deu a Biden 81,6 milhões de votos, 7 milhões a mais que Trump, ou 51,3% do total. "Nós, o povo, votamos", disse o presidente eleito. Mais que o resultado eleitoral, a decisão foi considerada uma recolocação do país no caminho do diálogo e contra a intolerância que levava o país ao golpe, em razão da alta adesão a Trump, cujo apoio se mantinha significativo. "Foi mantida a fé em nossas instituições", disse Biden, em seu discurso de vitória. "A integridade de nossas eleições permanece intacta. Então, agora é hora de virar a página. Para unir. Para curar."

*

Como toda mudança que vem somente quando a crise se torna extrema, a conjuntura se transformava em emergência. "Biden ganhou", escreveu o *New York Times* em editorial, em 7 de novembro. "Agora, o trabalho real pode começar."[130]

Na imprensa americana, a chegada do democrata ao governo lembrava a expectativa pela gestão de Franklin Delano Roosevelt, ao assumir a presidência em 1933, após a Grande Depressão. "Os eventos dos próximos anos determinarão se a democracia retomará seu passo ou se a conversão para o autoritarismo vai se acelerar"[131], escreveu ainda em setembro o jornalista Frederick Kempe, presidente do Atlantic Council, formado por empresas com interesses nas áreas de segurança nacional, energia e comércio exterior.

Como esperado, Biden anunciou uma agenda para atenuar o radicalismo, as divisões e o clima de segregacionismo e confronto no cenário global. Uma de suas primeiras iniciativas foi confirmar, em 2021, um fórum dos países democráticos para discutir a crise global da democracia e as questões climáticas, como estava em sua plataforma de campanha.

---

[129] 2020 election was most secure in U.S. history, cybersecurity officials say. *Time*, Nov 13, 2020.

[130] WEGMAN, Jesse. Biden won. Now the real work begins. *The New York Times*, Nov 7, 2020.

[131] Op-Ed: Biden has a plan to rally the world's democracies and tackle threats together. CNBC, Sept 13, 2020.

"Durante o seu primeiro ano de mandato, o presidente Biden reunirá as democracias do mundo para fortalecer as nossas instituições democráticas, enfrentar honestamente o desafio e forjar uma agenda comum para enfrentar as ameaças aos nossos valores", afirmou em sua agenda. Entre as ameaças democráticas, Biden listava o combate à corrupção, o avanço nos direitos humanos e a "defesa contra o autoritarismo, incluindo a segurança eleitoral".

Na economia, desenhava-se uma política diferente da de Trump, cujo lema – "America First" – implicava uma política tarifária que acabava atingindo, feito um bumerangue, o próprio país. "Para o novo time econômico do senhor Biden, a eleição representa uma oportunidade de resolver as falhas da globalização de uma maneira mais cooperativa com o resto do mundo do que a do senhor Trump", escreveu o *Wall Street Journal*. "O senhor Biden já apontou que deseja levar aliados a ajudar a confrontar a China e pressionar por programas internos mais agressivos para auxiliar os negócios atingidos pelo comércio exterior, com base em certo ceticismo no uso de tarifas como arma em confrontos comerciais."[132]

O passado recente dava sinais de que não deixaria o futuro decolar tão fácil. Mesmo derrotado, Trump demonstrava que resistiria até o fim. Gravações provaram que tentou influenciar o resultado eleitoral na Geórgia, telefonando aos responsáveis pelo sistema eleitoral, aos quais pedia de forma indecorosa que lhe "encontrassem" 11.780 votos para mudar, no estado, a derrota em vitória. "As pessoas na Geórgia estão zangadas, as pessoas no país estão zangadas", afirmava, na gravação, ao secretário de estado da Geórgia, o republicano Brad Raffensperger. "E não há nada de errado em dizer, sabe, que você recalculou." "Bem, Sr. Presidente, o problema que o senhor tem é que seus números estão errados", disse Raffensperger. "Confiamos nos nossos dados."[133]

A persistência de Trump em atacar a credibilidade do sistema eleitoral o fez perder também apoio dentro do Partido Republicano e as forças ao seu redor, incluindo o vice-presidente, Mike Pence. "Minha promessa de apoiar e defender a Constituição me impede de reivindicar autoridade unilateral para determinar quais votos devem ser contados e quais não",

---

[132] Biden's economic team charts a new course for globalization, with Trumpian undertones. *The Wall Street Journal*, Dec 2, 2020.

[133] I just want to find 11.780 votes. *The Washington Post*, Jan 5, 2021.

afirmou Pence, que assumiu o lugar do presidente nas tratativas para a transmissão do cargo a Biden[134].

Frustrado na esperança de urdir algum tipo de golpe para permanecer no poder, e sem apoio dos militares, da imprensa e do próprio partido, Trump apelou para o canal direto com seus apoiadores, dentro da base de apoiadores construída com ajuda das redes digitais. A partir das 9 horas de uma manhã fria, milhares de manifestantes, com bandeiras americanas e de apoio a Trump, aglomeraram-se em frente ao Monumento de Washington, em 7 de janeiro de 2021, dia da sessão de validação do resultado do Colégio Eleitoral. O procedimento, meramente formal, foi transformado em ocasião para o protesto. O evento, chamado de "Save America Rally", começou no clima de um comício festivo, com faixas como "mais quatro anos" e "parem a roubalheira", e música que vinha do trio elétrico adornado com uma bandeira da "silent majority" – a maioria silenciosa, classificação que o presidente dava a seus apoiadores.

O tom pacífico terminou quando começaram os discursos. "Esta é a mensagem: melhor esses caras [congressistas] lutarem por Trump, porque senão, adivinhem só: eu vou estar no quintal deles em alguns meses", afirmou o filho do presidente, Donald Trump Jr. "Se você quiser ser um zero à esquerda e não um herói, nós vamos perseguir você e vamos nos divertir fazendo isso." O próprio presidente, com um par de luvas negras, subiu ao palanque para um discurso de uma hora, instigando a revolta. "Agora cabe ao Congresso enfrentar esse ataque flagrante à nossa democracia", disse ele. "Por isso, nós vamos caminhar pra lá e eu estarei com vocês."[135]

Então uma turba destacou-se da multidão, munida com tacos de beisebol, barras de ferro e varas de bambu. E marchou 2,5 quilômetros para invadir o Capitólio, numa prova chocante do ponto a que podia chegar a intolerância na sociedade americana. O exército de "zangados" trumpistas ultrapassou as barreiras policiais e tomou o Congresso americano, como não acontecia desde a invasão por tropas britânicas na Guerra da Independência – com a diferença de que, desta vez, se tratava de cidadãos americanos que filmavam e transmitiam sua própria ação em tempo real. A turba depredou as instalações do Congresso e obrigou o vice-presidente, que participava da sessão, a sair por uma porta de emergência, cercado por seguranças.

---

[134] Pence defies Trump, affirms Biden's win. APNews, Jan 7, 2021.

[135] This is what Trump told supporters before many stormed Capitol Hill. ABCNews, Jan 7, 2021.

Entre os invasores, alguns em trajes militares, estavam cidadãos comuns, levados pela fúria coletiva, assim como membros de grupos de extrema direita, como o QAnon, disseminadores de uma teoria conspiratória segundo a qual Trump travava uma guerra secreta contra pedófilos adoradores de Satanás instalados no governo, nas empresas e na imprensa. Gente que o presidente classificara pelo Twitter como "pessoas que amam nosso país".

A partir do meio-dia, quando romperam o anel policial e penetraram no Capitólio, os amotinados promoveram um quebra-quebra e ocuparam os espaços progressivamente rumo ao plenário, onde se encontravam os deputados. Gritavam palavras de ordem, como "Nancy, estamos aqui por você", referência à presidente da Câmara, a democrata Nancy Pelosi. "Achei que teríamos de lutar para escapar", afirmou o deputado democrata Jason Crow, ex-combatente do Exército americano no Iraque. Crow orientou os parlamentares a retirar os broches que os identificavam e a proteger-se embaixo das próprias cadeiras, cobrindo o nariz como proteção contra o gás lacrimogêneo.

No confronto com a polícia do Capitólio morreram quatro manifestantes, entre eles Ashli Babbitt, uma militante trumpista que levou um tiro na cabeça ao forçar a entrada para o plenário da Câmara. Um policial, Brian Sicknick, foi morto e ao menos outros cinquenta ficaram feridos. Trump não estava lá, mas, pelo Twitter, endossou a invasão, como um último ato no teatro em que transformou seu governo. "Essas são as coisas que acontecem quando uma vitória sagrada nas eleições é tão sem-cerimônia e viciosamente arrancada de grandes patriotas, que têm sido mal e injustamente maltratados por tanto tempo", escreveu ele, num tuíte posteriormente tirado do ar, com um aviso da rede social de que isso se devia ao "risco de violência". Somente mais tarde, em vídeo, publicou outra mensagem, no sentido de desarmar a confusão. "Vão para casa", escreveu. "É preciso alguma ordem."[136]

Às 14h30, a turba afinal entrou no plenário da Câmara, enquanto era acionada a Guarda Nacional. Uma manifestante, identificada como Riley June Willliams, sentou-se na cadeira da presidente da Câmara, Nancy Pelosi, examinou sua caixa de e-mails, deixada aberta na debandada, e apropriou-se do seu *laptop*. Foi presa mais tarde na Pensilvânia, acusada de participar da baderna, furtar o computador e ainda tentar supostamente vendê-lo à SVR, agência de espionagem russa.

---

[136] Trump tells mob 'go home,' then comforts crowd that he egged on. Bloomberg, Jan 6, 2021.

O movimento assustou o mundo e a sociedade americana. O próprio vice-presidente condenou o ataque. "Protesto pacífico é o direito de todo americano, mas esse ataque ao nosso Capitólio não será tolerado, e aqueles que estiverem envolvidos serão processados até o limite da extensão da lei", escreveu Pence, no Twitter[137].

"O que Trump causou aqui é algo que nunca vimos antes em nossa história", afirmou a deputada Liz Cheney à rede NBC News. "Nenhum presidente jamais deixou de conceder ou concordar em deixar o cargo após a votação do Colégio Eleitoral, e acho que o que estamos vendo hoje é o resultado disso, o resultado de convencer as pessoas de que de alguma forma o Congresso iria anular os resultados desta eleição, o resultado de sugerir que ele não deixaria o cargo. Essas são coisas muito perigosas, e isso fará parte do legado dele. É um momento perigoso para o país".

Com dias contados no poder, e sem a investidura da respeitabilidade, Trump viu uma avalanche descendo de repente sobre sua cabeça. A uma semana do final do seu mandato, no dia 13 de janeiro, a Câmara americana aprovou um pedido de *impeachment*, o segundo de seu governo, desta vez por "incitamento de insurreição". Recebeu o apoio de 232 dos 429 deputados, incluindo 10 republicanos. "Ele é um perigo claro e presente", disse Pelosi, ao defender o afastamento[138].

Já não havia tempo hábil para a instauração do novo inquérito pelo Senado antes da saída de Trump do governo, mas não se tratava mais de despojá-lo do cargo, e sim de evitar que pudesse legalmente concorrer outra vez. "De Andrew Jackson a Richard Nixon, vimos presidentes abusarem do poder, mas nunca testemunhamos um presidente americano incitar uma multidão violenta contra a cidadela da nossa democracia, na tentativa desesperada de agarrar-se ao poder", definiu o deputado David Cicilline, de Rhode Island. "Isso não pode ficar sem resposta."

A prefeitura de Nova York anunciou o cancelamento de contratos da Trump Organization para a construção de dois rinques de patinação no gelo, um carrossel no Central Park e campos de golfe no Bronx[139].

Sua conta no Twitter, com 88 milhões de seguidores, foi cancelada. Outras contas – Facebook, Twitch, Snapchat, YouTube – foram suspensas

---

[137] Mike Pence condemns Trump supporters who stormed US Capitol. *New York Post*, Jan 6, 2021.

[138] The House impeaches Trump for 'incitement of insurrection,' setting up a Senate trial. *The New York Times*, Jan 10, 2021.

[139] New York City will end contracts with Trump over capitol riot. *The New York Times*, Jan 13, 2021.

ou restritas, instalando a censura ao presidente por parte dos veículos das principais redes sociais. Em 9 de janeiro de 2021, a Apple seguiu o Google e removeu da sua loja virtual o aplicativo Parler, para onde os extremistas passaram alternativamente a levar seu conteúdo, com ameaças e mensagens de estímulo à violência, e que havia se tornado o mais procurado na lista de *downloads*. "Estamos vivendo no *1984*, de Orwell", escreveu seu filho, Donald Trump Jr., citando o clássico da literatura sobre o totalitarismo tecnológico[140].

O maior problema, porém, não eram os extremistas. O terrorismo de extrema direita sempre existiu, assim como outros movimentos políticos de gente disposta a usar da violência. O principal desafio da sociedade americana era o grande contingente de apoio menos identificado com o partido conservador do que com um presidente que atacava o sistema democrático e açulava a população contra seus representantes.

Além dos militantes da direita clássica, que propalavam ameaças de atentados e a instalação do terror, os "zangados" do trumpismo incluíam chefes de família desempregados, trabalhadores sem perspectivas e outros seguidores que o trabalho de formação de opinião pelas redes sociais transformava numa grande massa de manobra. "A formação de opinião pública está fora de controle em razão da maneira como a internet está formando grupos e dispersando livremente a informação", apontou o professor de direito Robert C. Post, da Universidade de Yale[141].

Trump apostara na sua corrente de desinformação e mentiras, de forma a envenenar a sociedade, intimidar adversários e desacreditar as cortes judiciais. Usara a condição de líder democraticamente eleito para manobrar uma massa em favor de seus próprios interesses e se fortalecera. Mesmo tendo perdido a eleição, recebeu o voto de uma parcela maciça de americanos – 74 milhões – e deixava um país mergulhado na cizânia. A divisão se instalava dentro da própria família. Uma jovem de 18 anos, Helen Duke, de Massachusetts, delatou em 7 de janeiro dois tios, Richard e Annie Lorenz, além da própria mãe, Therese, identificada num vídeo sendo agredida por uma policial, depois de tentar tomar-lhe um celular das mãos, durante a manifestação que resultou na invasão do Capitólio. "Oi, mãe, lembra a vez que você me disse para não ir a protestos porque eles podiam se tornar violentos?" – escreveu ela no Twitter. "Essa é você?"

---

[140] Twitter permanently bans Trump, capping online revolt. *The New York Times*, Nov 8, 2021.
[141] Have Trump's lies wrecked free speech? *The New York Times*, Jan 6, 2021.

Nos dias que se seguiram à depredação do Capitólio, o FBI prendeu dezenas de invasores. Um deles, Guy Reffitt, apontado como membro da Texas Freedom Force, milícia de extrema direita, foi acusado de ameaçar matar a tiros os próprios filhos, caso o delatassem às autoridades. "Traidores levam bala", disse-lhes ele[142]. Reffitt tinha participado da invasão com uma câmera ligada em um capacete e passou a usar o Twitter nos dias seguintes acusando a esquerda de ser a responsável pela baderna.

Aqueles que patrulhavam e perseguiam passaram a ser patrulhados e perseguidos, a começar por Trump. A censura das mídias digitais ao presidente ainda em exercício colaborou para que ele vestisse o manto do martírio. Repetindo o discurso da eleição ilegítima, e proibido de se manifestar, Trump manteve aceso o clima de revolta. Seu exemplo repercutiu no resto do mundo, tanto entre aqueles que viam o perigo do envenenamento da democracia quanto entre os que se propunham a questionar a legitimidade do sistema democrático quando o resultado não estava a seu favor. "O problema que os Estados Unidos têm hoje pode ser muito pior aqui no Brasil em 2022", afirmou o presidente Jair Bolsonaro, num sinal de que também não aceitaria outro resultado na eleição seguinte, a não ser a sua vitória.

Trump deixou o governo em 20 de janeiro, dizendo: "Voltaremos de alguma forma", uma sugestão de que tudo era possível, incluindo o que não estava no livro da regra democrática[143].

Não deixou a Casa Branca sem antes usar a prerrogativa presidencial de dar à sua saída um indulto a condenados – uma tradição americana. Porém, utilizou-a para beneficiar seus parceiros, a começar por Steve Bannon, seu marqueteiro digital, e Elliott Broidy, tesoureiro de campanha.

Cogitou deixar um indulto preventivo para si mesmo, seus familiares e outros colaboradores que nem sequer tinham sido ainda condenados. "Em reunião com seus conselheiros legais, Trump foi advertido de que esses indultos que queria deixar para sua família e até a si mesmo o colocariam numa posição legalmente perigosa, dando a aparência de culpa e o deixando vulnerável a represálias", afirmou a CNN em seu noticiário[144].

"Neste dia, amigos, a democracia prevaleceu", disse Biden em 20 de janeiro, em seu discurso de posse, diante da ala oeste do Capitólio. Falava

---

[142] Yahoonews, Jan 18, 2021.

[143] As Trump exits Washington, he tells modest crowd, 'We will be back in some form'. *The Washington Post*, Jan 2, 2021.

[144] COLLINS, Kaitlan; LIPTAK, Kevin; BROWN, Pamela. CNN, Jan 20, 2021.

a uma plateia mascarada, diante de um vidro blindado, no mesmo lugar onde a turba invadira o edifício, quatro anos após o discurso anterior, no qual Trump se referira à "carnificina americana". "Política não tem de ser uma rajada de fogo, destruindo tudo em seu caminho", disse Biden. "Cada desacordo não tem de ser causa de uma guerra total [...] Temos de rejeitar a cultura em que os fatos são manipulados e mesmo fabricados."[145]

O novo presidente assumiu com a promessa de restabelecer de forma imediata o racionalismo no combate à pandemia e assinou num único dia 17 medidas que desmontavam a era trumpista. Ordenou a reinstauração das relações dos Estados Unidos com a Organização Mundial da Saúde, suspensas por Trump na pandemia. Firmou a decisão de recolocar os Estados Unidos nos esforços em favor do clima pelo Acordo de Paris. Deteve a deportação de liberianos. Restabeleceu o visto de entrada para muçulmanos no território americano e suspendeu a ordem de Trump de não contar imigrantes no censo populacional. Suspendeu a construção do muro na fronteira com o México[146].

As medidas de Biden procuravam não apenas restabelecer as boas relações internacionais, como os princípios da democracia e da civilidade, dentro e fora do país. Ainda assim, o ponteiro do relógio da bomba social continuava a girar – e ele mesmo, mais do que ninguém, sabia disso. Para reduzir a ampla base que o extremismo de direita ganhava eleitoralmente, assim como o extremismo de esquerda, não bastava garantir a democracia; era preciso também reduzir a pressão social, e dessa forma a intolerância, que tornava o extremismo um canto de sereia eleitoral. Um desafio cada vez maior, dadas as circunstâncias da pandemia, que, em vez de ceder, recrudesceu na virada de 2020 para 2021 – prolongando e aprofundando a crise.

*

Desde o início de dezembro de 2020, com o relaxamento das medidas de isolamento, a pandemia retomou seu galope em todo o planeta. Em 2 de dezembro, registraram-se 180 mil novos casos e 2.597 mortes por

---

[145] Democracy has prevailed, President Biden said in an inaugural address that offered a direct rebuttal to his predecessor. *The New York Times*, Jan 20, 2021.
[146] Biden's 17 executive orders and other directives in detail. *The New York Times*, Jan 20, 2021.

coronavírus nos Estados Unidos, os números mais altos em um único dia desde 15 de abril, no auge da primeira onda pandêmica.

Os americanos registravam 13,7 milhões de casos e 270.450 mortes no total. Picos diários começaram a se repetir em outros países, como a Itália, que em 3 de dezembro teve 993 mortes, superando o recorde de 969 mortes em 27 de março. No total, a ONU computava até então mais de 1,5 milhão de óbitos por coronavírus no mundo, desde o início da pandemia.

Chegaram a 2 milhões em 15 de janeiro de 2021, o equivalente à queda diária de dez dos maiores jatos comerciais, desde o início da pandemia, um ano antes. "Somente as estatísticas oficiais estão na conta, significando que ficaram de fora os que morreram sem um diagnóstico conclusivo", anotou a CNN[147].

A reaceleração da contaminação voltou a ameaçar de colapso o atendimento hospitalar de emergência, levando à reinstalação do *lockdown*, a começar pelo Reino Unido. Além da volta de restrições a encontros em lugares públicos, os governos davam início às campanhas de vacinação, aprovadas a toque de caixa, mesmo sem o cumprimento de todos os protocolos tradicionais. No Reino Unido, o governo autorizou a aplicação, a partir da segunda semana de dezembro, de 800 mil doses de uma vacina produzida pela Pfizer, em parceria com a alemã BioNTech.

No total, eram 40 milhões de doses, das quais 10 milhões a serem entregues ainda em 2020, com prioridade para idosos, doentes e profissionais da saúde. O objetivo era fazer o país retomar a vida normal, se possível, no primeiro bimestre de 2021. A Rússia e outros países da Europa também trabalhavam para iniciar a vacinação em massa no mês de dezembro.

Havia pressa em salvar a economia, e também em salvar vidas. Os indicadores econômicos e sociais atingiram marcas alarmantes. No início de dezembro, a ONU divulgou um relatório projetando que, mesmo com a esperada retomada econômica, haveria em 2021 cerca de 235 milhões de pessoas no mundo necessitando de ajuda humanitária – um aumento de 40% em relação a 2020 e três vezes mais que em 2015. "A covid-19 desencadeou a recessão global mais profunda desde a década de 1930", afirmou a entidade. "A pobreza extrema aumentou pela primeira vez em 22 anos e o desemprego cresceu dramaticamente. As mulheres e os jovens entre 15 e 29 anos que trabalham no setor informal são os

---

[147] The world marks 2 million coronavirus deaths. The real toll is likely much higher. CNN, Jan 19, 2021.

mais atingidos. O fechamento das escolas afetou 91% dos estudantes em todo o mundo."

Em seu relatório, a ONU justificava o pedido de uma verba de 35 bilhões de dólares para promover a vacinação e levar suprimentos a populações de países atingidos tanto pela covid-19 como por conflitos e mudanças climáticas. Era mais do que o dobro dos 17 bilhões aportados por doadores internacionais em 2020, que já eram um recorde na história da entidade.

A ONU tinha uma lista com 56 países em crise aguda – entre eles a Síria, a Venezuela, o Paquistão, o Haiti, o Afeganistão e a Ucrânia. "Conflitos, mudanças climáticas e a covid-19 geraram o maior desafio humanitário desde a Segunda Guerra Mundial", afirmou o secretário-geral da ONU, António Guterres. "Se todos aqueles que precisarem de ajuda humanitária no próximo ano vivessem num país, seria a quinta maior nação do mundo."

A pandemia desencadeou os demônios submersos da pobreza que já se alastrava. "Aqueles que já vivem no fio da navalha estão sendo atingidos de forma desproporcionalmente dura pelo aumento dos preços dos alimentos, pela queda dos rendimentos, pelos programas de vacinação interrompidos e pelo fechamento de escolas", afirmou Guterres. Um dos efeitos da pandemia foi cortar as atividades da economia informal, que garantia a subsistência dos excluídos do emprego. "A pandemia secou as economias informais, diminuindo os meios de subsistência e o acesso aos alimentos e aumentando os riscos de proteção", afirmou Guterres.

De acordo com a Comissão Econômica das Nações Unidas para a América Latina e o Caribe, cerca de 231 dos 566 milhões de habitantes da região estavam na zona de pobreza ao final de 2020 – pior situação desde 2005. Com isso, a ONU previa mais migração e a elevação das "tensões sociopolíticas profundamente enraizadas".

A miséria adicional causada pela pandemia aprofundava outras deficiências médicas e sanitárias. "A pandemia pode acabar com vinte anos de progresso na luta contra o HIV, a tuberculose e a malária, duplicando potencialmente o número de mortes anuais", disse Guterres. "Mais de 5 milhões de crianças com menos de 5 anos de idade enfrentam as ameaças da cólera e da diarreia aguda."

O efeito era também de longo prazo, em razão do atraso no desenvolvimento escolar. Cerca de 24 milhões de crianças, adolescentes e jovens não tiveram como frequentar a escola em 2020, atrasando seu desenvolvimento.

Não somente a pandemia, mas também as mudanças climáticas causavam impacto na população mais pobre. De acordo com a ONU, a década iniciada em 2011 tinha sido a mais quente, e o ano de 2020, o terceiro mais quente desde que havia registro, isto é, em 1850. O desequilíbrio ecológico e ambiental aumentava a incidência de catástrofes, que causavam danos de grandes proporções. "O planeta está quebrado", disse Guterres. "A humanidade está em guerra contra a natureza, e isso é suicida. A natureza sempre responde e está fazendo isso com fúria."[148]

*

No dia 24 de dezembro de 2020, véspera do Natal, um documento com 2 mil páginas, em que se estabeleciam as condições para a saída do Reino Unido, foi aprovado para sanção em Bruxelas, sede da UE, que aconteceu logo a seguir, no dia 30. "O acordo está feito", anunciou, em comunicado, o gabinete do primeiro-ministro britânico, Boris Johnson. "Tudo que foi prometido aos britânicos no referendo de 2016 e na eleição do ano passado está entregue por esse acordo. Retomamos o controle de nosso dinheiro, nossas fronteiras, leis, comércio e águas de pesca." Porém, permitiu-se que o Reino Unido mantivesse facilidades no comércio com a Europa, sem taxas e barreiras alfandegárias utilizadas com outros países. Criava somente restrições para produtos frescos, como ovos e carne, para o comércio com a Irlanda do Norte, onde o receio de que o levantamento de uma nova barreira poria fim a décadas de esforços pela paz. O governo britânico aceitou, ainda, aumentar a cota da pesca por parte dos europeus em águas do Reino Unido, em troca de concessões em outros setores.

Com isso, o Brexit, no final, não mudou tanto a configuração econômica no relacionamento com a Europa e evitava uma pane econômica, já que cerca de metade do comércio internacional do Reino Unido era realizado com países europeus ou por seu intermédio, e, assim, havia o risco de colapso no abastecimento de uma série de produtos em 2021 – de alimentos a material para construção. Isso aumentaria a crise econômica, justo no momento em que o Reino Unido, depois de um período de reabertura, passava por uma nova onda de covid-19, provocada por uma mutação do vírus, considerada então pelos cientistas com um índice 70% maior de transmissibilidade. Em dezembro, os ingleses voltaram a fechar as

---

[148] 'War on nature' is 'suicide' and climate action needs American leadership, U.N. chief says. CBS News, Dec 2, 2020.

fronteiras para a entrada e saída de viajantes, e Londres voltou a uma forma seletiva de *lockdown*, com fechamento parcial das atividades, novamente para deter a marcha da superlotação dos hospitais.

Derrotado nas eleições, Trump prosseguiu negando-se a reconhecer a vitória de Biden, para ele um "falso presidente". Teve de abrir mão da sua resistência a aprovar um pacote de ajuda do governo à economia americana, iniciativa do Congresso, que ele desejava bloquear. Num domingo, dia 27 de dezembro, aprovou um pacote de gastos de US$ 2,3 trilhões para amparar a economia americana, dos quais 892 bilhões para prolongar o seguro-desemprego durante a pandemia, expirado no dia anterior, e 1,4 trilhão para aumentar gastos correntes do governo, como forma de estimular a economia. Mudando de posição, em vez de bloquear o pedido do Congresso, solicitou que o benefício fosse aumentado de 600 para 2 mil dólares mensais. Havia no país 14 milhões de beneficiários do programa de assistência.

Assim como fizera Obama, Trump teve de ceder ao fato de que não havia como deixar de existir ajuda do Estado. A pandemia do coronavírus tornou urgente a adoção de reformas de um sistema cujas fissuras estruturais se alargavam. Recuperar a economia, sobretudo reduzindo a pobreza e a insatisfação crescente que levantava a revolta social, era uma tarefa urgente para a preservação ao mesmo tempo da vida, da democracia e da liberdade. A era liberal conservadora, que impulsionou o progresso a partir da era Reagan-Thatcher, mostrava os seus limites. Não se tratava de defender o socialismo nem de fazer a apologia do Estado social.

O próprio liberalismo sempre foi o primeiro a reconhecer que, de tempos em tempos, é preciso corrigir a si mesmo. O pai do liberalismo contemporâneo e da própria teoria econômica, Adam Smith, já escrevia em sua obra seminal, *A riqueza das nações*, que os homens de negócios eram a maior ameaça a si próprios e ao mercado. "Pessoas do mesmo ramo raramente se reúnem, nem mesmo para se divertir, mas, quando o fazem, a conversa termina numa conspiração contra o público, ou então num conluio para aumentar os preços", escreveu ele no livro, publicado pela primeira vez em 1776.

A natureza competitiva do capitalismo, que faz o sistema buscar sempre a otimização máxima, seja pela redução de custos, seja pelo desenvolvimento da tecnologia, não mudou no capitalismo digital global – ao contrário, acelerou tanto seus bons resultados quanto seus efeitos já vistos por Smith no passado. Nenhum dos grandes *tycoons* digitais dava mostras de querer dividir sua fortuna ou contribuir para o Estado social. Para eles, abandonar o instinto predatório, num ambiente de total competição, seria decretar a própria morte.

Num mercado em que um negócio criado do zero podia derrubar um gigante, tornando-o obsoleto no dia seguinte, não havia descanso para ninguém. Se no capitalismo industrial a posse dos meios de produção garantia a dificuldade de ascensão de competidores, ou evitava uma queda tão brusca, a criação digital permitia surpresas a qualquer instante. Por essa razão, gigantes como Google, Amazon e outros impérios não podiam dormir tranquilos, e alimentavam o mesmo espírito de *startups* iniciadas do zero, num processo de inovação e crescimento contínuo, de modo a evitar a "*stasis*, seguida pela irrelevância, seguida por excruciante e doloroso declínio, seguido da morte", nas palavras do fundador da Amazon, Jeff Bezos[149].

As empresas tecnológicas buscavam melhorar produtos e serviços, e, como preconizava Smith, a busca pelo sucesso individual de predadores digitais como Bezos revertia no benefício de toda a sociedade. Porém, esse processo, ao sair do controle, em razão da globalização e da fluidez dos mercados virtuais, eliminava empregos, setores inteiros da economia convencional e, no limite, destruía o mercado – o sistema do qual dependia.

Durante três décadas, nada no mundo liberal deteve essa autofagia galopante. Quando Barack Obama procurou salvar os náufragos do *crash* de 2008, lançou tábuas de salvação para bancos, devedores e toda a economia americana, mas, como não mexeu na lógica econômica, apenas postergou a solução do problema. Este estava de volta, maior, e com o agravante de que o Estado americano dessa vez se encontrava com menos condições financeiras e controles para intervir. Restava saber se Biden, que acompanhou Obama tão de perto, como seu antigo vice, poderia transformar as lições aprendidas em reformas mais profundas, antes que fosse tarde demais.

O próprio sistema, porém, aos poucos começou a se mover sozinho nesse sentido. No final de 2020, o governo americano começou a reverter a rota da concentração de negócios e a tratar os gigantes digitais como monopólios danosos ao mercado. Em 20 de outubro de 2020, o Departamento de Justiça abriu uma ação contra o Google, sob a acusação de abusar da sua posição para manter um monopólio ilegal dos mecanismos de busca na internet.

---

[149] KANTROWITZ, Alex. *Always day one: how the tech titans plan to stay on top forever.* Portfolio, 2020.

O uso de informação privada de clientes para oferecer pesquisa de comportamento e mercado, a drenagem de grande parte dos recursos da publicidade e a compra de empresas para concentrar serviços faziam parte do problema. Não importava que a empresa fosse a joia da coroa do neocapitalismo americano no mundo, se trabalhava contra os interesses do próprio país.

"Duas décadas atrás, o Google se tornou o queridinho do Vale do Silício, uma gigantesca *startup* com um jeito inovador de fazer buscas na internet emergente", justificou o órgão na ação. "Aquele Google ficou para trás há muito tempo." Para o Departamento de Justiça, de acordo com o texto da denúncia, a empresa se tornou um "portal monopolista de acesso à internet" com táticas anticompetitivas "perniciosas".

Entre essas táticas estavam programas para instalar os serviços do Google em *smartphones* com sistema operacional Android que não podiam ser deletados, e o cerceamento ou retaliação contra parceiros comerciais que faziam negócios com competidores. Na investigação, o Departamento de Justiça levantou até mesmo a correspondência interna de funcionários do Google, na qual as ações executivas eram definidas por verbos, como "crush" ("esmague"), "kill" ("mate"), "hurt" ("machuque") e "block" (bloqueie). "As pessoas usam o Google porque escolhem – não porque são forçadas ou porque não encontram alternativas", defendeu-se a companhia. "Essa ação não vai ajudar os consumidores. Pelo contrário, vai artificialmente beneficiar alternativas de baixa qualidade, aumentar o preço dos telefones e tornar mais difícil para as pessoas obter os mecanismos de busca que elas querem utilizar."[150]

Era a maior iniciativa antitruste contra uma empresa de tecnologia desde 1998, quando o Departamento de Justiça acusou a Microsoft de ferir o Sherman Act – lei antitruste americana, cujas bases remontam a 1890. "Décadas atrás, o caso contra a Microsoft reconheceu que as leis antitruste proíbem acordos anticompetitivos por monopolistas de alta tecnologia, obrigando-os a impedi-los de impor padrões pré-instalados, fechar o acesso a canais competitivos de rivais e criar software que não pode ser apagado", afirmou o documento. "A queixa alega que o Google está usando esse tipo de acordo para manter e aumentar sua dominância".

Por trás da reação do governo americano contra o avanço do Google, estava uma nova conjunção de interesses nos Estados Unidos. Os

---

[150] US justice department sues Google over accusation of illegal monopoly. *The Guardian*, Oct 20, 2020.

democratas, que eram contra o monopólio, ganharam a adesão dos republicanos. Liderança mais visível do partido, Trump, em 2018, havia criticado autoridades europeias por multar o Google em 9 bilhões de dólares por práticas anticompetitivas. "A UE acaba de mandar uma multa de 5 bilhões a uma de nossas grandes companhias", tuitou. Porém, também ele passou a se colocar contra a empresa, acusando-a de censurar os conservadores no meio virtual.

A clássica defesa republicana da indústria americana cedeu ao entendimento de que o poder das indústrias de tecnologia era como o do deus Cronos, que na mitologia grega devorava os próprios filhos. Trump, então, colocou o Departamento de Justiça em movimento, com um discurso contrário ao que havia adotado até esse momento. "Nessa indústria, a competição é vitalmente importante, razão pela qual nossa ação contra o Google por violar as leis antitruste é um caso monumental, tanto para o Departamento de Justiça quanto para o povo americano", escreveu em sua petição o advogado-geral da União, William Barr. De uma hora para a outra, surgia a coalizão contra um novo inimigo número 1.

Em 9 de dezembro foi a vez do Facebook. A Comissão Federal de Comércio (Federal Trade Comission), agência do governo americano, sob a liderança do republicano Joe Simons, encaminhou à Justiça a abertura de um inquérito contra a empresa de Mark Zuckerberg com base na lei antitruste. Outra ação com o mesmo teor foi pedida em paralelo pela democrata Letitia James, advogada-geral de Nova York, que reuniu 40 advogados-gerais numa ação contra o Facebook por práticas monopolistas e anticompetitivas: intimidar, eliminar rivais e comprar empresas emergentes, como o Instagram e o WhatsApp, de forma a concentrar negócios e evitar o surgimento de competidores capazes de ameaçar sua posição.

"Os reguladores explicitamente pediram à Corte que considere forçar o Facebook a vender o Instagram e o WhatsApp para remediar as preocupações com a competição", afirmou o jornal *The Washington Post*. "Tal punição arrefeceria o império digital de Zuckerberg e constrangeria severamente as ambições da empresa." Segundo a acusação, o Facebook colocava "lucros à frente do bem-estar e da privacidade dos consumidores". "Nenhuma empresa deveria concentrar tanto poder", disse James[151].

A pandemia, que aumentou os lucros de empresas digitais, enquanto disseminava o desemprego, tornou emergencial uma correção da rota do

---

[151] U.S., states sue Facebook as an illegal monopoly, setting stage for potential breakup. *The Washington Post*, Dec 9, 2020.

capitalismo tecnológico, que deixou de ser feita desde o início do século. "Esses casos representam um reconhecimento de que os reguladores e juízes ficaram dormindo na cadeira nas últimas duas décadas e falharam em prevenir a monopolização de um setor de rápido crescimento e um eixo da competitividade americana", escreveu o jornalista Steven Pearlstein, colunista de economia e negócios do *Washington Post*. "Mais amplamente, essas ações serão vistas como um tiro legal nas empresas dominantes, incluindo outras indústrias altamente concentradas — farmacêuticas, telecomunicações, serviços financeiros. A partir de agora, elas estão advertidas de que suas aquisições em série e o jogo duro nas práticas negociais podem convidar outras ações similares."[152]

Embora os países democráticos descortinassem a necessidade de conter as distorções do globalismo digital e devolver controles ao Estado e equilíbrio à economia, não se tratava apenas de um desafio governamental, mas de toda a sociedade. Um dos progressos do século XXI foi justamente a inoculação nas empresas de uma noção, ainda que incipiente, de responsabilidade social – como a inclusão de minorias nos quadros de funcionários e a adoção de políticas sustentáveis em relação ao meio ambiente. Cresceu o chamado "terceiro setor", em que se encontravam as formas de voluntariado e outras atividades não produtivas da sociedade civil, área antes considerada meramente onerosa.

Essa mentalidade de colaboração baseava-se na noção de que todos ganhavam, num mundo melhor. E de que a promoção do bem-estar social não era obrigação somente do poder público, como também de indivíduos e empresas privadas, levadas a mostrar humanidade e o investimento na qualidade de vida como fator de excelência.

Ainda assim, foi pouco. Para a imagem de muitas companhias, bastava manter o jardim na via pública em frente à matriz, ou criar cotas para proteger funcionários negros ou homossexuais, de forma a mostrar preocupação comunitária. Porém, quando colaborar com a erradicação da pobreza implicava aceitar aumento de impostos ou outra forma de mexer nas margens de lucro, a conversa ia para outro lugar. Companhias de países desenvolvidos colocavam dinheiro em fundos de preservação da Floresta Amazônica no Brasil, como se comprar créditos de carbono na Noruega, por exemplo, eximisse as empresas norueguesas de reduzir sua própria poluição ou investir em programas para ajudar a salvar o Mar do Norte. A

---

[152] Facebook and Google cases are our last chance to save the economy from monopolization. *The Washington Post*, Dec 18, 2020.

responsabilidade social, dessa forma, em grande parte não passava de um paliativo, uma forma de se livrar de responsabilidades inerentes ao próprio negócio, quando não era pura encenação.

O capitalismo do século XXI perseguia o lucro a qualquer custo, mais do que nunca, ainda que esse custo recaísse sobre a própria cabeça ou significasse uma real ameaça à humanidade. "Pessoas que gozam de privilégios preferem arriscar-se à total destruição, em vez de submeter-se a alguma redução de suas vantagens materiais", escrevia em 1977 o professor das universidades Harvard e Princeton John Kenneth Galbraith, no best-seller *A era da incerteza*. "A miopia intelectual, também conhecida por estupidez, sem dúvida alguma é uma forte razão para isso. Acontece também que os privilegiados, não importando quão ostensivos possam parecer aos outros, constituem direitos solenes, fundamentais, que lhes cabem por obra de Deus."[153]

Galbraith morreu em 2006, mas certamente veria no novo capitalismo digital contemporâneo mais da mesma coisa, aperfeiçoada pelo ferramental tecnológico. Estava claro, então, que não existia dilema algum entre o liberalismo e o Estado, usado como desculpa para a ganância sem limites. Impor limites sempre tinha sido papel do Estado, que, este sim, se encontrava enfraquecido e precisava recuperar seu poder de fiscalização, dentro do espírito da liberdade e da democracia. Fazia-se imperioso recuperar a capacidade de controle, fiscalização, arrecadação e execução de políticas econômicas.

Diante da crise social, agravada pela pandemia, cabia a governos – o poder público – promover a assistência das populações abandonadas, até que o sistema pudesse se sustentar novamente sem esse tipo de auxílio. Isso não era o fim do liberalismo, nem autoritarismo: era, mais do que em 2008, a salvação do liberalismo, de modo a evitar sua autodestruição.

*

Na essência, a ideia liberal de que o bem individual favorece o coletivo, e vice-versa, é a mesma por trás da ideia de que no ambiente virtual todos são iguais e podem exercer a liberdade na sua plenitude. Com liberdade responsável, o meio digital funciona como um grande tecido ligando os indivíduos à sociedade, e vice-versa, no qual a convivência se dá a

---

[153] GALBRAITH, Kenneth. *A era da incerteza*. Pioneira, 1982.

partir da noção de que a coletividade é formada por indivíduos iguais em essência e direitos.

Como todo ideal, o universo livre do meio virtual assimilou e acelerou certas imperfeições da realidade – a começar pela constatação de que existe gente que não quer ser igual, e sim ocupar mais espaços e impor aos outros suas ideias, crenças e interesses, geralmente tendo por trás algum propósito pecuniário. Cabia ao Estado, também, a regulação desse ambiente, de forma a garantir o tratamento isonômico, a privacidade, a igualdade, a liberdade de expressão e, dessa forma, o concerto entre os interesses individuais e coletivos.

Mas qual Estado? Nenhum país, sozinho, podia deliberar sobre a rede virtual global, que colocava cidadãos de múltiplas nações na mesma plataforma. Além disso, nos países democráticos, esse papel tinha de ser cumprido dentro de certos limites, com o provimento dos mecanismos democráticos capazes de impedir o Estado de exercer, ele mesmo, um poder de controle abusivo, que com a tecnologia no controle de tudo poderia descambar para o oposto da liberdade total, que era um poder coercitivo draconiano, como antevisto pelo romancista e ativista britânico George Orwell no seu mais célebre romance, *1984*.

A busca pelo equilíbrio, como sempre, não se dá idealmente apenas com o *laissez-faire*, de um lado, ou com o autoritarismo, de outro. O equilíbrio é um regime de liberdade, intermediada pela autoridade regulatória do Estado, dentro da via democrática, em que o Estado também é controlado, de forma a evitar privilégios, injustiças e ameaça à própria liberdade. Somente o processo democrático tem os meios para fazer isso funcionar. Não por acaso a democracia, e não o socialismo, se tornou o sistema sociopolítico que melhor aplicou na prática os princípios da igualdade. Seus ideais e mecanismos valem e funcionam tanto para o plano dos Estados nacionais quanto para o conjunto de nações. Seu modelo pode ser reproduzido para a escolha do síndico do prédio, tanto quanto do presidente da República ou de um organismo multilateral, nos moldes da UE, ou da ONU, criada em 1945, ao final da Segunda Guerra Mundial, justamente para permitir o entendimento entre as nações.

No século XXI, a demanda por ações globais passou a pedir o surgimento de um organismo que não fosse somente um fórum de discussões e de fiscalização dos direitos humanos, mas também um gestor dos interesses em comum dos países do globo, que por seu intermédio pudessem tomar decisões colegiadas. Tal mecanismo se tornou cada vez mais necessário num mundo em que os problemas locais são os mesmos em qualquer parte, da miséria à destruição ambiental, ou são responsabilidade de todos, somando-se num grande concerto mundial.

Ao conjugar interesses individuais e coletivos o tempo todo, a tecnologia colocou frente a frente os interesses das nações e da grande comunidade global a que chamamos de humanidade. Fez caducar o conceito de convivência – estar ao lado do diferente, em que a distância e o respeito a cada um estabelecem uma relativa harmonia. No seu lugar, colocou o conceito de coexistência: a existência do diferente no mesmo espaço, ao mesmo tempo.

A passagem da convivência para a coexistência, tanto física quanto virtual, não foi fácil. A ocupação do mesmo espaço gera a intolerância, ainda mais quando ela pode significar uma corrida de cadeiras pelos empregos restantes. Os conflitos de interesses não são resolvidos quando um interesse prevalece, ou quando ambos estão momentaneamente satisfeitos, e sim quando as diferenças deixam de ser vistas como diferenças – da mesma forma com que se deixaria de dizer que alguém é negro por causa de sua cor de pele.

Com o meio digital, a coexistência coloca o dilema do aperfeiçoamento da sociedade junto com a tecnologia: demanda um passo adiante na noção de igualdade em todas as esferas da vida humana – não somente das ideias políticas, mas de sua capa religiosa, ideológica e social. Num mundo onde todos enxergam a todos, as diferenças políticas, sociais, raciais e religiosas que propiciam a intolerância na Sociedade da Informação vão se tornando tão anacrônicas em relação aos conceitos da sociedade industrial quanto os conceitos da própria sociedade industrial tornaram incabível o modelo colonialista de bases feudais. Na Sociedade da Informação, o predomínio de uma ideologia ou religião sobre outra, assim como de uma raça sobre outra, ou ainda a diferença de gêneros, torna-se tão inaceitável quanto, para o homem da sociedade industrial, a existência de senhores e escravos e o absolutismo político.

As mudanças estruturais da sociedade eliminam os conceitos que definiam os modelos do passado. O racismo, por exemplo, perde o sentido se deixamos de tratar uma pessoa como branca, amarela ou negra; enquanto a cor for lembrada como elemento distintivo, há o sentido da diferença. Na coexistência, ao contrário da convivência, a verdadeira tolerância é esquecer a cor: única forma de estabelecimento da tolerância e de criação de uma igualdade real.

A igualdade é uma força social poderosa, elemento-chave para unir interesses de grupo aos interesses coletivos. Idealmente, ela transfere para os cidadãos a função do Estado, no sentido de que cabe a cada um o desenvolvimento da consciência coletiva, tanto quanto o impulso do sucesso endeusado pelo modelo liberal. Na Sociedade da Informação, a responsabilidade deixa de ser uma questão de marketing institucional, ou alguma forma de caridade, e passa a uma ação orgânica na qual a atividade de uma empresa ou de um indivíduo esteja voltada tanto para seu interesse pessoal quanto para o bem comum, sem compensações ou subterfúgios.

Essa consciência, a verdadeira responsabilidade social, nasce da consciência individual, mas também de uma consciência econômica de que o capitalismo depende da manutenção do mercado – e o mercado são as pessoas. Quando não existe uma preocupação real com o outro, a empresa se coloca como inimiga da sociedade – e de si mesma. Não é por outra razão que a maioria das empresas de tecnologia ganhou, no início do século XXI, a oposição persistente de *haters*, que passaram a associá-las ao "mal" ou outra forma de representação do demônio no mundo dos negócios. Essa perseguição se estendeu a seus fundadores, endeusados por uns e tratados por outros como cavaleiros do apocalipse. O grande desafio do século XXI se tornou fazer jus ao desenvolvimento tecnológico e estender a todo o planeta os progressos dessa nova etapa da civilização, na qual o homem desafia a si mesmo na tarefa de conseguir resolver conflitos sem guerra, sem ódio e sem morte. Nesse sentido, a crise dos sistemas democráticos até podia sugerir uma volta ao passado autoritarista, mas era, na realidade, a própria democracia em funcionamento, o exercício de sua maior qualidade: a capacidade de questionar a si mesma, para permitir seu aperfeiçoamento, sem se autodestruir.

16

Uma vida melhor

A tecnologia mudou várias vezes a história da civilização, mas nenhum avanço científico foi capaz de resolver completamente o dilema de como tratar pessoas diferentes como iguais, assim como tratar iguais respeitando suas diferenças. Paradoxalmente, até mesmo a defesa de minorias é discriminatória – só há igualdade quando as diferenças não existem e, portanto, não deveria haver razão para proteger ninguém.

O meio digital reforçou a igualdade das pessoas dentro do meio virtual, ao mesmo tempo que expôs suas divergências. Trouxe o conflito mais para perto e deu-lhe novas armas. Assim como aldeias e etnias rivais africanas trocaram o chuço pela metralhadora, a tecnologia digital deu espaço e ferramentas para a organização de grupos de interesses conflitantes e potencializou os danos que o ser humano pode causar a si mesmo.

Muito embora a tensão no século XXI possa ser associada aos fundamentos econômicos da concentração de renda e da exclusão social, não se pode deixar de considerar a natureza humana ou os fatores psicossociais também influenciados pela tecnologia. Além da redução de recursos e espaço, o ambiente de mudanças rápidas, conflitos constantes produzidos e o próprio mecanismo do meio digital geraram um aumento da agressividade individual e coletiva – o processo que, no limite, leva ao autoextermínio no ambiente natural. "Assim como outros animais, o homem também reage mal à superpopulação", escreveu em um texto clássico o psicanalista britânico Anthony Storr (*A agressividade humana*, 1968). "Embora, nas civilizações avançadas, amontoar pessoas não leve necessariamente à escassez de comida, talvez haja traços detectáveis de agressividade que no passado serviam para dispersar indivíduos ou grupos humanos", afirmou o autor.

Storr observou que, mesmo na civilização, o homem nunca deixou de apresentar elementos instintivos ou atávicos que o levam a proteger a própria sobrevivência em primeiro lugar, assim como defender seus domínios. Esse instinto, naturalmente agressivo, não é um mal em si, dado que essa ferramenta é também a que permite a preservação da espécie – e tornou o ser humano hegemônico no planeta Terra. Pedir ao ser humano que elimine toda a sua agressividade seria condenar a humanidade ao atraso e, possivelmente, ao seu fim. "O mesmo impulso agressivo que nos leva aos conflitos e à violência também é a base da independência e das conquistas humanas", escreveu Storr.

A inteligência fez o homem dominar a natureza em muitos aspectos, substituindo o primitivismo pela civilização, mas isso não eliminou o confronto entre homens. Nem dosa a agressividade, especialmente diante do empobrecimento e com a influência da tecnologia no cotidiano. Embora a pobreza e a insegurança, ou o medo, sejam causa de conflitos, também no progresso – nem sempre igualmente distribuído – surgem desavenças, disputas, intolerância e, eventualmente, confrontos e retrocessos. A história da civilização sempre foi a história de uma luta permanente do homem para se aperfeiçoar, não apenas com mais poder sobre a natureza, mas também em relação a si mesmo.

Como o meio que permite ao homem aumentar suas capacidades, a tecnologia tem papel central no processo civilizatório. No campo do comportamento humano, permitiu o desenvolvimento de um ambiente de invenção e cooperação coletiva, essenciais à sobrevivência e ao progresso. Contudo, também deu ao ser humano instrumentos cada vez mais sofisticados para defender recursos e privilégios, bem como para a destruição. Todas as mudanças tecnológicas impuseram novos problemas, forçando o ser humano a se adaptar e a se proteger de sua própria criação, como de uma nova natureza – esta, artificial.

*

As mudanças tecnológicas no início do século XXI foram mais rápidas que a adaptação humana, inclusive biológica, para a velocidade e as potencialidades que elas trouxeram. O homem da década de 1950 não tinha uma série de necessidades da vida contemporânea, porque elas simplesmente não existiam. Desde a Segunda Guerra Mundial, o homem passou a trabalhar cada vez mais, para ganhar cada vez menos, na mesma proporção com que os recursos eram divididos por mais gente e aumentava a necessidade de produção. Esse processo se acelerou no final do século e tornou-se uma espiral no século XXI.

Com o progresso, a humanidade não apenas satisfez antigas necessidades, como criou outras. As casas, que tinham um banheiro para toda a família, passaram a ter suítes, isto é, um banheiro para cada quarto; o telefone, que antes não existia, chegou a todas as casas, e depois cada membro da família tinha de ter o seu. Na medicina, surgiam vacinas e remédios para doenças que, no passado, eram um problema menor, porque geralmente não se alcançava a idade na qual elas se desenvolvem com mais frequência, como o câncer. O avião tornou-se um transporte cada vez mais acessível a todos, o tráfego aéreo se tornou intenso, e o espaço do passageiro foi diminuído, para reduzir o custo e se colocar mais pessoas, acotoveladas umas sobre as outras.

A redução de todos os espaços, ao mesmo tempo que se exigiam respostas imediatas para tudo, e tudo era escrutinado nos mínimos detalhes, elevava o estresse individual e coletivo, assim como suas manifestações mais imediatas: a intolerância e a agressividade. O entretenimento e a informação tiveram de elevar cada vez mais sua velocidade e seu nível de impacto para continuar atraindo a atenção.

Efeito disso foi a popularização de esportes cada vez mais violentos, como o Mixed Martial Arts (MMA). Inicialmente chamado de "vale-tudo", quando a única regra era a de que a luta acabava com o nocaute de um dos contendores, o MMA permitia recursos impensáveis no boxe – considerado o esporte mais violento até o final do século XX, e que perdeu rapidamente a preferência popular. No MMA original, podia-se golpear o adversário com os pés, joelhos e cotovelos, mais contundentes que os punhos, e atingir o oponente mesmo caído no chão, quando por vezes já se encontrava desacordado. No conjunto, o vale-tudo fazia a antiga "nobre arte" do pugilismo parecer aborrecida ou infantil.

No Facebook, uma das mais importantes redes sociais, somente a página do Ultimate Fighting Championship (UFC), entidade organizadora dos combates de MMA, tinha, em meados de 2021, um contingente de 28 milhões de seguidores – pessoas que recebiam aviso de conteúdo regularmente. O ONE Championship, realizado no Japão, tinha 23,6 milhões de seguidores. As mulheres, no passado pouco adeptas do boxe, deixado de lado como um espetáculo "para homens", adotaram o MMA como esporte ou defesa pessoal nas academias.

Assim como os astros masculinos, ganharam fama lutadoras como Ronda Rousey, campeã do UFC, eleita, em votação popular em 2015 promovida pela emissora esportiva ESPN, como a "melhor atleta de todos os tempos". Conhecida pelos nocautes ainda no primeiro assalto, Rousey ampliou sua fama em filmes de Hollywood e programas de TV ligados ao mundo do "combate". Em julho de 2020, sua página no Facebook tinha 13 milhões de seguidores. Sua luta no WWE SummerSlam, de 18 de julho de 2018, contava 2,4 milhões de visualizações no Facebook.

Esporte mais popular do planeta, o futebol também passou por uma metamorfose, tanto no campo quanto fora dele. Especialmente nos países em desenvolvimento, deu oportunidade para torcedores se organizarem e extravasarem individual e coletivamente seus instintos mais selvagens. Torcidas uniformizadas se transformavam em milícias rivais, cujo ódio mútuo levava por vezes a violentos entrechoques fora dos estádios. Chantageavam dirigentes de clubes e ameaçavam jogadores e técnicos, exigindo desempenho. Transferiam para os clubes e profissionais do esporte sua necessidade de sucesso, como algo compensatório de frustrações pessoais fora do plano esportivo.

A agressividade saltava para fora dos estádios. Foi o caso de Patrícia Moreira, torcedora brasileira do Grêmio de Porto Alegre. Numa partida pela Copa do Brasil, em 28 de agosto de 2014, Patrícia foi flagrada nas arquibancadas por uma câmera de TV xingando de "macaco" o goleiro Aranha, do Santos – o time adversário. Após depor na delegacia em que o goleiro registrou queixa, pediu desculpas públicas perante a imprensa. "Não sou racista, foi no calor do jogo, o Grêmio estava perdendo", disse ela. Mesmo assim, foi perseguida e ameaçada. Abandonou sua casa, na zona norte de Porto Alegre, e, na madrugada do dia 12 de setembro, o imóvel foi incendiado por torcedores "justiceiros".

Mesmo em campo, o futebol se tornou mais rápido e agressivo, com a evolução da medicina esportiva, que, assim como em outras modalidades, elevou o condicionamento dos atletas ao limite. O culto ao corpo perfeito, que gerou o alto consumo de supervitaminas e anabolizantes, ressaltava os novos desejos de consumo de uma sociedade em busca do desempenho máximo, cujo limite sempre está mais adiante.

A noção de beleza passou a ser associada a uma performance de atleta, fazendo lotar academias de ginástica, onde se praticavam exercícios de forma intensiva, que, no passado, serviam apenas a atletas profissionais. Popularizou-se o campo da medicina estética, com cirurgias de lipoaspiração, de retoques da face – com a aplicação localizada de toxinas (o botox) – e de redução do estômago, que fazia emagrecer sem esforço físico e diminuía o risco de comorbidades decorrentes do excesso de peso.

A facilidade de acesso digital à compra de uma série de novos e maravilhosos produtos e serviços instigava o consumo a todo instante, mas isso só aumentava a frustração para quem não tinha poder de compra. A disputa pela audiência dos que estavam incluídos nessa sociedade de consumo aumentou com a fragmentação dos meios de comunicação. Com a internet, a TV convencional deixou de monopolizar o público, e a multiplicação de canais, somada à infinita e constante produção dos indivíduos em suas redes sociais, criava uma disputa sem trégua por visibilidade – e dinheiro.

Essa gincana pela audiência aumentou o conteúdo permissivo e apelativo, de forma a atrair a atenção. Canais de entretenimento disseminavam conteúdo para adultos de fácil acesso a menores, apesar dos controles parentais. No meio digital, com sua fácil reprodutibilidade e potencial inesgotável de multiplicação, a pornografia tornou-se mais explícita e livre. Multiplicaram-se os sites especializados em fetiches variados, inclusive alguns com sugestão de violência sexual. Todo esse conteúdo fazia as *playmates* da revista *Playboy*, ícone do erotismo na segunda metade do século XX, parecerem tão antigas para os jovens dos anos 2020 quanto foram, para seus antigos leitores, as *pinups* dos anos 1940.

Na sociedade digital, tudo passou a ser forçado para ter mais velocidade, mais intensidade, mais tudo. Era preciso subir sempre mais a carga de sexo, violência e ação para causar impacto. Os filmes se tornaram nervosos, trocando as longas cenas do passado por uma sucessão de cortes rápidos, de forma a adaptar sua linguagem a cérebros acostumados à hiperatividade. Os *videogames* exigiam das crianças cada vez mais desempenho para a mudança de fase – com um grau maior de dificuldade. Mantinham os jogadores fisicamente inativos, mas forçados a realizar mentalmente múltiplas operações simultâneas.

Os jogos, muitos deles violentos e hiper-realistas, estimulavam a competição e a agressividade, mantendo os jogadores num estado permanente de ansiedade. Tiravam os usuários de outras atividades e transformavam a tensão e a ansiedade em um novo "normal", que, para ter o mesmo efeito, precisava ser sempre intensificado. O meio digital funcionava sobre o ser humano como qualquer outro vício químico, afetando também os adultos, incapazes de se "desconectar".

A monetização da audiência das redes sociais, sem controle de conteúdo, aumentou o estímulo para a radicalização. Em busca de "likes" e seguidores, valia tudo – incluindo liberar os instintos humanos mais primitivos.

Tornou-se rotineiro, nas redes sociais, apresentar ou promover a imolação pública de pessoas, da mesma forma como se assistiam às execuções da Inquisição em praça pública.

A violência atraía audiência. Em junho de 2020, o Street Fight Europe, site europeu com vídeos que apresentavam flagrantes de brigas de rua, tinha 1,6 milhão de seguidores. Um único vídeo com uma compilação de "cenas brutais de briga de rua" ("Brutal street fight compilation") tinha, em julho de 2020, 1,6 milhão de visualizações. Nas redes sociais, policiais publicavam vídeos das prisões que efetuavam, transformando o serviço público num espetáculo pessoal. Até sites de vida selvagem tornaram-se populares, exibindo vídeos de predadores em ação, como de leopardos comendo zebras e búfalos reagindo a leões.

Ao injetar publicidade no conteúdo informativo ou de entretenimento – uma dissimulação por vezes difícil de identificar e mais ainda de evitar –, o marketing digital passou a contribuir para a incerteza e o estresse coletivo. Mensagens comerciais ou políticas intrusivas, direcionadas por meio de inteligência artificial, tornaram-se constantes e agressivas. Uma inundação de informações falsas ou tendenciosas ganhou volume a partir da simples constatação de que a mentira e o absurdo dão mais audiência do que a realidade. Além de receber tal avalanche, o indivíduo passou a ser estimulado o tempo todo a reagir, por meio de fatos deturpados que o estimulavam a expor seu ponto de vista e debatê-lo em *chats* públicos e privados.

A possibilidade de expressão da opinião, que permitiu a cada indivíduo autopublicar-se e ganhar sua própria audiência, transformando o cidadão em um veículo individual de comunicação, colocou os fatos a serviço do ponto de vista individual, e não o contrário. Criou-se assim uma "realidade individual", na qual cada um aceita apenas o que lhe convém, indiferente aos dados da realidade, entendidos como aqueles fatos que trazem consequências, impondo-se às vontades. Ainda assim, as ondas de opinião, adquirindo força, passaram a se tornar também um dado da realidade – com consequências igualmente reais.

O encontro contínuo de pontos de vista diferentes criou um ambiente de permanente divergência, capaz de minar valores e crenças em comum, que unem e evitam a desintegração social. Num mundo formado por visões unilaterais, muitas vezes apresentadas com base em conteúdo mentiroso, replicado em progressão geométrica por indivíduos ou grupos, causas nobres se transformam em interesses particulares e interesses particulares são apresentados como causas nobres.

Em busca de reações emocionais, propagaram-se o ódio, a misoginia, o racismo e a violência. Criaram-se vídeos para circular nas redes sociais estimulando o suicídio ou a autoflagelação entre crianças e adolescentes. A tecnologia tornou-se mesmerizante, a ponto de levar o ser humano ao comportamento irracional, viciado num hiper-realismo de emoções e imagens, ao mesmo tempo que oferece um espetáculo distorcido da realidade.

Com a escalada das reações emocionais, de forma a mobilizar um público acostumado a estágios crescentes de violência ou degradação, cresceu a intolerância, a radicalização e, ao final, o espaço para a justificativa e a legitimação do autoritarismo. A tecnologia mudou até mesmo o conceito de guerra, trazida para o cotidiano. Antes uma conflagração campal, que na Guerra Fria evoluiu para um jogo que envolvia a economia, a espionagem e forças psicossociais, na Sociedade da Informação ela passou a envolver muito mais. Substituiu em grande parte o ser humano no controle do arsenal militar – como navios, aviões e tanques de guerra não tripulados –, por meio da inteligência artificial. Criou novas armas, graças à nanotecnologia e à biotecnologia. E tornou-se um vasto campo de guerrilha cotidiana no ciberespaço, mais insidiosa que explícita, envolvendo a política, a economia e ferramentas psicossociais.

*

Com tudo isso, não se pode dizer que o capitalismo tecnológico trouxe a sociedade de volta, paradoxalmente, à barbárie. O MMA ainda estava longe do circo romano, em que os "bárbaros" eram crucificados ou lutavam entre si até a morte, para deleite da plateia, no que se considerava a quintessência da civilização. Embora ameaçada, a democracia ainda estava longe de ser algo como a democracia original, da Grécia antiga, em que se permitia a escravidão, e os escravos, assim como as mulheres e os estrangeiros – a maioria da população –, não podiam votar.

Junto com as distorções produzidas pela sociedade tecnológica, surgiu igualmente um grande esforço coletivo para neutralizar todo esse veneno atávico, que volta e meia ameaça o tecido social. Entramos numa fase da civilização em que o homem é obrigado a mudar seu conceito do que é progresso e aceitar limites, sejam os da exploração dos recursos da Terra, sejam os dos próprios recursos humanos.

Trata-se de uma incapacidade biológica, que ocorre em toda a sociedade, de forma análoga ao que acontece nos esportes de elite. Um exemplo disso é a prova mais clássica do atletismo: os 100 metros rasos. O esforço para melhorar o recorde de 9,54 segundos de Usain Bolt, na Alemanha, em 2009, baixando seu próprio tempo de 9,69, em 2008, tem de ser muito maior, para conseguir provavelmente um avanço ainda menor.

Podemos dizer que Bolt chegou ao limite do sobre-humano. E nos perguntamos qual é o futuro – o que cada um pode fazer para melhorar o que temos, sem que isso seja um processo alucinante que leva à autodestruição. Os limites humanos têm de ser aceitos: não se pode competir com a máquina para sempre, ou exigir do homem que seja uma máquina. Vamos sempre ter ganhos, mas é certo que o homem nunca vai correr sozinho 100 metros em 1 segundo. Isso não lhe pode ser cobrado – e, no século XXI, começou também a nascer a mentalidade em defesa da ideia de que o desempenho total é perigoso ou não interessa.

Contra a carga viral de agressividade no cotidiano, a Sociedade da Informação começou a fazer um esforço na mesma dimensão para escapar ao circuito deletério do aperfeiçoamento camicase. A era do MMA é também a da ioga; o ódio religioso e político coexiste com uma busca cada vez maior pelas artes e as práticas da meditação e da defesa da paz espiritual. A exploração selvagem da natureza e do próprio homem passaram a ser combatidas por defensores do meio ambiente e pelos movimentos sociais.

Buscaram-se mudanças de estilo de vida que reaproximassem o ser humano da contemplação, da natureza e da espiritualidade. Revalorizou-se o conhecimento ligado às raízes da humanidade, como a medicina oriental, fundada com base na filosofia e em práticas que substituíam os remédios por métodos naturais. Surgiram novos produtos voltados para o público da "nova era", como alimentos sem agrotóxicos. A indústria ampliou a oferta de alimentos saudáveis, anteriormente restritos aos "light" e "diet", passando a oferecer opções com menos conservantes ou ingredientes nocivos. Depois do vegetarianismo, nascido nos anos 1970 com os primeiros movimentos de proteção aos animais, apareceu a comunidade vegana, que ia além. Restringia o consumo de produtos de origem animal, além da carne – como ovos, laticínios, incluindo artigos de higiene, medicamentos ou qualquer item industrial que derivasse da exploração ou do sofrimento de um ser vivo.

Foram reconhecidos pela medicina os efeitos benéficos de tratamentos naturais, como a acupuntura, de maneira a curar males não resolvidos pela alopatia ou simplesmente como meios de obter, de forma integrada, saúde física e mental. As grandes cidades passaram a estimular práticas não poluentes e benéficas à saúde, como a substituição do carro pela bicicleta.

Surgiu o conceito de "mobilidade" – deslocamento fácil e barato com menos trânsito, consumo de combustível, poluição sonora e ambiental –, fator para a qualidade de vida.

Cresceu a horizontalidade das relações de trabalho, colocando a colaboração entre iguais no lugar da hierarquia, assim como a aceitação do *home office*, que reduziria o trânsito e o custo com transporte, escritórios e outras despesas fixas. Haveria, ainda, alegadamente, um ganho de tempo, que poderia ser aproveitado com mais trabalho ou para o lazer. Em tudo, buscava-se produtividade e mais qualidade de vida.

A busca pelo equilíbrio, com sabedoria, adequava-se a um universo de consumo que, pelo meio digital, oferecia tudo o que se produzia ou havia sido produzido pela civilização, mas tinha margens de lucro cada vez menores, em razão da proliferação das opções e da competição total. Diante de todas as possibilidades, a liberdade pedia escolhas – por meio das quais se definia a individualidade. Na Sociedade da Informação, esse conceito colocava a educação como maior valor humano, assim como instalava o bem-estar no lugar do enriquecimento como sentido da vida.

Surgia uma força contrária ao impulso cumulativo para o estrito desfrute da riqueza, motivador do início do capitalismo industrial. A Sociedade da Informação passou a incluir a qualidade de vida no conceito de riqueza. A ideia de construção de uma vida melhor para todos depende do que se considera uma vida melhor – e no capitalismo tecnológico esse conceito mudou. A busca individual de sucesso, da qual o capitalismo industrial fez a apologia, foi substituída pela busca da felicidade, meta que depende de um concurso mais amplo de fatores, incluindo os que o dinheiro não pode comprar, ou que dependem do bem-estar de toda a sociedade para uma plena satisfação.

No capitalismo industrial, dar saúde aos trabalhadores era como fazer a revisão das peças do maquinário, o que garantia o pleno funcionamento da fábrica. Na sociedade contemporânea, o imediatismo do lucro capitalista, que exige cada vez mais do indivíduo, por vezes pagando-lhe menos, passou a conviver com uma visão mais ampla de responsabilidade econômica e social, criando outros fatores coletivos de equilíbrio importantes, como a defesa ambiental. O empreendedorismo condicionou-se a um compromisso construtivo, visando o futuro da humanidade.

Esse desenvolvimento da Sociedade da Informação está ligado ao próprio desenvolvimento da democracia e da liberdade – um estágio adiante da liberalização saída dos anos 1980, que, por sua vez, já tinha avançado sobre as lições aprendidas após os movimentos radicais cuja resultante foram duas guerras mundiais. Raiz da sociedade tecnológica, a educação passou a ser, ao mesmo tempo, causa e efeito do sucesso dos sistemas democráticos. Não por acaso, no século XXI, os países com o mais alto índice de democracia, como Noruega (9,97 pontos), Suécia (9,39) e Canadá (9,22), de acordo com o Democracy Index, produzido pela revista britânica *The Economist*, eram também, em 2020, os que possuíam os mais altos índices de desenvolvimento econômico e educacional, com baixa desigualdade e menos turbulência social.

Em vez de retroceder, a democracia se reformulava para avançar. No lugar dos antigos autoritarismos, o modelo democrático podia ser mais participativo e colaborativo, graças à tecnologia. Apesar da oposição ostensiva de lideranças reacionárias, como a de Trump, que depois de ficar doente chegou a escrever no Twitter que, para ele, a covid-19 tinha sido "uma bênção de Deus"[154], a pandemia do coronavírus mostrou a importância da tecnologia na coordenação em escala planetária da sociedade contra ameaças que não respeitam fronteiras territoriais.

A covid-19 expôs ainda o efeito deletério de lideranças desagregadoras. E ressaltou a necessidade do realismo, do diálogo e do entendimento. "O populismo e o nacionalismo étnico fracassaram", disse o secretário-geral da ONU, António Guterres, ao abrir a sessão de debates da 75ª Assembleia Geral da entidade, realizada em 22 de setembro de 2020, virtualmente, já que encontros presenciais estavam restritos por causa da pandemia. "Essas abordagens para conter o vírus frequentemente pioraram as coisas [...] A covid-19 não é apenas um sinal de alarme, é uma prova geral para o mundo dos desafios que estão por vir. Devemos ficar unidos, agir de modo solidário, ser guiados pela ciência e estar conectados à realidade."[155]

O esforço científico e colaborativo em todo o mundo na contenção da doença foi um exemplo do potencial da tecnologia e da consciência de que todos estavam interligados num sistema em que a ação individual e a coletiva dependiam uma da outra para a solução. Da mesma forma com que nenhum país sozinho debelaria a pandemia, não seria possível evitar a degradação ambiental sem a soma de esforços globais. O meio ambiente

---

[154] Trump calls his illness 'a blessing from God'". *The New York Times*, Oct 7, 2020.
[155] Populismo fracassou contra pandemia, diz secretário da ONU. ANSA, 22 set. 2020.

não seria salvo sem a redução da pobreza, que levava à exploração indevida de recursos naturais, fazia a periferia avançar em áreas ecologicamente preservadas e poluía o meio ambiente, por causa da falta de acesso a redes de água e esgoto tratados.

Defender o meio ambiente, melhorar a condição de vida dos excluídos e corrigir outros desequilíbrios agravados com a superpopulação demandavam soluções integradas. A globalização trazia efeitos negativos, mas continha também sua resolução. O avanço da China no mercado mundial provocava desemprego e queda de renda no mundo ocidental, mas a convivência com o Ocidente também mostrava aos chineses que se podem reivindicar direitos e obter ganhos maiores e mais qualidade de vida. O mundo tendia a um novo equilíbrio, que teria de ser, ao final, global.

No lugar do embate e das disputas, recapeadas com ideologias e religiões, a tecnologia digital ofereceu a possibilidade do aprendizado e da evolução. Numa contenda dominada pela irracionalidade, em que um lado não pode ser convencido pelo outro, e os métodos democráticos deixaram de mediar satisfatoriamente os conflitos, a única solução passou a ser a diminuição real das desigualdades sociais, dentro do processo de coexistência, ou realidade total, que a conexão digital consagra. Com a diminuição da pressão social (a doença), tende a cair a intolerância (o sintoma).

A tecnologia digital passou a forçar a busca pela igualdade dentro de um sistema livre e próspero, por meio de um desenvolvimento mais equânime, com o aperfeiçoamento da democracia e do regime de liberdade. A razão é que ninguém pode estar à vontade ou ficar imune enquanto subsiste uma camada de excluídos da cidadania e do mercado consumidor, que se encontra visível e tão próxima num ambiente de comunicação total.

Na Sociedade da Informação, em que todos podem ver a vida de todos, a democracia ganhou a sua hora da verdade, na qual passou a ter que responder de forma real à necessidade de trazer os cidadãos ao mesmo plano de desenvolvimento educacional, econômico e social – mesmo diante daqueles que receiam ter de abrir mão de algo.

Germinaram as sementes para a construção de um mundo de soluções integradas, livre, tolerante, colaborativo e mais equitativo. Os insucessos das iniciativas autoritárias reafirmavam a necessidade de restabelecer a eficácia dos sistemas democráticos e neutralizar as forças de manipulação política e digital, que procuravam se beneficiar da intolerância e do autoritarismo para a defesa de interesses, em detrimento do desenvolvimento mais equânime, em escala global.

Sobretudo, a tecnologia podia colaborar, por sua capacidade de permitir a participação do indivíduo e a consolidação de dados praticamente em tempo real, para o aperfeiçoamento dos sistemas políticos, de forma a permitir que a sociedade tomasse melhores decisões coletivas, em mais áreas e mais rapidamente. A inteligência coletiva passava a dispor de uma grande ferramenta para coletar informação, por meio da engenharia de dados, analisá-la e criar soluções, por meio da análise de dados, modelagens computacionais e inteligência artificial. Dava, ainda, instrumentos para capturar a informação fraudulenta, por meio de contrainteligência e segurança da informação.

A criação de sistemas universais dependia de um complexo concerto político, mas havia exemplos de um bom caminho. A União Europeia funcionava como um exemplo de cooperação entre países desiguais, porém unidos em esforços supranacionais para um desenvolvimento econômico maior, mais sustentável e menos desigual. Apesar dos erros e dificuldades, incluindo o retrocesso com o Brexit, era um modelo aplicável a todo o mundo, capaz de superar barreiras que prejudicavam o progresso coletivo.

O fortalecimento ou reformulação das organizações transnacionais, incluindo a Organização Internacional do Trabalho, a ONU e a OMS, oferecia um caminho para o diálogo e a configuração de políticas públicas internacionais a partir de decisões colegiadas, capazes de responder aos desafios globais contemporâneos.

Impunha-se uma adaptação geopolítica ao capitalismo da Sociedade da Informação, mantendo uma relação de igualdade, colaboração e decisão participativa entre os países, para benefício de todos, sem que se perdesse o respeito à soberania e à identidade cultural de cada um. Havia a necessidade de um esforço no sentido de revisar os meios de produção, de forma a reconstituir o emprego – não como volta ao passado, mas como desenho para o futuro. A competitividade do capitalismo digital global não dispensou a assistência e a inclusão dos mais necessitados – uma preocupação intrínseca à própria noção de humanidade.

A experiência do início do século XX mostrou que a presença do Estado não estava tão fora de moda assim. Ao contrário, para atingir uma sociedade mais equilibrada, seria necessária a restauração da capacidade econômica e da autoridade política dos Estados nacionais, base para a cooperação mundial, e dentro dos princípios democráticos, sem retroceder nos avanços da liberdade. Sem um poder moderador, os mercados livres rumam para sua própria destruição. Sem defesa, a liberdade torna-se apenas veículo da intolerância – e serve ao cerceamento da própria liberdade.

Assim como na dinâmica participativa, colaborativa e interacional entre o indivíduo e o grupo, ou o indivíduo e a sociedade, o Estado na Sociedade da Informação passou a ter mais mecanismos de conexão entre o plano político-econômico de cada país e a comunidade internacional, e vice-versa. A tecnologia ofereceu as ferramentas para um novo estágio de progresso, permitindo à humanidade enfrentar seus desafios e adversidades com instrumentos avançados, incluindo impedir que estes fossem usados para o cerceamento da liberdade.

Esse ideal, que pareceria utópico num passado recente, tornou-se bastante plausível com a possibilidade de ampla disseminação da informação e da educação – além do exercício permanente do diálogo, cultivado no lugar da intolerância, e protegido pelos líderes humanistas e as pessoas de boa vontade. A garantia da liberdade é fundamental para a consumação de um estágio de desenvolvimento humano que corresponda ao desenvolvimento tecnológico. Só a liberdade permite o desenvolvimento das nossas potencialidades, que leva a uma vida plena.

E isso só pode ser feito por meio da democracia, único sistema capaz de preservar esses valores essenciais: a liberdade, a igualdade e a tolerância. O sistema democrático é o grande bastião, se não o único, contra uma recaída nos totalitarismos funestos que já lançaram a humanidade no pior tipo de barbárie: aquele que se apresenta como uma civilização superior.

Para combater a crise planetária, é preciso entender as causas da intolerância e neutralizá-las, permitindo a recriação do diálogo. É o único meio para o aperfeiçoamento democrático, que leva a um desenvolvimento sustentável e humano, objetivo final dos nossos esforços coletivos. Sem tolerância, é impossível avançar no trabalho coletivo de qualquer espécie: o físico, o científico, o intelectual e, sobretudo, o político.

Se o século XX preparou o ser humano para dominar e matar em massa, tornando-o uma ameaça planetária, deu-lhe também a certeza de que a liberdade é uma força invencível. Ela tem seus efeitos colaterais, mas também é o único princípio que permite a crítica, a reformulação e a correção da própria rota. A liberdade é o fim e o destino de todo autoritarismo, que proíbe a crítica e o seu próprio aperfeiçoamento, de forma que, cedo ou tarde, volta à liberdade.

O grande desafio do nosso tempo voltou a ser a recuperação dos sistemas democráticos, com sua capacidade de diminuir a tensão social, afastar o espectro do autoritarismo e da violência e recolocar o mundo no caminho do desenvolvimento sustentável. E, sobretudo, cumprir a promessa de bem-estar social, resgatando a população atirada para fora do sistema, de maneira a resgatar a própria essência da humanidade.

Nesse processo, a humanidade deve enfrentar seu mais recente desafio autoimposto: o poder tecnológico, que coloca em novas bases o clássico dilema do criador ameaçado pela própria criatura. A tecnologia não pode se desenvolver atrofiando o ser humano, ou substituindo suas capacidades próprias. Nem pode descartar pessoas – mesmo, ou sobretudo, aquelas consideradas incapazes.

Assim como nas guerras sacrificam-se muitos para salvar um só companheiro, a ideia de que a sociedade não deixa ninguém para trás é essencial para a humanidade. Sem a certeza de que não será abandonado, nenhum indivíduo teria confiança na sociedade. O resgate de um ser humano que seja, mesmo com o risco de muitos, é sempre um ato que vale o heroísmo, porque não visa salvar um indivíduo: salva a civilização.

*

Em 2020, o Ground Zero – local onde ficavam as Torres Gêmeas do WTC, destruídas no atentado de 11 de setembro de 2001 – tinha completado a maior parte de suas reformas. No lugar da grande cratera fumegante, surgiu um museu subterrâneo – o 9-11 Memorial and Museum, com uma galeria onde se conta a história da "caçada de Bin Laden" e cerca de 70 mil objetos resgatados no local. Entre eles, o Ladder 3, carro de bombeiros semidestruído, e a Última Coluna – viga de metal recoberta de mensagens, sobretudo de parentes dos bombeiros mortos, mantida no local desde o tempo do trabalho de rescaldo, como um altar cívico.

Na superfície, o Ground Zero ganhou uma grande praça arborizada. Lá está a Árvore Sobrevivente, que escapou à catástrofe, foi recuperada e tornou-se um símbolo de resiliência. Ao norte da praça foi levantado o One World Trade Center, ou Freedom Tower – um novo arranha-céu, com 94 andares. A oeste, entra-se no Oculus – estrutura que sugere um grande esqueleto, com membranas de vidro, que forma a abóbada de um shopping center subterrâneo.

O que mais chama a atenção dos visitantes, porém, ainda é o grande quadrilátero da superfície, onde se espalhavam árvores ainda em fase de crescimento. Diariamente, parentes depositavam cravos brancos sobre os nomes de vítimas dos atentados, gravados no mármore negro que serve ao mesmo tempo de lápide e moldura para os dois espelhos d'água que marcam o lugar onde se encontravam as antigas Torres Gêmeas. A água, que desce para um poço cujo fundo não se avista, levanta um leve *spray* que refresca as flores, o mármore e o ar, nesse local por onde o público circula, criando suaves arcos-íris em dias de sol.

Parece um lugar tranquilo e harmônico, exceto por um detalhe: a falta de cestos de lixo. A lixeira é ambulante: um funcionário a empurra, como um carrinho de mão. Sua presença é assinalada por uma bandeira vermelha numa antena de metal, que chama a atenção de quem se encontra mais distante, como um guia de turismo. Ao receber o lixo pessoalmente, o lixeiro do Ground Zero se certifica de que não se trata de algum artefato explosivo. Assim como a potencial ameaça, a segurança não se vê, mas ela está lá, por trás das câmeras, preparada para a ação.

O planeta não foi mais o mesmo depois do 11 de setembro. À luz da história, porém, a sociedade avançou no plano geral, apesar das ameaças e de alguns retrocessos.

Desde que o juiz, orador e político irlandês John Philpot Curran escreveu que o preço da liberdade é a eterna vigilância, em 1808, ela cobra essa conta de si mesma. Como local de veneração, transformado em ponto turístico, o WTC lembra que a preservação da liberdade tem um custo muitas vezes sangrento. Ela não é um momento político, garantido constitucionalmente, e sim uma construção permanente do crescimento político da sociedade. Seu inimigo está sempre presente e é invisível. Mais do que todo o monumento cívico e histórico edificado em memória daquele setembro negro, é aquele simples carrinho de lixo a melhor recordação de que essa luta continua – e da qual não se pode desistir jamais.

MATRIX